Project Management

工程项目管理

原理与案例（第 2 版）

Principles and Cases

○ 王卓甫　杨高升　主编

中国水利水电出版社
www.waterpub.com.cn

内 容 提 要

　　本书共分九章。在介绍工程项目及其管理相关概念，以及工程项目决策、立项与管理策划的基础上，介绍了工程管理项目实施过程中的工程招标与合同管理、进度管理、质量管理和投资管理。在书的最后几章，分别介绍了工程项目的 HSE 管理、风险管理与收尾管理等几个专门问题。全书在注重介绍工程项目管理的基本概念与基本原理的同时，引进了较多的工程项目管理案例，试图将基本原理与管理案例介绍相结合，使读者加快、加深对工程项目规律性的认识。

　　本书除作为工程管理、土木水利工程、工商管理和应用经济类专业本科生的教科书外，还可供从事工程项目管理的相关人员，如政府建设主管部门人员、工程项目业主方人员，以及工程设计方、施工方、咨询/监理方的有关人员参考。

图书在版编目（CIP）数据

　　工程项目管理．原理与案例/王卓甫，杨高升主编．—2
版．—北京：中国水利水电出版社，2009（2013.9 重印）
　　ISBN 978-7-5084-6355-1

　　Ⅰ．工…　Ⅱ．①王…②杨…　Ⅲ．基本建设项目-项目管理-高等学校-材料　Ⅳ．F284

　　中国版本图书馆 CIP 数据核字（2009）第 040517 号

书　　名	**工程项目管理——原理与案例（第 2 版）**	
作　　者	王卓甫　杨高升　主编	
出版发行	中国水利水电出版社	
	（北京市海淀区玉渊潭南路 1 号 D 座　100038）	
	网址：www. waterpub. com. cn	
	E-mail：sales@waterpub. com. cn	
	电话：(010) 68367658（发行部）	
经　　售	北京科水图书销售中心（零售）	
	电话：(010) 88383994、63202643、68545874	
	全国各地新华书店和相关出版物销售网点	
排　　版	中国水利水电出版社微机排版中心	
印　　刷	三河市鑫金马印装有限公司	
规　　格	184mm×230mm　16 开本　19.5 印张　381 千字	
版　　次	2005 年 4 月第 1 版　2005 年 4 月第 1 次印刷 2009 年 5 月第 2 版　2013 年 9 月第 12 次印刷	
印　　数	38001—42000 册	
定　　价	**45.00 元**	

工 程 项 目 管 理

——原理与案例

（第 2 版）

主　　编

　　王卓甫　　杨高升

副 主 编

　　简迎辉　　杨志勇　　张云宁　　欧阳红祥

参　　编

　　洪伟民　　李雪淋　　张朝勇　　严　斌

　　孙少楠　　金德智　　徐军祖　　韩美贵

　　刘俊艳　　丁继勇

前　言

本书第 1 版自 2005 年 4 月出版以来，受到读者们的厚爱，已 5 次重印。在近 4 年的使用过程中，我们在不断分析、探索和总结，认识到哪些是成功的，哪些是有待改进和提高的。此外，在过去的 4 年里，工程项目管理理论又有了新的进展；建设工程管理的政策法规也得到了进一步发展。鉴于这两方面原因，我们于 2008 年国庆节启动了本书第 2 版的修订工作。

第 2 版保持了第 1 版的整体风格，注重基本概念和基本原理的介绍，并引进大量的案例，试图让读者在掌握工程项目管理基本知识点的基础上，能从典型案例的分析中，加深对工程项目管理规律性的认识。本次修订的主要内容包括：

（1）第 1 版中，工程项目目标管理的计划、控制内容是按其逻辑分章节编写的。而第 2 版改变了这一格局，根据目标管理内容分章节编写，即将某一目标管理的计划、控制的内容放在同一章内介绍，如将进度管理单独立章，从进度计划写到进度控制。从知识体系角度看，这更有利读者学习和掌握。

（2）第 1 版包括了人力资源管理和沟通管理的内容，考虑到这两个专门的管理问题在工程项目管理领域特点并不明显，即与其他领域相类似，第 2 版删除了这一部分内容。而工程项目实施过程中的职业健康、安全和环境（HSE）管理问题越来越突出，并受到人们的关注。因此，第 2 版中增加了 HSE 管理的内容。

（3）本书第 1 版的主要使用对象为工程管理类专业学生，考虑到其后还将开设深入介绍工程项目管理内容的系列课程，本书定位为该专业的开门课程，并具有概论性质。这显然不能满足其他专业的需要，因此，第 2

版中增加了一些内容，并用"*"标出。

（4）第1版中，每章开头均有"内容提要"，以帮助阅读。而第2版将"内容提要"改成了"基本要求"。这样调整的目的，是让读者明确学习本课程的基本要求。此外，书中每章后仍保留了复习思考题，但题目难度有所加大，要求读者在掌握一定知识点的基础上，对某些问题进行分析、思考，以提高分析问题、解决问题的能力。

本书第2版共分九章，包括：绪论；工程项目决策、立项与管理策划；工程项目招标与合同管理；工程项目进度管理；工程项目质量管理；工程项目投资管理；工程项目 HSE 管理；工程项目风险管理；工程项目收尾管理。

本书在修订过程中，参考了国内外许多文献，也借用了一些工程项目的实际资料，在此，谨对相关专家表示深深的谢意。限于编者的水平，疏漏与不当之处在所难免，敬请同仁们斧正。

本书第2版得到了河海大学教改项目的支持。

编 者

2009 年 2 月于南京·河海大学

第 1 版 前 言

  进入 21 世纪的 5 年，是我国工程建设史上的发展最好时期，与此相应的工程项目管理理论研究与改革实践也蓬勃兴起。如工程项目多元化融资模式研究、完善建设市场体系研究、多样化的建设管理模式的探索、IT 技术的应用研究、项目风险管理研究等均有长足进展。与此同时，一体化建设方式、PM 或 PMC 的成功实践，以及工程项目管理规范化的推行等，均大大地促进了工程项目管理水平的提高。

  近代工程项目管理的实践表明，提高工程建设管理水平，在众多影响因素中，人才是第一要素。然而，目前我国工程项目管理人才短缺，特别是高层次管理人才的稀有已成为不争的事实。面对这一现状，近 10 年来工程项目管理人才培养迅速发展，全国大约有 200 所高校设有工程管理专业，承担起培养工程项目管理人才的重任。从 20 世纪 80 年代的本科生培养层次，90 年代的硕士生培养层次，发展到目前一些重点大学博士生培养层次，这表明了工程管理人才培养不仅从数量上在迅速扩大，在层次和质量上也在迅速提高。然而，纵观目前工程管理专业的教学用书，其不同培养层次相配套的教学用书却不能适应。例如，工程项目管理教学用书版本很多，但深浅程度大同小异，基本上适合于本科生和研究生之间。对本科生而言这些教材可能理性的东西太多，感性的东西太少；对研究生这一层次而言可能是理论的高度不够。针对这一情况，我们试图弥补这一不足，故为本科生编写了《工程项目管理——原理与案例》，为研究生编写了《工程项目管理——理论、方法与应用》。对本科生，拟在介绍工程项目管理基本原理的基础上，引进案例，从典型案例中引出规律性的认识，以引导他们入门。对于研究生，则重点放在工程项目管理理论、方法的介绍上，同时介绍研究热点和前沿，在此基础上，引进理论和方法应用的案例，引导他们利用规律、思路去解决实际问题，把握研究方向，为后续研究工作打下基础。

本书适合大学本科教学使用，也可供刚从事工程项目管理的相关人员参考。全书共分10章，包括：绪论、工程项目建设模式与决策、工程项目组织管理、工程项目计划、工程项目招投标、工程项目合同管理、工程项目目标控制、工程项目收尾管理、工程项目风险管理、工程项目人力资源与沟通管理和附录。

本书在编写过程中，参考了国内外许多专家学者所著的文献，也借用了一些工程项目的实际资料，在此，谨对相关专家表示深深的谢意。限于编者的水平，难免存在疏漏与不当，敬请同仁们指正。

编　者

2005 年 2 月于南京·河海大学

目　录

第一章 绪 论

基 本 要 求

◆ 掌握工程项目及其管理的相关概念
◆ 掌握工程项目的特殊性、分类及分解方法的相关内容
◆ 掌握工程项目管理的内涵及主要内容
◆ 熟悉项目管理过程及知识体系
◆ 熟悉工程项目的生命周期与建设程序
◆ 了解工程项目主要参与方及其主要任务
◆ 了解各建设企业资质管理的相关内容

第一节 工程项目及其管理

一、项目

1. 项目的概念

项目（Project）一词已被广泛应用于经济社会的各个方面。许多管理专家或组织都试图用简明扼要的语言对项目进行概括和描述。德国国家标准 DIN 69901、美国项目管理协会（Project Management Institute，PMI）、美国项目管理专家 R. J. 格雷厄姆等均对项目管理下过定义，但由于视角的不同和各类项目存在的差异，使这些定义不可能完全一致。目前，对项目用得比较多的描述为：项目是一个专门组织为实现某一特定目标，在一定约束条件下，所开展的一次性活动或所要完成的一个任务，以形成独特的产品或服务。这一描述的内涵包括：

（1）项目应有专门的组织去实施。
（2）项目应具有预定的目标。
（3）项目的实施会受到某些条件制约。
（4）项目是一次性活动或一个任务，项目的结果一般是独特的产品或服务。

典型的项目有：

（1）新产品新服务开发，如新型家电的开发。

（2）技术改造或技术革新，如现有设备或流水线的更新改造。

（3）科学技术研究或开发，如新材料、新工艺的开发。

（4）工程建设，如高速公路、住宅的建设。

（5）政治或社团组织推行的活动，如希望工程、"211"工程、组织一次国际性学术交流会等。

（6）大型体育比赛或文艺演出，如奥运会比赛、春节文艺晚会。

2. 项目的特点

与一般生产或服务相比，项目具有下列特点：

（1）一次性。一次性是指每个项目都有其确定的起始时间和终结时间，即有自己的生命周期。当一个项目的目标已经实现，或者已经明确该项目不再需要或目标不可能实现时，该项目即宣告终结。一次性并不意味着项目的目标在短时间内就能实现，事实上，许多项目要经历若干年之后才能完成。当然，在任何情况下，实施项目的时间总是有限的，它不是一种连续不断的工作。项目的生命周期和项目产出物的生命期也是两个不同的概念。

（2）整体性。项目是经过一系列工作之后完成的，是一个整体管理对象。

（3）目的性。项目均有特定的目标或结果，亦称独特的产品或服务。

（4）被限制性。项目的实施及目标的实现常受到多方面的制约，包括资金、时间、资源等方面。

3. 项目与工业企业的生产运作或营运的区别

人们的生产活动可分为两大类：一类是在相对封闭和确定的环境下所开展的重复性、持续性的活动或工作，像企业定型产品的生产与销售，铁路、公路客运系统的经营与运行，影院、宾馆的日常营业，等等。通常人们将这种活动或工作称为生产运作或营运（Operation）。另一类生产活动是在相对开放和不确定的环境下开展的，具有独特性、一次性的活动或工作，即本书前面讨论和定义的项目。这两种不同的生产活动或工作虽然创造的都是一定的产品和服务，但是它们之间有本质的不同，主要体现在下列几个方面。

（1）工作性质与内容的不同。在一般生产运作或营运中存在着大量不断重复的常规性工作或劳动，而项目中则存在较多创新性的一次性工作或劳动。因为生产运作或营运工作通常是不断重复、周而复始的，所以其工作基本上是重复进行的常规作业，而每个项目都是独具特色的，其中很多工作都是开创性的。

（2）工作环境与方式的不同。一般生产运作或营运的环境是相对封闭和相对确定的，而项目的环境是相对开放和相对不确定的。生产运作或营运工作中很大一部分是在组织内部开展的，且其营运环境是相对封闭的。如企业的生产活动主要是在企业内部完成的。同时，营运中即使涉及到外部环境，这种外部环境也是相对确定的，比如，企业某种产品的销售多数是在一种相对确定的环境中开展的，市场环境虽然会有一些变化和竞争，但是相对的角度而言还是比较确定的。相反，项目工作基本上是在组织外部环境下开展的，所以其工作环境是相对开放的，如工程建设项目只能在外部环境中完成，新产品研制项目主要是针对外部市场新的需求开发的。

（3）组织与管理上的不同。由于营运工作是重复的，且相对确定的，所以一般生产运作或营运工作的组织是相对不变、相对持久的，生产运作或营运的组织形式基本上是分部门、成体系的。由于项目是一次性的、相对不确定的，所以一般项目的组织是相对变化的、相对临时性的，项目的组织形式多数是团队性的。

（4）所得成果的不同。一般生产运作或营运所得成果是较为定型的产品或服务，如某企业生产的某型号电视机或汽车一般是定型的，生产也是批量的，而不仅限于生产一件或几件；完成一个项目最后得到的成果一般具有单件性的特点，即一般一个项目只出一个成果，而且这个成果与其他项目的成果不同。

二、工程项目

工程项目是最常见，也是最为典型的一类项目，其对象为建设工程实体，如：
（1）建设一定生产能力的流水线。
（2）建设一定生产能力的车间或工厂。
（3）建设一定长度和等级的公路。
（4）建设一定发电能力的水电站。
（5）建设一定规模的医院。
（6）建设一定规模的住宅小区。

1. 工程项目的特殊性

工程项目除了具有一般项目所共有的整体性、目的性、一次性和被限制性等特点外，还有它的特殊性，这种特殊性表现在工程项目实体的特殊性和工程项目建设过程的特殊性两个方面。

（1）工程项目实体的特殊性。主要表现在：

1）工程项目实体体型庞大。无论是复杂的工程项目实体，还是简单的工程产品，为满足其使用功能上的需要，并考虑到建筑材料的物理力学性能，需要大量的物质资源，占据广阔的平面与空间，因而工程项目实体体型庞大。

2）工程项目实体在空间上的固定性。一般的工程项目实体均由自然地面以下的基础和自然地面以上的主体结构两部分组成（地下建筑则全部在自然地面以下）。基础承受主体结构的全部荷载（包括基础自重），并传给地基，同时将主体结构固定在地球上。任何工程产品都是在选定的地点上建造和使用的，与选定地点的土地不可分割，从建造开始直至拆除均不能移动。所以工程项目实体的建造和使用地点在空间上是固定的。

3）工程项目实体的单件性。工程项目实体不仅体型庞大、结构复杂，而且由于建造时间、地点、地形和地质条件等方面的差异，又由于所在地建筑材料的差别以及工程项目业主对其使用要求等的不同，使得工程项目实体存在千差万别的单件性，很少或几乎不可能完全类同。

（2）工程项目建设过程的特殊性。主要表现在：

1）建设周期长。工程项目实体体型庞大，工程量大，需要用较长的时间才能将其建成，即建设周期长。一般工业企业通常一边消耗人力、物力和资金，一边生产出产品，并产生经济效益。工程建设则不同，它需要经过长期的建设才能完工投产，进而发挥效益，回收投资。而在建设期间（如 1 年，大型工程可能要 3～5 年甚至更长）内，工程项目占用大量人力、财力和物力，却不产生效益。为了更好地发挥投资效益，在工程项目的建设管理上，应尽可能缩短建设周期，及时形成生产能力或交付使用。

2）建设过程的连续性和协作性。建设过程的连续性、协作性意味着工程建设的各阶段、各环节、各协作单位、各项工作必须按照统一的建设计划有机地组织起来，在时间上不间断，在空间上不脱节，使建设工作有条不紊地进行。如果某个过程受到破坏或中断，就可能导致停工，造成人力、物力和财力的积压，并可能使工程拖期，不能按时投产或交付使用。

3）建设过程的流动性。由于工程项目实体的固定性，这就决定了建设过程的流动性。这种流动性表现在两个方面：一方面，一个工程项目建成后，建设者和施工机具便要转移到另一个项目的工地上去施工，这是建设者和施工机具在工程项目间的大流动；另一方面，在同一建设工地上，一个工种（或作业）在某一作业面完成后撤退下来，转移到另一作业面，同时开始后续工种（或作业）施工，这是建设者和施工机具在同一工程项目上的局部流动。建设过程的流动性给建设者的生活安排带来了很多不便，也给工程项目的管理增加了难度。

4）受建设环境影响大。建设环境包括自然环境和社会环境。工程项目建设一般只能露天作业，受水文、气象等因素影响较大；工程项目建设地点的选择常受到地形、地貌、地质等多种复杂因素的制约；工程实体体型庞大、结构复杂，经常碰到地下或高空作业，施工安全常是很重要的问题；建设过程所使用的建筑材料、施工机具等的价格受到工程所在地物价等因素的制约，工程项目投资控制问题也常较复杂。总而言之，工程建设受到的制约因素较多。

5）工程项目的建设/生产过程与交易过程相交织。在市场经济环境下，工程项目普遍采用承发包交易方式实施，其交易特点是先订货后生产，工程交易过程与生产过程相交织。

2. 工程项目分类

同一工程项目，参与建设的各方常赋予其不同的名称。投资方或政府部门常称工程项目为建设项目；设计者称所设计的工程项目为设计项目；工程监理称所监理的工程项目为监理项目；工程咨询称所咨询的工程项目为咨询项目。

投资方或政府部门通常对建设项目作下列分类。

（1）按行业构成、投资用途分类。据此，建设项目可分为生产性建设项目和非生产性建设项目。生产性建设项目是指直接用于物质生产或为了满足物质生产需要，能够形成新的生产能力的建设工程项目，例如，工业建设项目。非生产性建设项目是指用于满足人民物质生活和文化生活需要，能够形成新的效益的建设工程项目。例如，住宅、文教、卫生和公用事业建设项目等。

（2）按建设项目的建设性质不同分类。据此，建设项目可分为新建、扩建、恢复和迁建项目等。新建项目是指从无到有，"平地起家"建设的项目。扩建项目是指现有企业为扩大原有产品的生产能力或效益或者为增加新的品种生产能力而增建的项目。恢复项目是指企事业单位原有的建设项目，因自然灾害或人为原因使其破坏，全部或部分报废，又投资重新建设的项目。迁建项目是指现有企事业单位因改变生产布局的需要，或环境保护和安全生产以及其他特殊需要，搬迁到另外地方进行建设的项目。

（3）按建设的总规模或总投资的大小分类。据此，建设项目可分为大型、中型及小型三类。我国对生产性建设项目和非生产性建设项目的大、中、小型划分标准均有规定，中央各部对所属建设项目的大、中、小型的划分也有相应的具体标准。

（4）按建设项目的建设阶段分类。一般将建设项目划分为前期工作项目、预备项目、施工项目和建成投产项目。项目建议书批准后，可行性研究报告批准前的项目称前期工作项目。可行性研究报告批准后，开工前的项目称预备项目。开始施工的项目称施工项目。竣工验收后交付使用的项目称建成投产项目。

（5）按建设项目的投入产出属性分类。据此，可将其分为经营性建设项目和公益性建设项目。经营性建设项目是指有明确投入，建成之后可用于生产经营，创造经济效益，回收投资，并取得利润的建设项目。如高速公路、水电站、房地产开发等。公益性建设项目是指有明确投入，建成之后能产生社会效益，但难以用于生产经营，创造经济效益的一类项目。如，防洪工程、水土保持工程、生态环境工程等。

3. 工程项目分解

工程项目分解（Project Decomposition）是工程项目管理中一项必须的工作内容，通过分解得到工程项目分解结构（Project Breakdown Structure，PBS）。工程项目一般分解为：单项工程、单位工程、分部工程和分项工程等。

（1）单项工程。单项工程是指具有独立的设计文件，可以独立施工，建成后能独立发挥生产能力或效益的工程。生产性建设项目的单项工程，一般是指能独立生产的车间、设计规定的主要产品生产线等；非生产性建设项目的单项工程，是指工程项目中能够发挥设计规定的主要效益的各个独立工程。如办公楼、住宅、电影院、图书馆、食堂等。单项工程是工程项目的组成部分，它包括建筑工程、设备及安装工程、其他工程等。单项工程由若干个单位工程组成。

（2）单位工程。单位工程是指具有独立设计文件，可以独立组织施工，但完成后不能独立发挥效益的工程。单位工程是单项工程的组成部分。如某车间是一个单项工程，则车间的建筑工程（即厂房建筑）就是一个单位工程。又如该车间的设备安装也是一个单位工程。此外还有电器照明工程（包括室内外照明设备安装、线路铺设、变电与配电设备的安装工程）、工业管道工程（如蒸汽、压缩空气、煤气、输油管道铺设工程）等。每一个单位工程本身又是由许多结构更小的部分组成。因此，对单位工程还可以按工程的结构、部件、甚至更细小的部分，进一步分解为分部工程和分项工程。

（3）分部工程。分部工程是单位工程的组成部分。它是按工程部位或工种的不同而作出的分类。如建筑工程中的一般土建工程，按照不同的部位、工种和不同的材料结构，大致可以分为：土石方工程、基础工程、砖石工程、混凝土及钢筋混凝土工程、木结构、木装修工程等，其中的每一部分即为分部工程。在分部工程中影响工料消耗大小的因素仍然很多。例如，同样都是土方，由于土壤类别（如普通土、坚土、砂砾坚土）不同，则每一单位土方工程所消耗的工料有所差别。因此，还必须把分部工程按照不同的施工方法、不同的材料、不同的规格等作进一步分解。

（4）分项工程。分项工程是分部工程的组成部分。分项工程是通过较为简单的施工过程就能生产出来，并且可以用适当的计量单位，计算工料消耗的最基本构造因素。例如，砖石工程按工程部位，划分为内墙、外墙等分项工程；钢筋混凝土工程可划分为模板、钢筋、混凝土等分项工程；一般墙基工程可划分为开挖基槽、垫层、基础灌浇混凝土、防潮等分项工程。

水利水电施工工程质量验收中，将分部工程分解为单元工程，而不是分项工程。单元工程一般是依据设计结构、施工部署或质量考核要求，把建筑物分成若干层、块、段来确定的。它是若干工序完成后的综合体，是日常质量考核的基本单位。

[案例1-1] 水利水电工程项目分解

某水电站工程项目分解结构如图1-1所示。

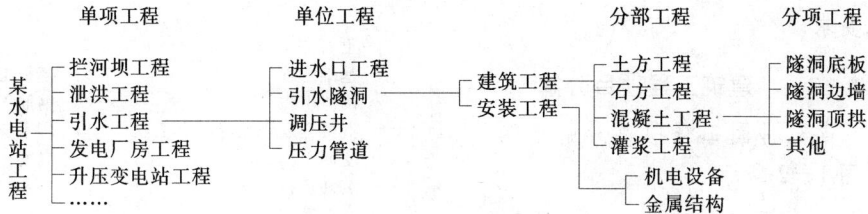

图1-1 某水电站工程项目分解结构图

图1-2 软件园工程项目分解结构图

[解析]　（1）这是一个十分典型的工程项目分解结构图。为了满足工程管理的需要，在实际工程中，有时需要将分项工程作进一步的分解。

（2）为了方便管理，通常需对项目分解结构进行编码，建立工程项目统一的编码体系。确定编码规则和方法，是项目规范化管理的基本要求，也是工程项目实行系统、信息化管理的客观要求。

[案例1-2]　建筑工程项目分解

某软件园工程项目分解结构如图1-2所示。

[解析]　对于某一建筑，如软件研发大楼，在建设管理中，一般还需做如图1-3所示的分解。

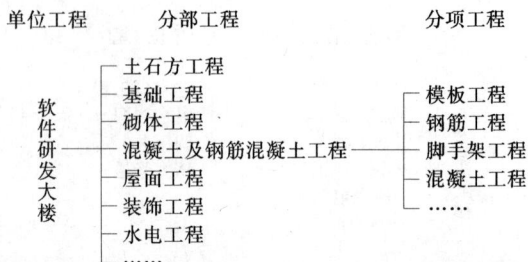

图1-3　软件研发大楼项目分解结构图

三、工程项目管理

1. 项目管理

可将项目管理定义为，项目负责人或称项目经理（Project Manager）和项目组织为使项目取得成功，运用系统理论和方法，对项目进行的全过程、全方位的规划、组织、控制与协调的总称。

（1）项目管理过程。该过程通常包括下列诸方面的内容。

1）项目定义（Project Defining）。它指描述项目发起的目的、范围和项目目标系统。任何项目定义或发起均要考虑以下几方面的问题：

①被提出的问题或机会是什么？

②项目的目的是什么？

③为实现这一目的，有哪些目标是必须的？

④项目的范围如何？

⑤若项目成功，如何确认？

⑥影响项目成功的风险或障碍有哪些？

2）项目计划（Project Planning）。一个完整的项目计划应告诉人们做什么、如何去做、由谁来做、在什么地方做、需要什么资源等。好的项目计划可提高工作效率。

3）项目执行（Project Executing），即执行项目计划。除了组织人员，它还包括确定完成计划规定工作所需的资源（人力、材料和资金）；根据进度计划，安排有关人员完成其相应的任务；确定各活动的开始和结束时间。

4）项目控制（Project Controlling）。通过对项目进展情况进行有效的监测，不仅对发现的偏差采取适当措施进行处理，而且要对项目的未来加以预测，并重新制订计划，对可能出现的问题作出预警。

5）项目结束（Project Closing）。项目结束时，要对其是否按计划执行进行检查，并对所进行的工作进行评价，以便为今后的项目提供历史信息。

（2）项目管理知识体系。美国项目管理协会将项目管理知识体系划分为如下9个主要方面。

1）项目集成管理。其主要讨论在项目管理过程中，如何确保各项工作和要素很好地协调与配合，并研究开展上述协调所使用的理论、方法、工具等内容。其目的是通过集成化管理去综合管理各方面的工作，以确保整个项目的成功（而不是项目的某个阶段或某个方面的成功）。这项管理的主要内容包括：项目集成计划的编制、项目集成计划的实施和项目总体变更的管理与控制。

2）项目范围管理。其主要讨论如何计划和界定一个项目或项目阶段需要完成的和必须完成的工作，以及这些管理工作的理论、方法、工具和工作内容与要求。其目的是通过项目范围管理去成功地完成整个项目的全部工作。这项管理的主要内容包括：项目的起始、项目的范围规划、项目范围的定义、项目范围的确认和项目范围变更的控制与管理。

3）项目时间管理。其主要讨论项目管理过程中有关如何按时完成项目工作的理论、方法、工具和具体工作与要求。这项管理的内容包括：项目活动的定义、项目活动的排序、项目活动的时间估算、项目工期与投产计划的编制和项目作业计划的管理与控制。

4）项目成本管理。其主要讨论如何在不超出项目预算的情况下完成整个项目工作，以及这方面所需的管理理论、方法、工具和具体工作与要求。这项管理主要内容包括：项目资源规划、项目成本（费用）的估算、项目成本（费用）的预算和项目成本（费用）的管理与控制。

5）项目质量管理。其主要问题是如何确保项目质量，以及保证项目质量所需的管理理论、方法、工具和具体工作与要求。这项管理的主要内容包括：项目质量规划、项目质量保障和项目质量控制。

6）项目人力资源管理。其主要讨论如何更有效地利用项目所涉及的人力资源问题，以及在项目人力资源管理方面所需的管理理论、方法、工具和具体工作与要求。其主要内容包括：项目组织的规划、项目人员的获得与配备、项目团队的建设等内容。

7）项目沟通管理。其主要讨论如何有效、及时地生成、收集、储存、处理和最有效地使用项目信息，以及在项目信息和沟通管理方面所需的管理理论、方法、工具和具体工作与要求。这项管理的主要内容包括：项目沟通的规划、项目信息的传送、项目作业信息的报告和项目管理决策等方面的内容。

8）项目风险管理。其主要讨论如何识别项目风险、分析项目风险和应对项目风险，以及项目风险管理所需的管理理论、方法、工具和具体工作与要求。这项管理的主要内容包括：项目风险的识别、项目风险的定量分析、项目风险的对策设计和项目风险的应对与控制等内容。这一部分是针对项目的不确定性而开展的降低项目损失的管理。

9）项目采购管理。其主要讨论有关从项目组织外部寻求和获得各种商品与劳务的管理，以及这一管理所需的理论、方法、工具和具体工作与要求。这项管理的主要内容包括：项目采购计划管理、采购询价管理、供应来源选择、招投标与合同管理和合同履行管理。

（3）项目管理的特点。主要包括：

1）项目管理是一项复杂的工作。项目一般由多个部分组成，工作跨越多个组织，甚至涉及多个学科；项目实施过程中受到多因素的影响，而这些因素又常有不确定性；项目组织是一临时机构，其管理人员的知识背景、合作方式不尽相同。这些方面决定了项目管理要远比生产管理复杂。

2）项目管理具有创造性。由于项目具有一次性的特点，因而既要承担较大的风险，又必须发挥创造性。项目的创造性依赖于科学技术的发展和支持，这就要求在项目的实施过程中必须依靠和综合多学科的成果，将多种技术结合起来。

3）项目管理需要集权领导和建立专门的项目组织。项目的复杂性随项目范围的不同而有很大的差别，项目越大越复杂，其所包括或涉及的学科也越多。而在项目实施中所出现的各种问题多半是和项目组织的大多数部门相关的。因此，项目管理要求有集权领导和建立完善的决策机制以及相应的专门组织。

4）项目负责人在项目管理中扮演重要角色，是项目管理组织中的灵魂，是决定项目成功与否的关键人物。这主要在于，他需独立进行计划、资源分配、协调和控制；他必须能综合不同专业的观点来考虑问题；他还必须通过对人的管理，发挥参与人员的积极性和创造性，形成一个工作配合默契、具有积极性和责任心的高效率群体。

2. 工程项目管理

工程项目管理是项目管理的一类，其管理对象是工程项目。它可以定义为，在建设工程项目的生命周期内，用系统工程的理论、观点和方法，进行有效的规划、决策、组织、协调、控制等管理活动，从而使工程项目在既定的资源和环境条件下，其质量、工期和投资控制目标得以实现。

（1）工程项目管理分类。

1）按建设阶段分类，工程项目管理可分为：

①可行性研究阶段的工程项目管理。

②设计阶段的工程项目管理。

③施工阶段的工程项目管理。

2）按管理主体分类，可将工程项目管理分为：

①业主/项目法人的工程项目管理。

②设计单位的工程项目管理。

③承包人的工程项目管理。

④工程师/监理工程师的工程项目管理。

（2）工程项目管理的主要内容。在一个工程项目的建设中，参与建设的各方，均在进行着各自的项目管理，但业主/项目法人（或委托的项目管理公司）的项目管理在其中起主导地位。下面主要介绍以业主/项目法人为主体，在工程建设各阶段的主要工作内容。

1）工程项目前期规划和可行性研究阶段的主要工作。在项目的前期规划和可行性研究阶段，业主委托咨询工程师做项目的规划和可行性研究，具体内容一般包括：

①工程项目建设条件分析，包括资源条件、交通运输条件、经济社会发展条件等的分析。

②工程建设可能存在的问题及对生态环境的影响等的分析。

③工程项目目标系统的建立与分析。

④进行土地价值评价或做征地移民计划。

⑤工程进度及资金筹措的安排。

⑥提出工程项目建议书。

⑦进行项目的可行性研究。

2）工程设计阶段的工作内容。此阶段业主项目管理的主要工作是委托设计单位对工程项目进行规划设计，并对下列环节进行审核或控制。

①工程建设地（厂）址的选择。

②工程项目总体策划，包括确定项目开发目标、项目总体方案和总体设计。

③工程项目实施计划，包括总工期计划、资源计划。

④工程项目投资的概预算，资金需求计划。

⑤工程主体结构设计。

⑥工程项目建设管理系统规划，包括工程项目分标设计、发包方式和管理模式选

择、组织机构设计等。

3）工程招标阶段的工作内容。业主在此阶段管理工作的主要任务包括：

①合同策划，包括招标范围的定义、合同文件的选择、招标文件的起草等。

②实施招标，包括对投标人的资格预审、组织现场踏勘和标前会议、进行开标。

③组织评标。

④确定中标单位。

⑤分析合同风险，并制定排除风险的策略。

4）工程施工阶段的工作内容。此阶段业主项目管理的主要任务是进行目标控制和合同管理，具体包括：

①施工准备工作的目标控制，包括现场准备、技术准备、资源准备等，为开工做好充分准备。

②工程质量控制，包括：承包人质量保证体系的审核、工程材料和设备的质量验收、施工质量监督和工程中间验收、对已完工程的完工验收等。

③工程进度控制，包括：对承包人施工组织设计和进度计划进行审核、对施工进度进行分析、督促承包人按计划完成工程、处理工期索赔等。

④工程投资控制，包括：严格进行计量支付、控制合同价格调整、控制工程变更而引起的价格变化、处理费用索赔等。

⑤工程合同管理，包括：审查分包合同和分包商、控制工程变更和索赔、科学处理合同争端等。

⑥组织协调，做好项目内部及项目外部的各种协调工作。

⑦工程项目竣工验收和后评估，包括：按规范组织工程竣工验收、进行工程建设总结、组织项目审计、进行项目的全面评估。

（3）工程项目管理成功的基本条件。工程项目要取得成功，必须具备下列条件，这是所有成功工程项目的共同特征。

1）从项目一开始，就要有一个合格的项目经理（项目负责人），并组建得力的项目管理班子（Project Management Team）。

2）要授予项目经理充分的权力，使之与其职责相适应，以保证项目经理在他的职责范围内有绝对的权威性。

3）项目经理及其项目管理班子要相对稳定，变动较少，要团结一致，关系和谐，而不是文过饰非，沽名钓誉。

4）项目进度计划、投资预算和质量标准切合实际，容易理解和执行。

5）有一个高效的指挥调度系统，信息传递顺畅，沟通及时、有效。

6）项目实施过程中变更程度较小，并能及时提出变更方案。

7）对项目组人员有一套公平合理的工资管理办法和激励机制。

四、工程项目管理的产生和发展

1. 国际上工程项目管理的产生和发展

从现代的视角看，有工程项目就有管理的问题。在这种意义上，可以认为工程项目管理是一种古老的人类生产实践活动。然而，工程项目管理真正成为一门学科却是20世纪50年代以后的事。

工程建设方面，20世纪50年代前后，大型工程项目开始出现，国际承包事业大力发展，竞争非常激烈；在科学和军事等方面，复杂的科研、军事和航天项目大量涌现。这些使人们认识到，由于项目的一次性和约束条件的不确定性，要取得成功，必须引进科学的管理方法，加强管理，于是项目管理科学作为一种客观要求被提了出来。

从理论准备来看，第二次世界大战以后，科学管理方法大量出现，逐渐形成了管理科学体系，并被广泛应用于生产和管理实践，如系统论、控制论、组织论、预测技术、网络计划技术、数理统计理论等均已发展成熟，在生产管理实践中取得了很大成功，产生了巨大效益。特别是20世纪50年代末产生的网络计划技术，应用于项目管理后取得了理想效果，引起世界性的轰动。

生产实践的客观需要和管理科学理论体系的逐步形成，使人们顺理成章地将两者结合起来，并进一步系统化，使工程项目管理越来越具有科学性，终于作为一门学科而迅速发展，跻身于管理科学的殿堂。

从20世纪60年代开始，国际上对工程项目管理、项目管理的研究和应用普遍展开，两大国际性组织：国际项目管理协会（International Project Management Association，IPMA）和美国项目管理协会的出现，以及其他一些国家的项目管理协会相继建立，标志着项目管理得到了普遍发展，这些组织的建立同时也促进了项目管理的进一步发展。早期项目管理理论的研究和应用主要在军事工程和建设工程领域。

在世界范围内，工程项目管理学科在实践中不断发展和提高。主要表现在：

（1）工程项目发包方式方面，在传统的 DBB（Design Bid Build）方式的基础上，根据业主的需求和不同建设环境，相继出现了设计—施工总包 DB（Design Build）、EPC（Engineering，Procurement and Construction）和 CM at risk 等多种发包方式，使不同条件下的工程项目发包更加科学和合理。

（2）工程项目业主方管理方式方面，在传统自主管理方式的基础上，出现了委托管理方式，如 PM（Project Management）、CM agency 等。

（3）工程建设合同方面，建设合同条件研究和应用水平的不断提高，标准化合同条件的广泛应用，促进建设管理水平的不断上升。如国际土木工程师协会（FID-IC）在 20 世纪 70 年代制定和颁布了《土木工程施工合同条件》等合同条件，这些合同条件在国际工程中被广泛使用，并在应用中不断完善，目前已修订 5 次，使其更科学合理。世界许多国家也有自己的标准化建设合同，这有力地促进了工程项目管理水平的提高。

（4）在工程项目管理技术的应用方面，随着计算机技术及整个信息技术（Information Technology，IT）的高速发展，管理学科的技术在工程项目管理领域得到了较好应用。如 20 世纪 50 年代出现的网络计划技术，手工条件下其在大型工程上的应用较为困难，借助于计算机后，网络计划技术在大型工程项目上的应用变得相当简单。目前，利用计算机辅助工程项目管理已相当普遍，促使工程项目管理的效率大大提高，并促进了工程项目管理的标准化和规范化。

（5）工程项目管理的职业化。工程项目管理人员包括咨询工程师、工程师/监理工程师、造价工程师、工程营造师等组成了一支以工程项目管理为职业的队伍，他们依靠自己的专业知识、技能和经验立足于社会、服务于社会。他们活跃在工程项目管理实践的第一线，促进着工程项目管理学科的发展。

2. 国内工程项目管理的发展

我国工程项目管理实践的历史非常早，如修建举世闻名的万里长城、京杭运河、都江堰、故宫等工程。然而，真正将项目管理上升到理论与科学的层次也是近代的事。

20 世纪 60 年代中期，我国老一代科学家华罗庚、钱学森等就开始致力于推广和应用项目管理的理论和方法。如在 20 世纪 60 年代研制战略导弹武器系统时，就引进了计划评审技术（Program Evaluation and Review Technique，PERT）。华罗庚教授还深入工程建设第一线推广应用 PERT。

我国工程项目管理理论研究和应用从 20 世纪 80 年代开始进入一个新阶段。随着改革开放和社会主义市场经济体制的确立，与社会主义市场经济相适应，并逐步和国际惯例接轨的建设项目管理体制得到推行，工程项目管理的研究和教学活动才蓬勃兴起。

1983 年，我国云南鲁布革水电站引水工程按照国际惯例进行国际招标，实行项目管理，取得了缩短工程建设工期、降低工程建设造价的显著效果。建设部等 5 部委对其进行了经验总结，形成了著名的鲁布革工程项目管理经验，并在全国推广应用。此后，招标承包制在我国普遍推行，把竞争机制引入工程项目建设，收到较好的效果。

在 20 世纪 80 年后期，为进一步和国际惯例接轨，完善招标承包制，加强承发包合同管理，我国继而普遍推行了工程建设监理制，使工程项目管理体制进一步完善。上世纪在建设领域先是提出了项目业主责任制，以适应社会主义市场经济体制，转换工程项目投资经营机制，提高投资效益。在这一基础上，此后又提出了建设项目法人责任制，对项目业主责任制作了进一步完善。

到 20 世纪末，在我国工程建设领域广泛推行的"三制"，逐步与社会主义市场经济体制的发展要求相适应，和国际惯例基本接轨。"三制"的主要内容为：

（1）建设项目法人责任制。建设项目法人责任制要求项目法人对建设项目的策划、资金筹措、建设实施、生产经营、债务偿还和资产的增值保值，实行全过程负责。实行建设项目法人责任制后，在建设项目管理上要形成这样一种新型的建设管理模式：以项目法人为主体，项目法人向国家和投资各方负责；咨询、设计、监理、施工、物资供应等单位通过投标或接受委托，以合同为纽带，向项目法人提供服务或承包工程施工。

（2）招标投标制。招标投标制是在市场经济体制下，工程建设领域分配建设任务的、具有竞争性的交易方式。实行招标投标制是发展社会主义市场经济的客观需要，它可促使建设市场各主体之间进行公平交易、平等竞争，以确保建设项目目标的实现。

（3）工程建设监理制。建设监理制是实行工程项目招标，用合同的形式来连接项目法人和施工承包人关系后的客观要求。目前，它主要由项目法人通过招标或委托的方式选择一家具有监理资质的法人对施工合同进行管理。实行建设监理制，可促进建设项目管理的社会化和专业化，及时解决施工合同履行过程中产生的矛盾和争端，促进项目管理水平的提高。

进入 21 世纪，我国工程项目管理又有新的发展。国际上新颖的工程项目管理模式逐步受到人们的重视，得到较多的研究和应用，并结合我国实际有所发展；工程项目管理新技术的开发、研究与应用也广泛展开，出现勃勃生机。

第二节　工程项目的生命周期与建设程序

一、工程项目的生命周期与建设过程

工程项目建成后，即可交付一个产品。而产品总是有终点的，或是不能完成基本功能，只能报废，或是被其他产品所取代，即被淘汰。因此，工程项目存在从策划、立项，到完建、运行、报废或被淘汰这样一个项目周期（Project Cycle）。

不同类型或规模的工程项目，由于使用者对其要求不同，生命周期的长短一般不同。但它们的建设过程一般是一样的，分为策划、立项、设计、施工、交付使用等。不同的参建方，在工程建设中所发挥的作用是不同。图1-4为工程项目建设过程和参建各方承担任务的示意图。

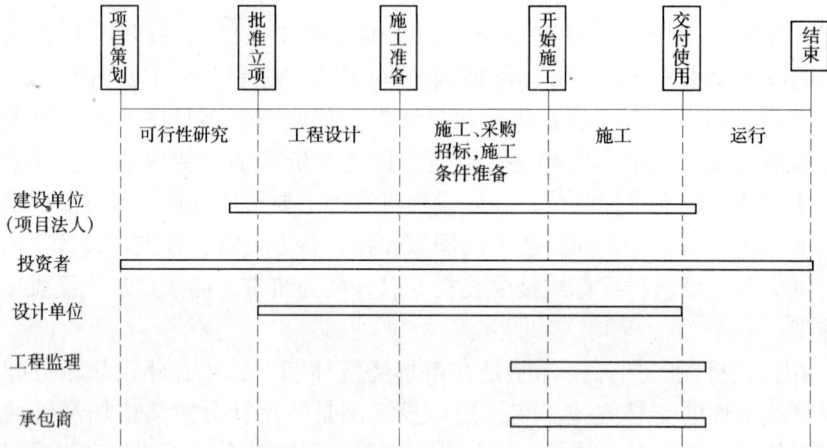

图1-4 工程项目建设过程和主要参建各方承担任务的示意

二、工程项目一般建设程序

我国不同行业工程项目建设的程序略有差异，但一般可分为7个阶段，即项目建议书阶段、可行性研究阶段、设计工作阶段、建设准备阶段、建设实施阶段、竣工验收阶段和后评价阶段。这7个阶段的关系如图1-5所示，其中项目建议书阶段和可行性研究阶段称为前期工作阶段或决策阶段。

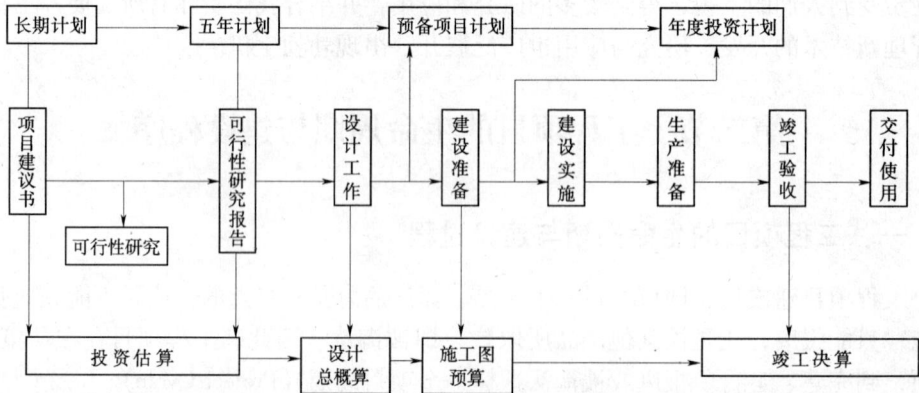

图1-5 工程建设程序图

（1）项目建议书阶段，也称初步可行性研究阶段（Project Pre‑Feasibility Study）或预可行性研究阶段。项目建议书是项目法人单位向国家提出的、要求建设某一工程项目的建议性文件，是对工程项目的轮廓设想，是从拟建项目的必要性和可能性加以考虑的。

（2）项目可行性研究阶段（Project Feasibility Study）。项目建议书经批准后，应紧接着进行可行性研究。可行性研究是对工程项目在技术和经济上是否可行进行科学分析和论证的工作，是技术经济的深入论证阶段，为项目决策提供依据。可行性研究阶段最后提交的成果是可行性研究报告。经批准的可行性研究报告，是工程项目实施的依据。

（3）项目设计阶段（Project Design）。设计是复杂的综合性技术经济工作，设计前和设计中要进行大量的勘察调查工作，没有一定广度和深度的勘察工作，就不可能有正确的设计工作。工程设计是分阶段进行的，常见的设计阶段分为：

1）初步设计。它是根据可行性研究报告的要求所做的具体实施方案。目的是为了论证在指定的地点、时间和投资控制数额内，拟建项目在技术上的可行性和经济上的合理性，并通过对工程项目作出的基本技术经济参数的规定，编制项目总概算。

2）技术设计。它是对重大项目和新型特殊项目，为进一步解决某些具体技术问题，或确定某些技术方案而增加的设计阶段。它是对初步设计阶段中无法解决而又需要进一步解决的问题进行的设计，诸如：特殊工艺流程方面的试验、研究及确定；大型建筑物、构筑物某些关键部位的结构形式、工程措施等的试验、研究和确定；新型设备的试验、制作和确定等。对于一般的工程项目，较少设置专门的技术设计阶段。

3）招标设计。招标设计是为满足施工招标而进行的设计。它是将初步设计进一步具体化，详细定出总体布置和各建筑物的轮廓尺寸、标高、材料类型、工艺要求和技术要求等。其设计深度要求为：可以根据招标设计图较准确地计算出各种建筑材料，如水泥、砂石料、木材、钢材等的规格、品种和数量，混凝土浇筑、土石方填筑的工程量，各类工程机械、电气和永久设备安装的工程量等。

4）施工详图设计，也称施工图设计。它要完整地表现建筑物外形、内部空间分割、结构体系、构造状况以及建筑群的布局和周围环境的配合，具有详细的构造尺寸。设计完的施工图经过审核，提供给承包人施工。

（4）建设准备阶段（Construction Preparation）。建设准备的主要工作内容包括：①征地、拆迁和施工场地平整；②完成施工用水、电、路等工程；③组织设备、材料订货；④组织施工招标，选定承包人。

（5）建设实施阶段（Construction Execution）。工程项目经批准开工，便进入了建设实施阶段。一般开工建设的时间，是指工程项目设计文件中规定的任何一项永久性工程第一次破土开槽开始施工的日期。不需要开槽的，正式开始打桩的日期就是开工日期。铁路、公路、水库土石坝等需要进行大量土、石方工程施工的，以开始进行土、石方施工的日期作为正式开工日期。施工活动应按设计要求、合同条款、规程规范、施工组织设计进行，保证工程项目的质量目标、工期目标和投资控制目标得以实现。在建设实施阶段还要进行生产准备。生产准备是项目投产前的一项重要工作，它是连接建设和生产的桥梁，是建设转入生产经营的必要条件。

（6）竣工验收阶段（Project Acceptance）。竣工验收阶段包含两种验收：一是一个工程项目的施工合同完成后，由承包人将合同工程移交给业主所进行验收，常称完工验收；二是整个工程项目完工并投产后，由政府组织对工程的验收，常称竣工验收。竣工验收是建设全过程的最后一道程序，是投资成果转入生产或使用的标志，是项目业主向国家汇报工程项目的生产能力或效益、质量和交付新增固定资产的过程。竣工验收对促进工程项目及时投产，发挥投资效益及总结经验均有重要作用。

[案例1-3]　水利工程基本建设程序

我国水利工程基本建设程序一般分为：项目建议书、可行性研究报告、初步设计、施工准备（包括招标设计）、建设实施、生产准备、竣工验收、后评价等阶段。

（1）项目建议书阶段。项目建议书应根据国民经济和社会发展长远规划、流域综合规划、区域综合规划、专业规划，按照国家产业政策和国家有关投资建设方针进行编制，是对拟建工程项目的初步说明。项目建议书编制一般由政府委托有相应资质的设计单位承担，并按国家现行规定向主管部门申报审批。

（2）可行性研究报告阶段。可行性研究应对项目进行方案比较，对项目在技术上是否可行和经济上是否合理进行科学的分析和论证。经过批准的可行性研究报告，是项目决策和进行初步设计的依据。可行性研究报告，由项目法人（或筹备机构）组织编制。可行性研究报告经批准后，不得随意修改和变更，在主要内容上有重要变动的，应经原批准机关复审同意。项目可行性报告批准后，应正式成立项目法人，并按项目法人责任制实行项目管理。

（3）初步设计阶段。初步设计是根据批准的可行性研究报告和必要而准确的设计资料，对设计对象进行通盘研究，阐明拟建工程在技术上的可行性和经济上的合理性，规定项目的各项基本技术参数，编制项目的总概算。初步设计任务应择优选择有相应资质的设计单位承担，依照有关初步设计编制规定进行编制。

（4）施工准备阶段。项目的主体工程开工之前，必须完成各项施工准备工作，其主要内容包括：

1）施工现场的征地、拆迁。

2）完成施工用水、电、通信、路和场地平整等工程。

3）必需的生产、生活临时建筑工程。

4）组织招标设计、工程咨询、设备和物资采购等服务。

5）组织建设监理和主体工程招标投标，择优选定建设监理单位和施工承包队伍。

（5）建设实施阶段。建设实施阶段是指主体工程的建设实施，项目法人按照批准的建设文件，组织工程建设，保证项目建设目标的实现；项目法人或其代理机构必须按审批权限，向主管部门提出主体工程开工申请报告，经批准后，主体工程方能正式开工。随着社会主义市场经济体制的建立，工程建设项目实行项目法人责任制后，在主体工程开工前，还须具备以下条件：

1）建设管理模式已经确定，投资主体与项目主体的管理关系已经理顺。

2）项目建设所需全部资金来源已经明确，且结构合理。

3）项目产品的销售，已有用户承诺，并确定了定价原则。

4）项目法人要充分发挥建设管理的主导作用，为施工创造良好的建设条件。

（6）生产准备阶段。生产准备应根据不同类型的工程要求确定，一般应包括如下内容：

1）生产组织准备，建立生产经营的管理机构及相应管理制度。

2）招收和培训人员。

3）生产技术准备。

4）生产的物资准备。

5）正常的生活福利设施准备。

（7）竣工验收。竣工验收是工程完成建设目标的标志，是全面考核基本建设成果、检验设计和工程质量的重要步骤。竣工验收合格的项目即从基本建设转入生产或使用。

（8）项目后评价（Project Post - Evaluation）。工程项目竣工投产后，一般经过 1~2 年生产营运后，要进行一次系统的项目后评价，主要内容包括：影响评价——项目投产后对各方面的影响进行评价；经济效益评价——对项目投资、国民经济效益、财务效益、技术进步和规模效益、可行性研究深度等进行评价；过程评价——对项目的立项、设计施工、建设管理、竣工投产、生产营运等全过程进行评价。项目后评价一般按三个层次组织实施，即项目法人的自我评价、项目行业的评价、计划部门（或主要投资方）的评价。

[案例1-4] 世界银行贷款项目的项目周期

世界银行（The World Bank）贷款项目是指将世界银行资金与项目所在国的配套资金结合起来，投资于某一固定项目。世界银行每一笔项目贷款的发放，都要经历一个完整而较为复杂的程序；每一个世界银行贷款项目，都要按照该程序经历一个从开始到结束的周期性过程，也就是一个项目周期。世界银行贷款项目周期包括6个阶段，即项目选定、项目准备、项目评估、项目谈判、项目执行与监督、项目的后评价。

（1）项目选定（Project Identification）。项目选定是项目周期的第一个阶段。在这个阶段，借款国需要确定既符合世界银行投资原则，又符合其发展计划的项目。世界银行将参与和协助借款国进行项目选定，收集项目基础资料，确定初步的贷款意向。这一阶段类似于在我国的项目的立项阶段。

（2）项目准备（Project Preparation）。在项目被列入世界银行贷款规划后，该项目便进入项目准备阶段。这一阶段一般持续1~2年。项目准备过程，就是通过详细而认真的研究与分析，将一个项目概念或初步设想进一步深化为一个具体而完整的项目目标，从而使借款国政府能够确定是否有必要且有可能实施这个项目，同时也让世界银行能够决定是否有必要对该项目进行详细的评估。项目准备阶段的一个主要任务和要求就是对项目进行详细的可行性研究，并提出"项目报告"（Project Report，PR）。项目准备工作，主要由借款国自己来做，但世界银行也直接或间接地对借款国提供帮助，目的在于加强借款国准备和实施开发项目的总体能力。在这一阶段，世界银行要派出有关专家和项目官员组成的项目准备团，对借款国的项目准备工作进行检查、监督和指导，随时了解项目准备工作进展情况，同时通过搜集项目有关资料，为下一步评估工作做好准备。与国内项目建设程序相比，世界银行项目准备阶段相当于项目可行性研究阶段。

（3）项目评估（Project Appraisal）。当借款国自己所进行的项目准备工作基本结束，世界银行就要对项目进行全面详细的审查，开始项目评估。对于一些大型复杂的项目，世界银行一般要求在对项目正式评估前进行预评估（Project Pre-Appraisal）。项目预评估实际上是从项目准备到正式评估之间的短暂过渡。它的目的是收集详细资料并进行分析，从而使正式评估工作变得既简单又可靠。预评估的内容和要求与评估的内容和要求相一致。如果项目准备工作出色，预评估工作顺利，世界银行可根据情况作出无需再评估的决定，预评估也就成为项目的正式评估。项目评估，是项目周期中的一个关键阶段。项目评估的目的和任务，就是要对项目前一阶段的准备工作以及项目本身的各个方面进行全面细致的审查，并为项目执行和项目后评价奠定基础。项目评估工作，是项目周期中世界银行第一次全面和直接参与项目的阶段，评估工作由世界银行职员及聘请的专家承担。

（4）项目谈判（Project Negotiation）。项目谈判是世界银行与借款国为保证项目成功，力求就所采取的必要措施达成协议的阶段。经过谈判所达成的协议，将作为法律性文件由双方共同履行。项目谈判内容概括为两个方面：①贷款条件与法律条文的讨论与确认；②技术内容的谈判。谈判结束后，借款国政府及借款单位需对经过谈判的贷款文件加以确认，表示接受。世界银行方面则要将谈判后经过修改的评估报告连同行长报告和贷款文件等，一并提交其执行董事会。执行董事会在适当的时候开会讨论是否批准该项贷款业务。如果批准了这项贷款，则贷款协定就由双方代表签署。协议的签订，标志着项目正式进入执行阶段。

（5）项目的执行与监督（Project Execution and Supervision）。项目的执行，就是指通过项目资金的具体使用以及为项目提供所需的设备、材料、土建施工以及咨询服务等，将项目目标按照设计内容付诸实施的具体建设过程。执行的主要内容包括项目招标采购、贷款资金支付与配套资金提供、技术援助与培训计划的执行等。在项目执行过程中，世界银行除提供必要的帮助外，还对项目执行的整个过程进行监督，监督范围涉及技术、经济、组织机构、财务、社会等各个方面，监督的依据是项目评估报告。监督方法包括审查项目进度报告、世界银行项目官员到借款国进行实地考察和检查等。

（6）项目的后评价。项目后评价阶段的主要目的和任务是在项目正式投产 1 年以后按照严格的程序，采取客观的态度，运用求实的分析方法对项目执行的全过程进行认真回顾与总结，考察并衡量项目的执行情况和执行成果，对世界银行和借款国双方的执行机构和项目人员在执行中的作用、表现及项目的实际效果进行客观评价，总结经验教训，为改进以后工作和新项目的实施提供参考和服务。世界银行对项目后评价工作的基本要求是客观而真实。首先，由项目主管人员根据实际情况在项目竣工后写出"项目竣工报告"（即"项目完成报告"），详细介绍项目执行各方面的有关情况，然后由世界银行独立的业务评价局对报告进行评审，并在报告基础上对项目的执行成果进行独立和全面的总结评价。

在每个项目周期中，前一阶段是下一阶段的基础，下一阶段是上一阶段工作的延伸和补充，最后一个阶段又产生了对新项目的探讨和设想，这样形成一个完整的循环，周而复始。

第三节　工程项目主要参与方

一个工程项目从策划到建成投产，通常有多方的参与，如工程项目投资方、工程项目业主/项目法人方、工程设计方、工程施工/设备制造方和工程材料供应方等。他们在项目中扮演不同的角色，发挥不同的作用。当然，从项目管理角度看，他们具体的管理职责、范围、采用的管理技术都会有所区别。

一、工程项目投资方

工程项目投资方（Investor）通过直接投资、认购股票等各种方式向工程项目经营者提供项目资金。工程项目投资者可以是政府、组织、个人、银行财团或众多的股东（组成股东和董事会），他们关心项目能否成功，能否盈利或能否回收本息。尽管他们的主要责任在投资决策上，其管理的重点在项目启动阶段，采用的主要手段是项目评估，但是投资者要真正取得期望的投资收益仍需要对项目的整个生命期进行全程的监控和管理。

二、工程项目业主方/项目法人

除了自己投资、自己开发、自己经营的项目之外，一般情况下工程项目业主/项目法人（Owner）是指项目最终成果的接收者和经营者。我国实行的是公有制，工程项目法人是指工程项目策划、资金筹措、建设实施、生产经营、债务偿还和资产保值增值，实行全过程负责的企事业单位或其他经济组织。

业主/项目法人在工程项目的全过程起主导作用，其主要责任有：

（1）进行项目可行性研究，或审查受委托的咨询公司提交的可行性研究报告，以确立项目。

（2）筹集项目资金，包括自有资金和借贷资金（如果需要的话），满足投资方的各种要求，以落实资金来源。

（3）组织项目规划和实施，在多数情况下要采购外部资源，进行合同管理。业主通过其项目班子主要承担协调、监督和控制的职责，包括进度控制、成本控制和质量控制等。

（4）接受和配合投资方对项目规划和实施阶段的监控。

（5）进行项目的验收、移交和其他收尾工作，并将项目最终成果投入运行和经营。

（6）与项目的各干系人进行沟通和协调。

必要时，业主/项目法人可以聘请项目管理公司作为他的代理人对工程项目进行管理。

三、工程项目施工方/设备制造方

工程项目施工承包方（Contractor）/设备制造方（Producer），一般分别为承担工程施工的建筑业施工企业和工程设备的制造企业，他们按照工程承发包合同的约定，完成相应的建设任务。下面主要介绍与工程施工方的相关问题。

1. 工程施工方的任务

工程施工方的具体任务包括：

（1）通过投标或协商，承揽工程建筑、安装或修缮任务。

（2）按照承包合同要求，编制施工组织设计和施工计划，做好人力与物质准备工作，准备开工。

（3）按照与业主方商定的分工，做好材料与设备的采购、供应和管理工作。

（4）严格按照设计图纸、规程规范和合同的要求进行施工，确保工程质量，保证在合同规定的工期内完成施工任务。

（5）合同工程完工前后，负责清理现场，按时提出完整的竣工验收资料，交工验收，并在合同规定的保修期内负责工程的维修。

（6）对由其分包给其他施工企业的子项工程，负责施工监督和协调，使之满足合同规定要求。

2. 建筑业施工企业的资质管理

在我国，对建筑业施工企业实行资质管理，即只有满足具体工程有关资质要求的施工企业，才有可能承担工程施工任务。

我国将建筑业施工企业分为施工总包、专业承包和劳务分包三个序列；对这三个资质序列，按照工程性质、技术特点分别划分为若干资质类别（一般按行业分）；各资质类别又根据其施工经历、施工企业经理及主要管理人员资历、施工企业的技术力量和职工素质、施工装备和设备状况、财务能力及施工经验和能力等规定的条件，划分为若干等级。不同行业对不同施工资质等级的施工企业的工程承包范围也有严格的规定。

［案例1-5］　房屋建筑工程施工总承包企业资质管理标准

房屋建筑工程施工总承包企业资质分为特级、一级、二级、三级。其中，一级资质标准为：

（1）企业近5年承担过下列6项中的4项以上工程的施工总承包或主体工程

承包，工程质量合格。

1）25层以上的房屋建筑工程。

2）高度100m以上的构筑物或建筑物。

3）单体建筑面积3万m²以上的房屋建筑工程。

4）单跨跨度30m以上的房屋建筑工程。

5）建筑面积10万m²以上的住宅小区或建筑群体。

6）单项建安合同额1亿元以上的房屋建筑工程。

（2）企业经理具有10年以上从事工程管理工作经历或具有高级职称；总工程师具有10年以上从事建筑施工技术管理工作经历并具有本专业高级职称；总会计师具有高级会计职称；总经济师具有高级职称。企业有职称的工程技术和经济管理人员不少于300人，其中工程技术人员不少于200人；工程技术人员中，具有高级职称的人员不少于10人，具有中级职称的人员不少于60人。企业具有的一级资质项目经理不少于12人。

（3）企业注册资本金5000万元以上，企业净资产6000万元以上。

（4）企业近3年最高年工程结算收入2亿元以上。

（5）企业具有与承包工程范围相适应的施工机械和质量检测设备。

房屋建筑工程施工总承包一级企业承包工程范围为：

可承担单项建安合同额不超过企业注册资本金5倍的下列房屋建筑工程的施工：

（1）40层及以下、各类跨度的房屋建筑工程；

（2）高度240m及以下的构筑物；

（3）建筑面积20万m²及以下的住宅小区或建筑群体。

[案例1-6]　水利水电工程施工总承包企业资质管理标准

水利水电工程施工总承包企业资质分为特级、一级、二级、三级。其中，一级资质标准为：

（1）企业近10年承担过下列6项中的3项以上所列工程的施工，其中至少有1项是1）和2）中的工程，工程质量合格。

1）库容10亿m³以上或坝高80m以上大坝1座，或库容1亿m³以上或坝高60m以上大坝2座。

2）过闸流量大于3000m³/s的拦河闸1座，或过闸流量大于1000m³/s的拦河闸2座。

3）总装机容量300MW以上水电站1座，或总装机容量100MW以上水电站

2 座。

4）总装机容量 10MW 以上灌溉、排水泵站 1 座，或总装机容量 5MW 以上灌溉、排水泵站 2 座。

5）洞径大于 8m、长度大于 3000m 的水工隧洞 1 个，或洞径大于 6m、长度大于 2000m 的水工隧洞 2 个。

6）年完成水工混凝土浇筑 50 万 m^3 以上或坝体土石方填筑 120 万 m^3 以上或岩基灌浆 12 万 m^3 以上或防渗墙成墙 8 万 m^2 以上。

（2）企业经理具有 10 年以上从事工程管理工作经历或具有高级职称；总工程师具有 10 年以上从事施工管理工作经历并具有本专业高级职称；总会计师具有高级会计职称；总经济师具有高级职称。企业有职称的工程技术和经济管理人员不少于 220 人，其中工程技术人员不少于 160 人；工程技术人员中，具有本专业高级职称的人员不少于 15 人，具有本专业中级职称的人员不少于 60 人。企业具有的本专业一级资质项目经理不少于 15 人。

（3）企业注册资本金 5000 万元以上，企业净资产 6000 万元以上。

（4）企业近 3 年最高年工程结算收入 2 亿元以上。

（5）企业具有与承担大型拦河闸、坝、水工混凝土、水工隧洞、渡槽、倒虹吸及桥梁、地基处理、岩土工程、水轮发电机组安装相适应的施工机械和质量检测设备。

水利水电工程施工总承包一级企业承包工程范围为：

可承担单项合同额不超过企业注册资本金 5 倍的各种类型水利水电工程及辅助生产设施的建筑、安装和基础工程施工。工程内容包括：不同类型的大坝、电站厂房、引水和泄水建筑物、通航建筑物、基础工程、导截流工程、砂石料生产、水轮发电机组、输变电工程的建筑安装；金属结构制作安装；压力钢管、闸门制作安装；堤防加高加固、泵站、涵洞、隧道、施工公路、桥梁、河道疏浚、灌溉、排水工程施工。

四、工程项目设计方

工程项目设计方（Designer），一般为工程设计企业，其按照与业主/项目法人签订的设计合同，完成相应的设计任务。

1. 工程设计方的任务

（1）工程设计准备阶段的设计工作：

1）了解业主资信与投资意图，参与设计方案竞赛或设计招标。

2）设计谈判签约。

3）设计分包，组织设计班子，编制设计进度计划。

4）收集设计资料，研究设计思路，提出勘察任务。

（2）工程初步设计阶段的设计工作：

1）总体设计。

2）方案设计：明确设计要求，草拟方案，包括工艺设计、建筑设计，进行方案比选。

3）编制初步设计文件：完善选定的方案，分专业设计并汇总，编制说明与概算。

（3）工程技术设计阶段的设计工作：

1）提出技术设计计划：包括工艺流程试验研究，特殊设备的研制，特殊技术的研究等。

2）编制技术设计文件。

3）参加初审，并作必要的修正。

（4）工程施工图设计阶段的设计工作：

1）建筑、结构、设备的设计。

2）专业设计的协调。

3）编制设计文件：包括汇总设计图表，编制施工图预算，编写设计说明。

4）校审会签，按审核意见作必要修改。

（5）工程施工阶段的设计工作：

1）在图纸会审、技术交底会上介绍设计意图，向承包人进行技术交底，并答疑。

2）必要时修正设计文件，督促按图施工。

3）参加隐蔽工程的验收。

4）解决施工中的设计问题，参加工程竣工验收。

2. 建设设计企业的资质管理

我国对工程设计企业实行资质管理。工程设计资质分为工程设计综合资质、工程设计行业资质、工程设计专业资质和工程设计专项资质4个序列。

工程设计综合资质只设甲级；工程设计行业资质、工程设计专业资质、工程设计专项资质设甲级、乙级。

根据工程性质和技术特点，个别行业、专业、专项资质可以设丙级，建筑工程专业资质可以设丁级。

取得工程设计综合资质的企业，可以承接各行业、各等级的建设工程设计业务；取得工程设计行业资质的企业，可以承接相应行业相应等级的工程设计业务及本行业范围内同级别的相应专业、专项（设计施工一体化资质除外）工程设计业务；取得工程设计专业资质的企业，可以承接本专业相应等级的专业工程设计业务及同级别的相应专项工程设计业务（设计施工一体化资质除外）；取得工程设计专项资质的企业，可以承接本专项相应等级的专项工程设计业务。

[案例1-7] 工程设计行业资质管理标准

工程设计行业资质设甲级、乙级。其中，甲级企业标准：

（1）资历和信誉：

1）具有独立企业法人资格。

2）社会信誉良好，注册资本不少于600万元人民币。

3）企业完成过的工程设计项目应满足所申请行业主要专业技术人员配备表中对工程设计类型业绩考核的要求，且要求考核业绩的每个设计类型的大型项目工程设计不少于1项或中型项目工程设计不少于2项，并已建成投产。

（2）技术条件：

1）专业配备齐全、合理，主要专业技术人员数量不少于所申请行业资质标准中主要专业技术人员配备表规定的人数。

2）企业主要技术负责人或总工程师应当具有大学本科以上学历、10年以上设计经历，主持过所申请行业大型项目工程设计不少于2项，具备注册执业资格或高级专业技术职称。

3）在主要专业技术人员配备表规定的人员中，主导专业的非注册人员应当作为专业技术负责人主持过所申请行业中型以上项目不少于3项，其中大型项目不少于1项。

（3）技术装备及管理水平：

1）有必要的技术装备及固定的工作场所。

2）企业管理组织结构、标准体系、质量体系、档案管理体系健全。

（4）具有施工总承包特级资质的企业，可以取得相应行业的设计甲级资质。

甲级企业承担业务范围：

承担本行业建设工程项目主体工程及其配套工程的设计业务，其规模不受限制。

五、工程项目监理方/咨询方

工程项目建设监理/咨询方（Consulter），一般为工程项目建设监理公司或咨询公司，其按与业主方签订的监理或咨询合同，提供监理或咨询服务。

1. 工程建设监理与工程咨询

（1）工程建设监理是我国20世纪80年代末出现的一种建设管理形式。工程建设监理公司是指具有工程建设监理资格等级证书、具有法人资格，从事工程建设监理业务的单位。监理公司受业主委托后一般都用合同约定的方式与业主签订工程建设监理委托合同，在监理委托合同中明确规定监理的范围、双方的权利和义务、监理合同争议的解决方式和监理酬金等。监理的服务范围视委托者的需要而定，可以包括项目建设前期阶段的可行性研究及项目评估，实施阶段的招标投标、勘察、设计、施工等；可以是项目建设全过程，也可以是项目建设中的部分阶段；委托者既可委托一个监理公司对项目进行监理，也可以委托几个监理公司对项目的不同阶段实施监理。监理公司可以只接受一个工程项目的委托，也可以同时接受几个工程项目的监理任务。

（2）工程项目咨询比工程监理有更广泛的概念，甚至可以包括工程建设监理，是工程咨询公司为业主方提供的一种技术或管理方面的服务。工程咨询公司一般属智力密集、管理型的工程建设企业，凭借其技术和管理方面的能力、经验为业主提供服务，并按合同的约定获得相应的报酬。工程咨询公司提供的服务较为广泛，如工程项目的可行性研究、招标代理、合同策划、工程造价管理、重大技术或管理问题分析决策等。

2. 工程监理方的任务

（1）合同管理。合同管理的内容十分广泛，从广义上说，应包括投资控制、进度（工期）控制、质量控制和施工安全控制等。监理工程师应站在公正立场上，尽可能地调解业主和承包人双方在履行合同中出现的各种纠纷，维护当事人的合法权益，并利用合同这个手段，实现工程项目控制，以期达到既定的项目目标。

（2）工期控制。运用网络技术等手段，审查、修改施工组织设计与进度计划，并在工程实施中随时掌握工程进展情况，督促承包人按合同要求实现各项工期目标。

（3）投资控制（或称费用控制）。主要是通过做好建设前期的可行性研究及投资估算，对设计阶段的设计标准、总概算、工程预算进行审查；施工准备阶段协助确定好标底和合同造价；施工阶段合理核实工程量，适当支付进度款，以及用控制索赔等手段来达到控制费用的目的。

（4）质量控制。通过对设计或施工前各项基础条件的质量把关，设计或施工过程中的监督和审核，以及通过对最后设计的严格审查和施工的各种验收，严格控制工程质量。

（5）组织协调。建设项目在实施过程中，业主与设计单位、业主与承包人、设计单位和承包人以及承包人之间有许多工作上的结合部位，经常会出现许多矛盾，这些矛盾通常由监理工程师去协调解决。

3. 建设工程监理企业的资质管理

国务院建设主管部门负责全国工程监理企业资质的统一监督管理工作。国务院铁路、交通、水利、信息产业、民航等有关部门配合国务院建设主管部门实施相关资质类别工程监理企业资质的监督管理工作。

工程监理企业资质分为综合资质、专业资质和事务所资质。其中，专业资质按照工程性质和技术特点划分为若干工程类别。

综合资质、事务所资质不分级别。专业资质分为甲级、乙级；其中，房屋建筑、水利水电、公路和市政公用专业资质可设立丙级。

[案例1-8]　房屋建筑工程专业监理企业资质管理标准

房屋建筑工程专业监理企业资质设立甲级、乙级和丙级。其中，甲级资质标准为：

（1）具有独立法人资格且注册资本不少于300万元。

（2）企业技术负责人应为注册监理工程师，并具有15年以上从事工程建设工作的经历或者具有工程类高级职称。

（3）注册监理工程师、注册造价工程师、一级注册建造师、一级注册建筑师、一级注册结构工程师或者其他勘察设计注册工程师合计不少于25人次；其中，相应专业注册监理工程师不少于《专业资质注册监理工程师人数配备表》中要求配备的人数（15人），注册造价工程师不少于2人。

（4）企业近2年内独立监理过3个以上房屋建筑工程专业的二级工程项目，但是，具有甲级设计资质或一级及以上施工总承包资质的企业申请本专业工程类别甲级资质的除外。

（5）企业具有完善的组织结构和质量管理体系，有健全的技术、档案等管理制度。

（6）企业具有必要的工程试验检测设备。

（7）申请工程监理资质之日前一年内没有《工程监理企业资质管理规定》第十六条禁止的行为。

（8）申请工程监理资质之日前一年内没有因本企业监理责任造成重大质量事故。

（9）申请工程监理资质之日前一年内没有因本企业监理责任发生三级以上工程建设重大安全事故或者发生两起以上四级工程建设安全事故。

房屋建筑工程专业甲级资质企业可承担房屋建筑工程监理业务：

（1）28层以上；36m跨度以上（轻钢结构除外）；单项工程建筑面积3万 m^2 以上的一般公共建筑。

（2）高度120m以上的高耸构筑工程。

（3）小区建筑面积12万 m² 以上，以及单项工程28层以上的住宅工程。

[案例1-9] 水利工程建设监理单位资质管理标准

水利工程监理单位资质分为水利工程施工监理、水土保持工程施工监理、机电及金属结构设备制造监理和水利工程建设环境保护监理4个专业。

水利工程施工监理专业资质和水土保持工程施工监理专业资质分为甲级、乙级和丙级三个等级，机电及金属结构设备制造监理专业资质分为甲级、乙级两个等级，水利工程建设环境保护监理专业资质暂不分级。其中，甲级水利工程监理单位资质条件：

（1）具有健全的组织机构、完善的组织章程和管理制度。技术负责人具有高级专业技术职称，并取得总监理工程师岗位证书。

（2）专业技术人员。监理工程师以及其中具有高级专业技术职称的人员、总监理工程师，均不少于《水利工程建设监理单位资质等级标准》规定的人数（如，水利工程施工监理专业资质要求，监理工程师50人，其中，高级职称人员10人，总监理工程师8人）。水利工程造价工程师（或者从事水利工程造价工作5年以上并具有中级专业技术职称的人员）不少于3人。

（3）具有五年以上水利工程建设监理经历，且近三年监理业绩分别为：

1）申请水利工程施工监理专业资质，应当承担过（含正在承担，下同）2项Ⅱ等水利枢纽工程，或者1项Ⅱ等水利枢纽工程、2项Ⅱ等（堤防2级）其他水利工程的施工监理业务；该专业资质许可的监理范围内的近三年累计合同额不少于600万元。承担过水利枢纽工程中的挡、泄、导流、发电工程之一的，可视为承担过水利枢纽工程。

2）申请水土保持工程施工监理专业资质，应当承担过2项Ⅱ等水土保持工程的施工监理业务；该专业资质许可的监理范围内的近三年累计合同额不少于350万元。

3）申请机电及金属结构设备制造监理专业资质，应当承担过4项中型机电及金属结构设备制造监理业务；该专业资质许可的监理范围内的近三年累计合同额不少于300万元。

（4）能运用先进技术和科学管理方法完成建设监理任务。

（5）注册资金不少于200万元。

甲级水利工程监理单位可以承担各等级水利工程的监理业务，其他等级的监理单位业务范围受到具体的限制。

六、工程项目相关的其他主体

工程项目相关的其他主体包括：政府的计划管理部门、建设管理部门、环境管理部门、审计部门等，他们分别对工程项目立项、工程建设质量、工程建设对环境的影响和工程建设资金的使用等方面进行管理。此外，还有建筑材料的供应商、工程招标代理公司、工程设备租赁公司、保险公司、银行等，他们均与工程项目业主方签订合同，提供服务或产品等。

[案例1-10] 黄河万家寨水利枢纽工程参建各方简介

黄河万家寨水利枢纽位于黄河北干流上段托克托至龙口峡谷河段内，是黄河中游梯级开发的第一级，主要任务是供水结合发电调峰、防洪、防凌，并在黄河中下游水资源统一调度中发挥作用。该工程的主要参建方如图1-6所示。

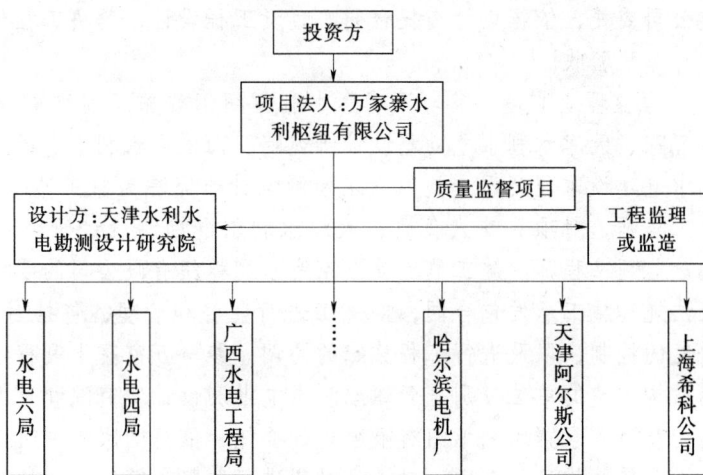

图1-6 万家寨水利枢纽工程参建各方示意图

在图1-6中，参建各方的情况如下：

（1）投资方。黄河万家寨水利枢纽工程的投资方分别是水利部黄河万家寨工程开发公司、山西万家寨引黄工程总公司、内蒙古自治区电力总公司。三方投资主体作为国有资产代表，依法以其投入的资本金享有对黄河万家寨水利枢纽工程开发公司相应的资产所有权。各投资主体协商组建公司董事会、监事会；明确董事、董事长；监事、监事会主席。按《中华人民共和国公司法》规定，由董事会聘任了公司正、副总经理，对公司的重大问题进行决策。

（2）项目法人。此工程的项目法人为黄河万家寨水利枢纽有限公司，具有对资产的自主经营权，并对投资方负责。在工程项目实施中该公司的职责有：

1）负责工程建设资金筹措，落实建设资金。

2）委托工程设计、工程监理，并对其进行管理。

3）负责工程招标，并进行招标决策，确定中标单位。

4）编制并组织实施项目年度投资计划、用款计划和建设进度计划。

5）处理工程建设中的设计变更，若变更影响到工程设计标准、生产能力或需调整概算，则报董事会决定。

6）组织工程建设实施，负责控制工程投资、工期和质量。

7）负责施工合同项目的完工验收。

8）拟定工程运行计划和经营计划；负责生产准备和有关人员的培训。

9）组织项目后评价，并提出项目后评价报告。

（3）天津水利水电勘测设计研究院。该设计研究院受黄河万家寨水利枢纽工程开发公司委托，依据设计委托合同，负责工程设计，解决工程建设中的技术问题，参与工程验收。

（4）工程监理或监造。参与万家寨水利枢纽工程施工监理的单位有东北勘测设计研究院、天津水利水电勘测设计研究院、内蒙古水利水电勘测设计院和山西省水利水电建设监理公司，其中东北勘测设计研究院为施工监理的责任主体，派总监理工程师，对项目法人负责；天津水利水电勘测设计研究院参与监理工作，派副总监理工程师。施工监理受万家寨水利枢纽有限公司的委托，依据国家有关政策法规和施工承发包合同，对施工进行监督和管理，包括对工程的投资、质量和进度的控制，以及进行工程施工的协调。参与万家寨水利枢纽工程机电设备和金属结构监造的单位分别是天津水利水电勘测设计研究院和黄河水电工程公司。他们受黄河万家寨水利枢纽有限公司的委托，依据国家有关政策法规和工程机电设备或金属结构采购合同，对生产过程进行监督和管理，并协助项目法人对工程机电设备或金属结构出厂或进场进行验收。

（5）中国水电四局、中国水电六局、广西水电工程局等。这些施工企业按照施工合同规定要求，加强施工管理，在规定工期内，完成满足质量要求的工程。

（6）哈尔滨电机厂、天津阿尔斯公司、上海希科公司等。他们按照采购合同规定要求，在规定的期限内，生产出满足质量要求的机电设备和金属结构。

（7）质量监督项目站。万家寨工程质量监督项目站受水利部水利工程质量监督总站的委托，行使政府对万家寨水利枢纽工程质量监督的职能；以国家颁发的工程质量管理的政策法规、水利水电管理质量标准和规程规范为依据，对万家寨水利枢纽工程建设质量进行监督。

复 习 思 考 题

1. 从项目的内涵出发，试分析项目有哪些目标？

2. 工程建设项目分类的目的是什么？公益性建设项目在管理上的主要特点有哪些？

3. 为什么要对项目进行分解？对项目的最基本/小单位有什么要求？

4. 试从工程项目特点出发，分析工程项目管理者可能遇到的挑战？

5. 工程项目分解的目的是什么？试画出某一大学新校区工程项目的分解结构。

6. 什么是工程项目建设程序？为什么要规定这样的程序？

7. 各建设企业的资质等级是如何划分的？为什么对建设企业要实行资质管理？

8. 参与工程项目建设主体有哪些，他们各自在工程建设中扮演什么角色？他们通过什么方式合作？在合作中主要可能存在哪些冲突？

第二章 工程项目决策、立项与管理策划

基 本 要 求

◆ 掌握工程项目决策的概念和类型

◆ 掌握工程项目可行性研究的内涵、主要内容和作用

◆ 熟悉工程项目管理策划的内涵、层次和主要内容

◆ 熟悉工程项目经典发包方式及其特点

◆ 熟悉业主方项目管理方式及其特点

◆ 熟悉经典管理组织结构方式及其特点

◆ 熟悉目前常见的工程项目融资方式

◆ 了解工程项目评价的类型及其主要作用

◆ 了解工程项目评估的作用与主要内容

◆ 了解工程项目发包方式选择的影响因素

◆ 了解管理组织结构设计的影响因素

第一节 工程项目决策与立项

一、工程项目决策与决策分析

1. 工程项目决策

决策意指作出决定或选择，工程项目决策（Decision-making to Project）常指项目投资方或项目发起人是否投资或开发某一个工程项目作出的决定或选择。

工程项目决策并不是一蹴而就的事，一般需经历一个科学的决策分析过程。

2. 工程项目决策分析

（1）工程项目决策分析。指项目投资者或项目发起人按既定投资战略或发展目

标，在调查分析、研究的基础上，采用一定的科学方法、手段，对工程项目的建设方案、投资规模、建设工期，以及对经济社会发展的影响等方面进行技术经济论证，最终以确定是否投资该工程项目的过程。

（2）工程项目科学决策分析的重要性。一个工程项目从投资意向的提出到竣工验收的全过程，一般可分为项目决策阶段、项目设计阶段、项目建设准备和实施阶段以及项目收尾阶段等。项目决策阶段主要是通过技术经济方案比较，从而决定其建设规模、产品方案、建设地址，以及决定采取什么工艺技术、购置什么样的设备以及建设哪些主体工程和配套工程、建设进度安排、资金筹措等事项，在激烈的市场竞争条件下，这些过程中任何一项决策失误，都有可能导致工程项目的失败。况且工程项目建设是一不可逆转的过程，项目前期决策的失误在后期难以挽回，项目建设过程中的失误在工程运行中难以弥补。据世界银行统计，近年来我国工程项目投资决策失误率达到30%左右，经济损失大约在4000亿~5000亿元。

（3）工程项目决策分析的基本原则。工程项目决策是一个多属性、多目标的决策问题，其决策过程又是复杂的认识与实践过程，因此无论是决策者本身，还是出谋划策者都需要以前瞻的眼光、科学的态度、务实的作风，并遵循下列基本原则进行决策。

1）科学化。即在工程项目决策过程中，在科学发展观和建设和谐社会战略思想的指导下，按照科学的程序，采用科学的方法，在调查研究的基础上，对拟建工程项目的可行性和发展前景进行认真的决策分析与评价。

2）民主化。即善于吸纳各种不同意见，分析各种风险，多谋而后慎断。

［案例2-1］ 巨人大厦荒诞的决策过程

　　1992年，在事业之巅的史玉柱决定建造巨人大厦。当时"巨人集团"的资产规模已经超过1亿元，流动资金约数百万元。最初的计划是盖38层，大部分自用，并没有搞房地产的设想。那年下半年，一位领导来"巨人"视察。当他被引到巨人大厦工地参观的时候，四周一盼顾，便兴致十分高昂地对史玉柱说，这座楼的位置很好，为什么不盖得更高一点？就是这句话，让史玉柱改变了主意。巨人大厦的设计从38层升到了54层，后来又定为70层，将成为全国最高的楼。工程费用预算也从2亿元增加到12亿元，工期从2年增加到6年。当时巨人集团账上只有几百万元流动资金，靠卖楼花筹集一部分资金，其余的靠电脑业的资金回报和抽调生物工程的资金，没用银行的一分钱贷款。

　　巨人大厦动工后，巨人集团自己投入了6000万元，卖楼花筹集了1.2亿元。70层楼的地基做完，就投入了1亿元。随着工程的不断进行，需要源源不断地注入资金。到了1996年下半年，史玉柱才意识到，仅靠电脑和生物工程的资金来维持大厦建设的正常进行是远远不够的。1996 年 9 月，巨人大厦完成了地下工程，同年 11 月，首层大堂完工，这时大厦将进入几天一层的快速建设阶段。然而，由于把生产和广告促销的资金全部投入到大厦，生物工程一度停产，用于支持大厦建设的资金供应中断了。在国内签订楼花的买卖合同规定，3 年内大楼一期工程（盖 20 层）完工后履约，如果未能如期完工，退定金并给予经济补偿，3 年的合同期限是 1994 年初至 1996 年底。前期巨人集团国内卖楼花筹集了 4000 万元，由于施工没有按期完工，债主纷纷上门，巨人集团只退了 1000 万元，另外 3000 万元因财务状况恶化，无法退赔。此时，国家正在加大宏观调控，紧缩银根，银行贷款已不可能。至此，巨人大厦建设资金枯竭，全部停工。

　　到了 1997 年 1 月 12 日，数十位债权人和一群闻讯赶来的媒体记者来到巨人集团总部，"巨人集团"在公众和媒体心目中的形象轰然倒塌，从此万劫不复。

　　（资料来源：http：//www.jsonline.net）

[解析]　本案例是一个典型的拍脑袋决策过程，根本谈不上科学性。

[案例 2-2]　京沪高速铁路的决策论证历程

　　1990 年，修建京沪高速铁路的相关可行性研究提上日程。1992 年 5 月，经过将近 1 年的考察和研究，铁道科学研究院提交 1 份《京沪高速铁路可行性研究报告》。

　　1994 年底，铁道部联合当时的国家科委、国家计委、国家经贸委和国家体改委共同推出《京沪高速铁路重大技术经济问题前期研究报告》称：建设京沪高速铁路从现实发展考虑是迫切需要的，在技术上是可行的，经济上是合理的，国力是能够承受的，建设资金是有可能解决的。因此，要把握时机，下决心修建，而且愈早建愈有利。

　　1997 年 3 月，铁道部向国家计委，即现国家发展和改革委员会，正式上报了《新建北京至上海高速铁路项目建议书》。中国国际咨询公司经过 1 年零 2 个月的评估，也于 1999 年 12 月通过，并且在评估报告里这样下结论：建设京沪高速铁路是必要的，其建设方案是可行的，投资规模是合理的，经济效益是可观的。因此，应把握时机，尽早立项。

　　1998 年提出是否可采用磁悬浮技术问题，从而出现"高速轮轨"和"磁悬浮"之争。

　　2006 年 3 月，温家宝总理主持国务院常务会议，讨论并原则通过了《京沪高速铁路项目建议书》，届时，京沪高速铁路项目才正式立项。

[解析]　从本案例可见，工程项目决策是一个复杂的、反复论证的过程。

[案例2－3]　　"鸟巢"瘦身的反思：质疑谁的权威？决策机制错在何处？

　　2002年10月25日，受北京市人民政府和第二十九届奥运会组委会授权，北京市规划委员会面向全球征集2008年奥运会主体育场——中国国家体育场的建筑概念设计方案。包括世界建筑设计最高奖——"普利茨克奖"得主在内的全球许多最具实力的设计团队和最有才华的设计师都参与了这次竞赛。"鸟巢"最终被确定为2008年北京奥运会主体育场——中国国家体育场的最终实施方案。

　　然而，于2004年7月30日，将作为2008年北京奥运会主要比赛场馆的中国国家体育场，被媒体披露在施工过程中发现设计方案存在问题，暂停施工，修改设计方案。对于北京2008年奥运会场馆建设计划的调整，央视"经济半小时"节目颇为传神地形容为"瘦身"。

　　提出"鸟巢"优化调整方案的是中国建筑西南研究设计院总建筑师黎佗芬。他表示，"鸟巢"在选定之前没有权威机构进行可行性论证，这对以后的建筑设计招标绝对是一个应引以为鉴的警示。按照建设惯例，一般的设计招标项目，尤其是大型项目，在入围方案选定前就应当邀请权威机构对设计方案的可行性进行论证，但北京奥运会多项工程的设计方案审查偏偏都放在了方案选定之后。

　　2004年8月底，北京市规划委员会负责人表示，根据专家反复研究论证，"鸟巢"原设计方案中的可开启屋顶被取消，屋顶开口扩大，并通过钢结构的优化，大大减少用钢量。优化调整后的方案可以确保工程造价控制在国家发改委要求的22.67亿元内，但其独特的设计风格未受影响。设计方案的优化调整已经得到国际奥委会的理解。

　　（资料来源：http://www.sina.com.cn 2004年9月9日 四川在线——华西都市报）

[解析]　　本案例的启示有：（1）对具体工程项目的决策应是分层次的、有步骤的，必须符合工程项目决策过程的内在规律；（2）工程项目决策分析是项专业性较强的工作，应由相应的专业咨询机构完成。

二、国内外工程项目常见决策分析过程

　　工程项目决策分析一般采取分阶段，由粗到细，由浅入深的过程。在国内外，工程项目决策分析过程不尽相同；即使在国内，对不同行业、不同性质工程项目，其决策过程也略有差异。

　　1. 联合国工业发展组织建议的决策分析过程

　　在联合国工业发展组织（UNIDO）编写出版的《工业可行性研究报告编写手册》

（修订增补版）中，将工业工程项目决策分析分为机会研究、预可行性研究和详细可行性研究3个过程或阶段。

（1）投资机会研究（Opportunity Study）。投资机会研究是投资人在拟投资建设项目前的准备性调查研究，是把项目的设想变为概略的投资建议，以便进行下一步的深入研究。投资机会研究的重点是分析投资环境，鉴别投资方向，选择建设项目。投资机会研究的主要目的是对政治经济环境进行分析，寻找投资机会，鉴别投资方向，选定项目，确定预可行性研究范围，确定辅助研究的关键方面。投资机会的识别一般可从三个方面入手：

1）对投资环境进行客观分析，预测客观环境可能发生的变化，寻求投资机会。特别是要对市场供需态势进行分析，因为在市场经济条件下，市场反映投资机会状况。

2）对企业经营目标和战略进行分析。不同的企业其发展战略、投资机会的选择也有所不同。

3）对企业内外部资源条件进行分析。主要是企业财力、物力和人力资源力量的分析，企业技术能力和管理能力的分析，以及外部建设条件的分析。

通过上述机会研究，初步选定拟建项目，描述选定项目的背景和依据，作出市场与政策分析及预测，作出企业发展战略和内外部条件的分析，并提出投资总体结构以及其他具体建议。机会研究提出的项目意向或投资机会，是进一步深入研究的前提和基础。

（2）项目预可行性研究（Project Pre-Feasibility Study）。项目预可行性研究是在项目意向确定之后，对项目进行的初步估计、分析和论证，其主要目的在于判断机会研究所提出的投资方向是否正确。从研究内容上来看，虽然较机会研究的深度和广度有所发展，但主要还是侧重于经济维度的分析论证，通过进一步的市场、环境的调查和预测，分析拟建项目是否有发展前景、是否具有经济合理性，并提出投资建设意向项目所需要的人、财、物等资源条件等。

（3）项目详细可行性研究（Feasibility Study）。顾名思义，项目详细可行性研究就是在预可行性研究的基础上，从技术、经济、社会、环境等方面对拟建项目进行全面深入地调查和系统地分析、论证，在方案比选和风险分析的基础上，对拟建项目建设的必要性、可行性以及项目实施所需要的内、外部条件等问题给出科学、可信的结论，为投资决策提供依据。

由于基础资料占有的程度和研究深度及可靠程度的不同，以上3个阶段的项目决策分析的工作目标、要求和作用，以及所需的人力、时间和费用各不相同。一般地，机会研究的精确度要求在±30%以内，所需工作时间最短（可能仅需1个月），所需费用约为总投资的 0.2% ~1.0%；预可行性研究的精确度要求在 ±20% 以内，所需费用约占总投资额的 0.25% ~1.5%；详细可行性研究的精确度要求在 ±10% 以内，所需时间最长可达 1~2 年，所需费用占总投资的百分数，对于小型工程项目来说一般为 1% ~3%，大型工程项目为 0.2% ~1.0%。

2. 我国工程项目决策分析过程的规定

在我国基本建设程序中规定，工程项目的决策分析过程包括下列两个层次：

（1）工程项目建议书。工程项目建议书（Request for Proposal，RFP）是由项目发起人或投资人，如国务院各部门、各地区、全国性专业公司、现有各企事业单位或新组建的项目法人，根据国民经济和社会发展长期规划、行业规划和地区规划，以及国家产业政策，结合资源条件和生产力布局状况等，在调查研究、预测分析的基础上对拟建项目提出的一个总体轮廓设想，其着重从客观上对项目建设的必要性做分析，并初步分析项目建设的可能性。视项目性质不同，工程项目建议书可由项目发起人或投资人自行编制，也可委托咨询等中介机构编制。

项目建议书的内容视项目不同有繁有简，但一般包括以下内容：建设项目提出的必要性和依据；产品方案、拟建规模和建设地点的初步设想；资源情况、建设条件、协作关系等的初步分析；投资估算和资金筹措设想；经济效益和社会效益的估计等。

对于政府投资项目而言，经过政府投资主管部门批准的项目建议书，是对建设项目开展可行性研究，选择厂址、坝址和线路，联系协作配合条件，签订意向性协议等各项前期工作的依据。

需要指出的是，项目建议书是一种传统的方式，主要针对政府投资项目。随着项目投资多元化，目前企业或私人投资项目一般不采用这种方式，而是采用 UNIDO 的《工业可行性研究报告编写手册》中规定的方式：投资机会研究、预可行性研究。

（2）工程项目可行性研究。在可行性研究中，对拟建项目的市场需求状况、建设条件、生产条件、协作条件、工艺技术、设备、投资、经济效益、环境和社会影响以及风险等问题，进行深入调查研究，进行充分的技术经济论证，做出项目是否可行的结论，选择并推荐优化的建设方案，为项目决策单位或业主提供决策依据。由此可见，项目建议书是围绕项目的必要性进行分析研究；可行性研究是围绕项目的可行性进行分析研究，必要时还需对项目的必要性进一步论证。

需要指出的是，国家不同部委或各地方政府投资主管部门对上述两个层次的具体内容可能不尽相同。

三、工程项目立项

由于工程项目投资的不可逆性以及项目实施、运行对外部环境的影响大，在我国传统投资管理体制下，对于项目投资方或项目发起人通过决策分析认为可行的项目，还必须报政府投资主管部门审批。仅当该工程项目获得政府投资主管部门的批准，该工程项目才成立，并称该工程项目立项了。

2004年，国务院在《关于投资体制改革的决定》中，对工程项目立项过程作了改革，确定了现行的工程项目立项管理制度。其要点有：

（1）对于企业不使用政府投资建设的项目，一律不再实行审批制，区别不同情况实行核准制和备案制。其中，政府仅对重大项目和限制类项目从维护社会公共利益角度进行核准，其他项目无论规模大小，均改为备案制，项目的市场前景、经济效益、资金来源和产品技术方案等均由企业自主决策、自担风险，并依法办理环境保护、土地使用、资源利用、安全生产、城市规划等许可手续和减免税确认手续。对于企业使用政府补助、转贷、贴息投资建设的项目，政府只审批资金申请报告。由国务院投资主管部门会同有关部门研究提出《政府核准的投资项目目录》。

（2）对于《政府核准的投资项目目录》以内的企业投资项目，企业需向政府提交项目申请报告，不再经过批准项目建议书、可行性研究报告和开工报告的程序。政府对企业提交的项目申请报告，主要从维护经济安全、合理开发利用资源、保护生态环境、优化重大布局、保障公共利益、防止出现垄断等方面进行核准。对于外商投资项目，政府还要从市场准入、资本项目管理等方面进行核准。

（3）对于《政府核准的投资项目目录》以外的企业投资项目，实行备案制，除国家另有规定外，由企业按照属地原则向地方政府投资主管部门备案。项目备案机关对项目进行备案审查，主要包括是否符合《产业结构调整指导目录》等产业政策和行业准入标准，是否属于本级机关的备案管理范围等内容。备案制的具体实施办法由省级人民政府自行制定。

（4）各类企业都应严格遵守国土资源、环境保护、安全生产、城市规划等法律法规，严格执行产业政策和行业准入标准，不得投资建设国家禁止发展的项目；应诚信守法，维护公共利益，确保工程质量，提高投资效益。

显然，目前在工程项目立项过程中，对政府投资项目，实行审批；对《政府核准的投资项目目录》内的项目，实行核准；对《政府核准的投资项目目录》外的项目，实行备案。但不论何类项目，政府对工程项目是否符合国土资源、环境保护、安全生产、城市规划等法律法规的规定，以及是否满足国家产业政策和行业准入标准等方面情况均要管理。

［案例2-4］　江苏"铁本事件"的透视

2002年初，民营企业江苏铁本钢铁有限公司（简称铁本公司）筹划在常州市新北区魏村镇、镇江扬中市西来桥镇，建设一个大型钢铁联合项目（简称铁本项目）。最后项目的设计生产能力为 840 万 t，概算投资为 105.9 亿元，实际占地面积达 6541 亩（其中耕地面积 4585 亩）。

（1）项目审批方面。根据项目的投资规模和中央与地方政府的审批权限，铁本项目必须报国务院有关部门批准，常州市政府和江苏省政府都没有审批资格。但当地政府为了吸引铁本投资落户，绞尽脑汁将项目一分为三，并分成 22 个批次，违规越权对这些总投资高达 105.9 亿元的项目进行了审批处理。

（2）征地拆迁方面。按照国家法律规定，建设用地需要占用农田的，必须先办理农用地转用报批手续，经过省级以上国土部门批准，向具体项目实施供地后，才能由国土部门代表政府与村级组织签订征地补偿安置协议，然后企业才能进场施工。但在铁本项目上却并非如此。2003 年 4 月，魏村镇政府发布了关于铁本项目拆迁安置的有关规定，并越权与村民小组签订了土地征用协议。2003 年 5 月，在没有办理用地申报手续的情况下，常州市国土局新北分局发出了为铁本项目拆迁腾地的通告。对涉及在铁本项目中本市的 5988 亩用地，常州市国土局新北分局分 3 批共 14 个批次申报至常州市国土资源局，而后常州市国土资源局又分 3 个批次申报至江苏省国土资源厅。2003 年 12 月 20 日，省国土资源厅在 1 天内违规批准了铁本公司由整块土地拆分成的 14 个土地项目，致使铁本公司部分非法用地合法化。

（3）环保评估。根据有关规定，总投资在 2 亿元及其以上的钢铁工程项目必须由国家环保总局负责审批其环境影响评估报告。铁本公司的焦化项目总投资达 2980 万美元，年产焦炭达 60 万 t，超过上海宝钢焦化厂的年生产能力。但铁本公司并未将有关文件上报至国家环保总局审批。然而，铁本公司在焦化项目尚未获批的情况下擅自开工。在这种情况下，地方政府及有关部门任由其自由发展下去，而未对铁本公司这一系列违法行为做出相应处罚。江苏省发展计划委员会、常州高新区经济发展局、扬中市发展计划与经济贸易局等部门违反了《中华人民共和国环境影响评价法》的有关规定，在环保部门未审批环境影响评价书的情况下，擅自批准了铁本公司的有关项目报告。

[解析]　通过江苏"铁本事件"，不难发现相关地方政府在当前激烈的地区竞争和城市竞争的压力下，出于加快地方发展、提高地区经济实力和竞争力的考虑，多次对中央政策采取了替换性执行和象征性执行的对策，违规违法行为突出、影响恶劣，从而也使项目可行性研究失去了应有的作用。

四、工程项目可行性研究

工程项目可行性研究是工程项目决策分析中的重要工作，其是在项目建议书或预可行性研究的基础上，通过与项目有关的资料、数据的调查研究，对拟建项目的必要性、可能性以及经济、社会有利性、环境的影响程度等进行全面、系统、深入的分析和论证，从而为项目决策、审批提供全面依据的一种综合技术经济分析论证工作。可行性研究必须坚持客观性、科学性、公正性、可靠性，以及实事求是的原则。

1. 项目可行性研究的依据

对一个拟建项目进行可行性研究，必须在国家有关的政策、法规、规划的指导下完成，同时还要有相应的各种技术资料，其主要依据包括：

（1）国家有关的发展计划、计划文件，包括对行业政策中的鼓励、特许、限制、禁止等有关规定。

（2）项目主管部门对项目建设要求请示的批复。

（3）项目建议书及其审批文件。

（4）双方签订的可行性研究合同协议。

（5）拟建地区的环境现状资料。

（6）试验、试制报告。

（7）业主与有关方面达成的协议，如投资、原料供应、建设用地、动力等方面的初步协议。

（8）国家或地方颁布的有关法规。

（9）国家或地方颁布的与项目建设有关的标准、规范、定额等。

（10）市场调查报告。

（11）主要工艺和设备的技术资料。

（12）自然、社会、经济等方面的有关资料。

2. 项目可行性研究的主要内容

根据《投资项目可行性研究指南》（计办投资［2002］15 号文），项目可行性研究的主要内容有：

（1）全面深入地进行市场分析、预测。调查和预测拟建项目产品国内、国际市场的供需情况和销售价格；研究产品的目标市场，分析市场占有率；研究确定市场，主要是产品竞争对手和自身竞争力的优势、劣势，以及产品的营销策略，并研究确定主要市场风险及风险程度。

（2）对资源开发项目要深入研究确定资源的可利用量，资源的自然品质，资源的赋存条件和资源的开发利用价值。

（3）深入进行项目建设方案设计。包括：

1）深入研究项目的建设规模与产品方案，对项目建设规模进行比选，推荐适宜的建设规模方案；研究制定主产品和副产品的组合方案，通过比选优化推荐最佳方案。

2）进行工程选址，深入研究场（厂）址具体位置，并对场（厂）址进行比选，并绘制场（厂）址地理位置图。

3）进一步研究确定工艺技术方案和主要设备方案，对生产方法、主体和辅助工艺流程进行比选，论证工艺技术来源的可靠性及可得性，并绘制工艺流程图，物料平衡图，确定物料消耗定额等。同时，对主要设备进行最后选型比较，提出主要设备清单、采购方式、报价，其深度要达到采购、预订货的要求。

4）进一步研究主要原材料、辅助材料和燃料的品种、质量、年需要量、来源和运输方式，以及价格现状和走势，并编制原材料、燃料供应表。

5）确定项目构成，包括各主要单项工程。确定项目总图平面布置和竖向布置方案，绘制总平面布置图，编制总平面布置主要指标表。

6）研究场（厂）内外运输量、运输方式，以及场（厂）内运输设备。

7）研究提出给排水、供电、供热、通信、维修、仓储、空分、空压、制冷等公用、辅助工程方案。

8）研究节能、节水措施并分析能耗、水耗指标。

9）进一步深入研究环境影响问题，调查项目所在地自然、生态、社会等环境条件及环境保护区现状；分析污染环境因素及危害程度和破坏环境因素及危害程度；提出环境保护措施；估算环境保护措施所需费用；对环境治理方案进行优化评价。

（4）研究劳动安全卫生与消防。分析危害因素及危害程度，制定安全卫生措施方案，以及消防设施方案。

（5）研究项目建成投产及生产经营的组织机构与人力资源配置。研究组织机构设置方案及其适应性分析；研究人力资源配置构成、人数、技能素质要求；并编制员工培训计划。

（6）制定项目进度计划。确定建设工期，编制项目计划进度表，对大型项目还要编制项目主要单项工程的时序表。

（7）对项目所需投资进行详细估算。分别估算建筑工程费、设备及工器具购置费、安装工程费、其他建设费用；分别估算基本预备费和涨价预备费；估算建设期利息；并估算流动资金。

（8）深化融资分析。构造并优化融资方案；研究确定资本和债务资金来源，并形成意向性协议。

（9）深化财务分析。按规定科目详细估算销售收入和成本费用；编制财务报表，计算相关指标，进行盈利能力和偿债能力分析。

（10）深化国民经济评价。分析国民经济效益与费用，并以影子价格计算，编制国民经济评价报表，计算相关指标。

（11）深化社会评价。对应进行社会评价的项目，进行详细的社会评价。

（12）深化环境影响评价。包括环境对项目建设的影响和项目建设及投产后对环境污染和破坏影响的评价。

（13）对项目进行不确定性分析。包括敏感性分析，盈亏平衡分析。

（14）深化风险分析。对项目主要风险因素进行识别，分析风险影响程度，确定风险等级，研究防范和降低风险的对策措施。

（15）综合评价。对以上项目可行性研究进行综合评价，进而概述推荐方案，提出优缺点，概述主要对比方案，作出项目可行性研究结论，并提出对项目下一步工作和项目实施中需要解决的问题的建议。

3. 项目可行性研究报告要求

项目可行性研究的成果是项目可行性研究报告，报告的深度要求：

（1）应能充分反映项目可行性研究工作的成果，内容要齐全，结论要明确，数据要准确，论据要充分，要满足决策单位或业主的要求。

（2）选用主要设备的规格、参数应能满足预订货的要求。引进技术设备的资料应满足合同谈判的要求。

（3）重大的技术、经济方案，应有两个以上方案的比选。

（4）确定的主要工程技术数据，应满足初步设计依据的要求。

（5）投资估算的深度应能满足投资控制准确度的要求。

（6）构造的融资方案应能满足银行等金融机构信贷决策的需要。

（7）应反映在可行性研究中出现的某些方案的重大分歧及未被采纳的理由，以供决策单位或业主权衡利弊进行决策。

（8）应附有评估、决策、审批所必需的合同、协议、意向书、政府批件等。

*五、工程项目融资方式

随着投资体制改革的不断深入，工程项目投资主体、资金来源多元化已成为必然的趋势。能否获得充足、成本较低的资金制约着项目的可行性与合理性，因此工程项目融资分析是项目可行性研究中一项不可或缺的工作。

工程项目融资分析主要解决两个问题：一是资金结构优化；二是在分析可能的融资方式的基础上，确定最佳融资方案。所谓最佳融资方案就是指不同融资方式的最佳组合。从本质上，这两个问题又存在着内在的联系，因为广义的资金结构就是指不同来源、渠道的资金的数量比例结构，当确定了最佳融资方案时也就意味确定了项目的资金结构。由此不难发现工程项目融资分析的一个关键就是要确定评价最佳融资方案的标准，换句话说，就是用什么样的标准来判断资金结构最优或融资方案最佳？从现有的评价标准来看，不外乎有两类：一类为项目价值最大化标准；另一类为公司股东价值最大化标准。而项目价值最大化标准通常表现为按加权资金成本最小化的准则确定最佳融资方案，公司股东价值最大化标准通常表现为按普通股每股利润最大化的准则确定最佳融资方案。

1. 目前常见的融资方式

由前可知，工程项目融资分析的一项基础工作是分析可能的融资方式。所谓融资方式是指资金短缺者获取资金的形式、手段、途径和渠道。由于划分标准不同，融资方式类型也就不一样，并且不同地划分还会产生交叉与重叠。

（1）按融资过程中所形成的不同资金产权关系，融资方式可分为所有权融资和债权融资 2 种。所有权融资，是工程项目发起人向其他投资者（或股东）筹集资金，又可进一步细分为利用直接投资融资、股票融资、利用投资基金融资。债权融资，是指资金盈余者以债权人的身份向资金短缺者提供资金，一般表现为银行贷款、债券融资和商业票据融资等。

（2）按融资过程中所采用的担保结构的不同，融资方式可分为传统公司融资方式和项目融资方式 2 种。传统公司融资方式，亦称完全追索的融资方式，是指一个公司利用本身的资信能力所安排的融资。项目融资有广义与狭义之分，在此指狭义之意。狭义的项目融资，也称有限或无追索的融资方式，美国银行家彼得·内维特（Peter. K. Nevitt）给予的定义："为一个特定的经济实体所安排的融资，其贷款人最初考虑安排贷款时，满足于使用该经济实体现金流量和收益作为偿还贷款的资金来源，并且满足于使用该经济实体的资产作为贷款的安全保障。"显然，无论是传统公司融资方式，还是狭义的项目融资，都是针对债务资金的筹措而言。

（3）按照融资过程中有无金融中介，可分为直接融资和间接融资 2 种方式。直接融资是不经任何金融中介机构，而由资金短缺部门，直接与资金盈余者协商进行借贷，或者发行有价证券进行资金融通。间接则是与直接融资相对应，是通过金融机构为媒介进行的融资活动。

（4）按照融资过程形成的不同信用关系，可划分为银行信贷融资、证券市场融资和财政融资。三种融资方式的根本区别，在于三者体现的信用关系不同。银行信贷融资体现的是银行信用，证券市场融资体现的是证券信用，财政融资体现的是国家信用。银行信贷融资，是银行部门作为资金供给者向资金需求者以偿还为条件的货币借贷行为。证券市场融资，是资金需求者依托证券市场向资金供给者发行股票和债券等有价证券取得资金的融资方式。财政融资是政府凭借国家信用取得资金的融资方式。

2. 经营性工程项目融资方式

经营性工程项目是指有收费机制和现金流入，并且其现金流入足以补偿投资和运行成本，且能获得经济利润的工程项目。该类项目按照其对公共安全和公共利益是否有重要影响，又可分为一般经营性工程项目和具有公共性的经营性项目。

（1）一般经营性工程项目融资方式。一般经营性工程项目主要指竞争性项目和基础工业项目，项目投资者投资此类项目的动机或目的是利润最大化。竞争性项目包括房地产项目和轻工、纺织、电器等加工工业工程项目；基础工业项目包含能源工业（电力、煤炭、石油等）项目和基本原材料工业（钢材、建筑材料、石油化工材料等）。一般经营性工程项目可通过吸收全社会各方投资加以实现，项目投资者可用独资、合资、合作和合伙等直接投资方式，投资建设该类项目。项目投资者除了自有资金的投入外，还可通过发行股票、债券和向银行贷款等方式来获得建设资金。竞争性项目债务资金一般是以传统的公司融资方式筹措，以项目投资者的其他资产作为抵押或担保。而大型基础工业项目由于投资规模大、现金流量稳定，其开发建设资金可以通过项目融资的方式来筹集。项目融资与传统的公司融资的最大区别在于项目融资是直接以项目的资产作抵押和项目的未来现金流量为偿还贷款的来源，对项目投资者其他资产是"无追索"或"有限追索"的。

（2）具有公共性的经营性工程项目融资方式。具有公共性的经营性工程项目是指直接影响经济社会发展、涉及公众安全，且可用于经营的基础设施项目，主要包含交通运输、邮电通信、机场、港口、桥梁、水力发电和城市供排水、供气、供电等。传统经济学观点认为，具有公共性的经营性基础设施项目是公共物品或准公共物品，应由政府财政投资建设，但随着经济的发展和国民收入分配格局的改变，具有公共性的经营性基础设施的建设处于两难境界：需求的快速增长和供给严重不足，供给效率的低下和公众对服务质量的高要求反差太大。在这种背景下，政府必须进行改革，寻求一种有效的途径解决上述困境。随着技术、经济的发展，对具有公共性的经营性基础设施所提供的产品或服务进行排他性收费成为可能，此时，发达国家政府提出了一种新的思路来解决上述困境，即引入私人资本参与经营性基础设施的建设，充分利用私人企业的经营管理和技术优势以及追求盈利的动机，提高具有公共性的经营性基础设施的供给效率，这就形成了所谓PPP（Public-Private Partnership）融资模式。

PPP融资模式可称为公私合作模式，其内涵为政府、私人企业基于某个基础设施项目而形成的相互合作关系。合作各方参与某个项目时，政府并不是把项目的责任全部转移给私人企业，而是由参与合作的各方共同承担责任和融资风险。

PPP融资模式是政府解决基础设施建设和运营中所面临问题的一个总体思路，其存在的基础是特许权协议，在实践中其表现形式各异，从新建项目所有权归属的角度，可视为一条连续的光谱族，如图2-1所示。

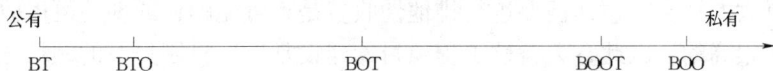

公有 ……………………………………………………………………… 私有

BT　　BTO　　　　　　BOT　　　　　　BOOT　BOO

图2-1　PPP融资模式具体形式谱族图

1）建设—转让（Build-Transfer，BT）。政府与私人企业签订协议，由私人企业负责基础设施的融资和建设，完工后将该设施转移给政府。

2）建设—转让—运营（Build Transfer Operate，BTO）。政府与私人企业签订协议，由私人企业负责基础设施的融资和建设，完工后将该设施转移给政府。然后政府把该项基础设施租赁给该私人企业，由其负责基础设施的运营，获取商业利润，或政府与该私人企业共同经营。在该种方式中，不存在基础设施公共产权的问题。通常运用于某些关系国家安全的项目，如通讯等项目，以及国家法律规定不能私有化的项目中。

3）建设—经营—转让（Build Operate Transfer，BOT），或建设—经营—拥有—转让（Build Operate Own Transfer，BOOT）。由项目所在国政府或所属机构为项目的建设和经营提供一种特许权协议，本国公司或外国公司作为项目的投资者和经营者负责安排融资，项目的投资者和经营者负责开发建设项目，并在特许期内经营项目获取商业利润；在项目特许期末根据协议由项目所在国政府或所属机构支付一定量的资金（或无偿）从项目的投资者和经营者手中取得项目。显然，BOT或BOOT存在着"暂时私有化"的过程。通常应用于交通、能源等项目的开发建设中。

4）建设—拥有—经营（Build Own Operate，BOO）。政府与私人签订特许权协议，允许私人企业负责基础设施的融资、建设，并拥有该项设施，对其进行永久性经营。

PPP模式在运用时应注意以下几个问题：

1）立法问题。PPP模式下政府与私人企业的谈判可能会涉及到担保方面、保险方面和产权方面的法律问题，这些问题与我国现行法律框架可能冲突，或可能找不到法律依据，因此政府在应用PPP模式时，要注意到相关法律问题。

2）政府角色转变的问题。PPP模式下，政府由过去在基础设施建设中的主导角色，变为与私人企业合作提供公共服务的监督、指导以及合作者的角色。因此，政府应对基础设施建设的投融资体制进行改革，对管理制度进行创新。

3）政府诚信的问题。PPP模式是基于特许权协议而进行的公私合作，与政府拥有的权力相比，私人企业处于一种弱势地位。因此政府必须讲诚信，信守合同，才能保证PPP模式的成功，才能吸引私人企业进入基础设施的建设经营领域。

3. 公益性工程项目融资方式

公益性工程项目，即非经营性工程项目，是指不能用于经营、产生经济效益的工程项目，如防洪工程、水土保持工程、生态环境工程、敞开式城市道路、市民广场和文化教育、科学、行政、福利设施等。这些工程项目具有非竞争性和非排他性，建成后能产生巨大的社会效益，但要进行排他性收费是不可能的，或即使可以收费，其收费成本也是很高的。因此，公益性工程项目的建设是市场机制失灵的领域之一，其主要是不能完全依靠市场化运作来解决工程建设所需的资金和补偿工程运营过程中所产生的相关成本，必须由代表公共利益的政府来投资建设该类项目，并建立相应的耗费补偿机制。从融资的角度来说，公益性工程项目的股本资金融资方式主要是政府财政投资，而债务资金融资方式主要是财政融资方式，具体体现为发行政府债券（国债、市政债券）、向政策性银行贷款等。

根据传统的公共物品理论，公益性工程项目应由政府投资建设，并提供相应的产品和服务，但从世界各国的实践来看，政府投资建设公益性工程项目存在着投资资金不足、成本超支、建设工期延误和服务效率低下等弊端，无法满足社会公众需求。公共物品供给存在"公共悖论"，即理论与现实、公众期望和公共部门实际表现至今存在巨大反差。面对"公共悖论"，无论是学者们还是各国政府（部门）都付出了长期不懈的努力，试图找到圆满解决该问题的思路和方法。著名经济学家科斯通过对英国灯塔供给的历史考证，提出了通过"明晰产权或产权私有化"的途径来实现公共物品市场供给的解决思路，而美国学者埃利诺·奥斯特罗姆等人在实证分析的基础上，在其《制度激励与可持续发展》著作中提出了公共物品的多中心供给方式，即市场供给、政府供给和志愿组织供给。政府可以通过公益性伦理价值观的树立、政策的激励等方式、手段吸引市场和志愿组织自愿供给公共物品，满足社会公众的公共需求。20 世纪 70 年代末，英国政府面对巨额的财政赤字，也开始了私有化运动，并将私人力量引入公共物品的供给领域。由此，20 世纪 80 年代以来，世界各国在公共物品供给领域，开始掀起了公私合作改革的浪潮。发达国家，如英、美等国的医院、消防、警察局、学校、监狱等领域的公私合作改革尤为典型。

迄今为止，公益性工程项目融资亦呈现出多元化、多渠道的局面。既有企业（市场）组织出资建设公益性工程，如上海绿地集团在南京修建的绿地市民广场等；又有志愿组织及其私人捐赠资金兴建公益性工程项目，在国内最为知名的就是邵氏集团掌门人邵逸夫在许多高校出资修建了逸夫馆。但是需要指出的是，吸引企业（市场）组织投资公益性项目的关键还是在于政府建立一个良好的补偿机制，使企业（市场）组织在权衡利弊之后能够自愿出资，而不能仅仅依靠企业（市场）组织的社会责任。实际上，这也是企业（市场）组织"逐利"本性所决定的。由此看来，在公益性工程项目融资中，政府仍然扮演着重要的角色，从实质上来说，公私合作融资是政府（部门）以"时间换空间"的方式，将未来的财政收入用于今天的工程项目建设。当然，从更广泛的意义上说，政府可以运用各种财税优惠政策给企业（市场）组织以商业利润，激励企业（市场）组织积极参与公益性工程项目的建设。

[案例 2－5]　京沪高速铁路融资方式多元化

2008 年 4 月 18 日，世界上一次建成线路最长、标准最高的高速铁路——京沪高速铁路全线开工。京沪沿线 7 省市的 GDP 已经占全国的 40%，人口占全国的 1/4，这条高速大动脉将带来的效益无可限量。据预测运量、设计方案和投资总额，如按照 0.4 元/（人·公里）的票价方案计算，京沪高铁全程票价为 600元左右，京沪高铁内部收益率达到 7.4%，盈利能力较强，经济效益合理可行。

2007 年 12 月 27 日，京沪高铁在京成立股份公司——京沪高速铁路股份有限公司，正式运作该项目，并对资金的筹措、工程的建设、生产经营、还本付息以及资产的保值增值全过程全面负责。股份公司由 11 位发起人共同设立，分别为中国铁路建设投资公司、平安资产管理有限责任公司、全国社会保障基金理事会、上海申铁投资有限公司、江苏交通控股有限公司、北京市基础设施投资有限公司、天津城市基础设施建设投资集团有限公司、南京铁路建设投资有限责任公司、山东省高速公路集团有限公司、河北建投交通投资有限责任公司、安徽省投资集团有限责任公司。

京沪高速铁路股份有限公司注册资本金 1150 亿元，占总投资的一半，其中中国铁路建设投资公司出资 647.07 亿元，占 56.267%；平安资产管理有限责任公司出资`160 亿元，占 13.913%；全国社保基金理事会出资 100 亿元，占8.696%；沿线 7 省市将以土地折价入股，目前估算为 234 亿元，占资本金的21% 左右。

根据国家发改委的批文，京沪高铁资本金以外的资金可使用铁路建设基金、银行贷款，并研究发行部分企业债券。同时，充分调动社会各方面积极性，引进国内外战略投资者，实现投资主体多元化。条件成熟时，通过公开发行股票等方式募集资金，减少政府资本金比例。

*六、工程项目经济评价

从经济的角度分析评价工程项目是否可行，是项目投资决策的一个核心问题。作为项目可行性研究中的一项重要工作，工程项目经济评价主要包括财务评价和国民经济评价两部分工作内容。财务评价是在国家现行财税制度和市场价格体系下，分析预测项目的财务效益与费用，编制财务报表，计算财务评价指标，考察拟建项目的盈利能力、偿债能力，进而判断项目的财务可行性。国民经济评价是按照资源合理配置的原则，从国家整体角度考察和确定项目的效益和费用，用影子价格、影子汇率和社会折现率等国民经济经济评价参数，分析计算项目对国民经济带来的净贡献，以评价项目经济上的合理性。

财务评价与国民经济评价既有联系，又有区别，二者构成工程项目经济评价不可或缺的部分。本书拟在区分财务评价和国民经济评价异同的基础上，简单介绍财务评价的主要内容及其相应的评价指标。

1. 财务评价与国民经济评价的异同

（1）共同点。表现为：

1）评价目的相同。国民经济评价和财务评价都是要寻求以最小的投入获得最大的产出。

2）评价基础相同。国民经济评价和财务评价都是在完成了产品需求预测、工程技术方案、资金筹措等可行性研究的基础上进行的，都使用基本的经济评价理论，即费用与效益比较的理论方法。

（2）区别。表现为以下几点：

1）评价角度和基本出发点不同。财务评价是站在项目层次上，从项目的经营者、投资者、未来的债权人角度，分析项目和各方的收支和盈利状况及偿还借款能力，以确定投资项目的财务可行性。国民经济评价则是从国家和地区的层次上，从全社会的角度考察项目需要国家付出的代价和对国家的贡献，以确定投资项目的经济合理性。

2）费用、效益的划分不同。财务评价是根据项目直接发生的实际收支确定项目的效益和费用，凡是项目的货币支出都视为费用，税金、利息等也均计为费用。国民经济评价则着眼于项目所耗费的全社会有用资源来考察项目的费用，而根据项目对社会提供的有用产品（包括服务）来考察项目的效益。税金、国内借款利息和财政补贴等一般并不发生资源的实际增加和耗用，多是国民经济内部的"转移支付"，因此，不列为项目的费用和效益。另外，国民经济评价还需考虑间接费用与间接效益。

3）采用的价格不同。财务评价要确定投资项目在财务上的现实可行性，因而对投入物和产出物均采用财务价格即现行的市场价格（预测值）。国民经济评价则采用反映货物的真实经济值，反映机会成本、供求关系以及资源稀缺程度的影子价格。

4）主要参数不同。财务评价采用的汇率一般选用当时的官方汇率，折现率是因行业而异的基准收益率或最低可接受收益率。国民经济评价则采用国家统一测定和颁布的影子汇率和社会折现率。

由于财务评价和国民经济评价有所区别，因此在很多情况下可能出现两者评价结论不一致的情况，但总的指导思想是以国民经济评价结论为主要依据进行项目投资决策。具体为：财务评价和国民经济评价均可行的项目，应予通过；财务评价和国民经济评价均不可行的项目，应予否定；财务评价不可行，国民经济评价可行的项目，应予通过。但国家和主管部门应采取相应的优惠政策，如减免税、给予补贴等，使项目在财务上也具有生存能力；财务评价可行，国民经济评价不可行的项目，应该否定，或者重新考虑方案，进行"再设计"。

2. 财务评价的内容及相应的评价指标

财务评价的内容分为盈利能力分析、偿债能力分析和不确定性分析。

(1) 盈利能力分析。盈利能力分析主要是考察项目投资的盈利水平，是评价项目在财务上可行性程度的基本标志。盈利能力是企业进行投资决策时考虑的首要因素，应从两方面进行评价：首先，要通过计算投资利润率等静态指标，考察项目在正常生产年份年度投资的盈利能力以及判别项目是否达到行业的平均水平。第二，通过计算财务净现值和投资回收期等动态指标，考察项目在整个计算期内的盈利能力及投资回收能力，判别项目投资的可行性。

所谓静态指标，就是在不考虑资金的时间价值前提下，对项目或方案的经济效果所进行的经济计算与度量，主要有投资回收期、投资利润率和资本金净利润率3个指标。

1) 投资回收期，是指以项目的净收益回收项目全部投资所需的时间，投资回收期一般以年为单位，并从项目建设开始年算起。若从项目投产年算起，应予注明。其表达式为：

$$\sum_{t=1}^{P_t} (CI - CO)_t = 0 \qquad (2-1)$$

式中：CI 为项目现金流入量；CO 为项目现金流出量；$(CI - CO)_t$ 为项目第 t 年的净现金流量；P_t 为投资回收期（年）；若 P_t 小于基准投资回收期，表明项目能在规定的时间内收回投资。

2) 投资利润率，是指项目达到设计生产能力后的正常生产年份的利润总额。其计算公式为：

投资利润率 = 年利润总额或年平均利润总额／项目投资总额 × 100%　(2-2)

若投资利润率大于基准投资利润率，表明项目的投资盈利能力能达到所要求的水平。

3) 资本金净利润率，是指项目达到设计生产能力后的正常生产年份的净利润，它反映投入项目的资本金的盈利能力。其计算公式为：

投资利润率 = 年利润总额或年平均利润总额／项目资本金 × 100%　(2-3)

所谓动态指标，就是在考虑资金时间价值的情况下，对项目或方案的经济效益所进行的计算与度量。动态指标的计算是建立在资金等值基础上的，即将不同时点的资金流入与资金流出换算成同一时点的价值。它为不同方案和不同项目的经济比较提供同等的基础，并能反映出未来时期的发展变化情况。常用的财务评价动态指标有财务净现值、财务内部收益率和财务净现值系数等。

4）财务净现值（*FNPV*），是指项目按设定的折现率 i_c 将各年的净现金流量折现到建设起点（建设期初）的现值之和。当 *FNPV*≥0 时，项目财务上盈利能力可接受；当 *FNPV*<0 时，项目财务上不可行，其表达式为：

$$FNPV = \sum_{t=1}^{n} \frac{(CI - CO)_t}{(1 + i_c)^t} \qquad (2-4)$$

式中：i_c 为设定的折现率，一般取部门或行业的基准收益率或最低可接受的收益率；n 为计算期年数，包括建设期和生产运营期，一般取 10～20 年。

5）财务内部收益率（*FIRR*），是指项目在计算期内各年净现金流量现值累计等于零时的折现率。其表达式为：

$$\sum_{t=1}^{n} \frac{(CI - CO)_t}{(1 + FIRR)^t} = 0 \qquad (2-5)$$

若 *FIRR*≥i_c，项目财务上盈利能力可接受；若 *FIRR*<i_c，项目财务上不可行。

6）财务净现值率（*FNPVR*），是财务净现值与全部投资现值 I_P 之比，亦即单位投资现值的净现值。其表达式为：

$$FNPVR = FNPV/I_P \qquad (2-6)$$

当 *FNPVR*≥0 时，项目可行；当 *FNPVR*<0 时，项目不可行。净现值率是在净现值基础上发展起来的，可作为净现值的补充指标，它反映了净现值与全部投资现值的关系。净现值率的最大化，有利于实现有限资源的净贡献最大化，它在多方案选择中有重要作用。

（2）偿债能力分析。偿债能力分析主要是通过编制借款还本付息计划表，计算借款偿还期等指标，反映项目的借款偿还能力；并通过编制资金来源与运用表和资产负债表，计算资产负债率、流动比率和速动比率等指标考察项目的财务状况。

1）借款偿还期，指在国家财政规定及项目具体财务条件下，项目投产后可以用作还款的利润、折旧、摊销以及其他收益偿还（最大还款能力）建设投资借款本金所需要的时间。一般以年为单位，计算出的数据越小，说明偿债能力越强。其表达式为：

$$I_d = \sum_{t=1}^{P_d} R_t \qquad (2-7)$$

式中：I_d 为建设投资借款本金与（未付）建设起利息之和；P_d 为借款偿还期（从借款开始计算，若从投产年算起时应予以注明）；R_t 为第 t 年可用于还款的最大资金额。

2）资产负债率，是指一定时点上负债总额与资产总额的比率。它是评价项目负债水平的综合指标，反映项目利用债权人提供资金进行经营活动的能力，并反映债权人发放贷款的安全程度，其计算公式为：

$$资产负债率 = 负债总额 / 全部资产总额 \times 100\% \qquad (2-8)$$

3）流动比率，是指一定时点上流动资产与流动负债的比率，反映项目流动资产在短期债务到期以前可以变为现金用于偿还流动负债的能力。其计算公式为：

$$流动比率 = 流动资产 / 流动负债 \times 100\% \qquad (2-9)$$

4）速动比率，是指一定时点上速动资产与流动负债的比率，反映项目流动资产中可以立即用于偿付流动负债的能力。其计算公式为：

$$速动比率 = 速动资产 / 流动负债 \times 100\% \qquad (2-10)$$

（3）不确定性分析。项目的盈利能力分析和偿债能力分析是基于预测和估计的数据而进行的，具有一定的不确定性，因此分析这些不确定因素对经济评价指标的影响，估计项目可能存在的风险，考察项目财务评价的可靠性是必不可少的环节。不确定性分析常采用的方法有盈亏平衡分析、敏感性分析、概率分析法和蒙特卡洛分析法等，有兴趣者可参阅相关书籍。

容易知道，上述财务评价指标仅适用于盈利性项目，但在现实中还存在许多非盈利性项目。对于非盈利性项目的财务评价而言，其目的不是在于盈利最大化，而是在既定目标的前提下，所耗费费用最少。因此非盈利性项目财务评价主要是识别、估算和比较项目费用。常用指标包括：单位功能（或单位使用效益）投资、单位功能运营成本等。

"先有法人，后有项目"是我国项目法人责任制的基本规定。因此在项目经济评价时还要注意区分新设项目法人与已有项目法人两种情况下项目效益与费用识别范围的不同。新设项目法人情况下较为简单，企业与项目的效益与费用范围是一致的，比较容易识别。但是对于已有项目法人而言，项目经济评价涉及项目和企业两个层次、"有项目"与"无项目"两个方面。以改扩建项目为例，原来已在生产，若不改扩建，原有状况也会发生变化，因此项目效益与费用的识别与计算要比新设项目法人项目复杂得多，着重于增量分析与评价。项目与企业既有联系，又有区别。既要考察项目给企业带来的效益，又要考察企业整体的财务状况，这就提出了项目范围界定的问题。对于那些难以将项目（局部）与企业（整体）效益与费用严格区分的项目，增量分析将会出现一定的困难，这时应把企业作为项目范围，从总量上考察项目的建设效果。

*七、工程项目社会评价

近几十年来，传统的工业化、现代化发展道路所产生的一些负面后果，例如，人口剧增、不可再生资源的过度消耗、环境污染、生态破坏、南北差距加大、文化多样性受到威胁等成为全球性的重大问题。各国也在自己的发展过程中积累了相当多的经验教训，人们开始关注投资项目对社会的影响以及社会条件在项目实施中的作用。一些社会科学家就此提出了"以人为中心的发展观念"，认为发展的目的不是发展物质而是发展人类。人们开始尝试从社会学的角度分析项目对实现国家或地方各项社会发展目标所作的贡献和影响，以及项目与当地社会环境的相互影响。世界银行在1984年就提出将社会评价作为世界银行开展投资项目可行性研究的重要组成部分。目前，社会评价已在各国被广泛应用，一般而言，社会评价主要是针对那些对当地居民受益较大的社会公益性项目、对人民群众生活影响较大的基础设施项目、容易引起社会矛盾和风险的项目、扶贫项目。这些项目一般包括引发大规模征地拆迁和移民安置的项目，如交通、水利、采矿和油田项目，以及具有明确的社会发展目标的项目，如扶贫项目、区域性发展项目和社会服务项目（如教育、文化和公共卫生项目等）。

1. 社会评价的概念及其特征

迄今为止，社会评价存在着不同的概念或定义，如社会评价是考虑社会发展问题和社会发展目标的一个过程；社会评价是分析评价项目为实现国家和地方的各项社会发展目标所作的贡献与影响，以及项目与社会的相互适应性的一种系统的调查、研究、分析、评价方法；社会评价是把社会分析和公众参与融入发展项目的设计和实施中的一种行动工具和行为手段。上述定义主要将社会评价视为一个过程、方法、手段或工具，本书拟从社会评价的方法、过程、作用等方面对社会评价进行综合界定，即社会评价主要应用社会学、人类学的理论和方法，通过系统调查、收集与项目相关的各种社会因素和社会数据，分析项目实施过程中可能出现的各种社会问题，提出尽量减少或避免项目对社会产生负面影响的建议和措施，以保证项目顺利实施并使项目效果持续发挥。

社会评价是项目设计中用以分析社会问题和构建利益相关者参与框架的一种评价方法。作为项目评价方法体系的重要组成部分，社会评价与项目的财务评价、国民经济评价、环境影响评价等相比存在较大差别，其主要特征有：

（1）目标的多元性。社会评价由于涉及的社会因素复杂，目标多元化，没有共同度量的标准，不同于其他评价的单一目标。

（2）评价工作的周期长。社会评价贯穿于项目周期的各个环节和过程，要关注近期和远期与项目运行有关的各种社会发展目标，持续时间相对较长。

（3）以定性分析为主。社会评价进行定量分析较为困难，从而要求社会评价专业人员必须具有丰富的经验，对各种社会问题具有高度的敏感性。

（4）行业、项目的定向性。社会评价没有通用的方法，各行业部门、不同类型项目社会评价的内容、方法差异很大，从而增加了社会评价的难度。

（5）间接效益与间接影响多。由于社会系统的复杂性及相互关联性，有关社会问题的波及效应比较明显。

2. 社会评价的主要内容

社会评价的视角不同，其内容体系有所不同。当前常见的分析视角有社会经济、环境与可持续发展和人类学、社会学三种。在这主要介绍人类学和社会学视角下社会评价的内容。

对于不同的项目，其目标、内容和所在地区的社会经济环境不同，项目影响群体不同，项目的社会影响和社会风险不同，其社会评价的内容也有所差异。但从总体上看，社会评价主要包括社会影响分析、项目与所在地区的互适性分析和社会风险分析3个方面的内容。

（1）社会影响分析，是对项目可能产生的正、负两个方面的影响范围、程度等进行分析预测，并针对负面影响提出措施建议。社会影响分析所考虑的社会影响因素主要包括：项目对所在地区居民收入的影响；项目对所在地区居民生活水平和生活质量的影响；项目对所在地区居民就业的影响；项目对所在地区不同利益群体的影响；项目对所在地区弱势群体的影响；项目对所在地区文化、教育、卫生的影响；项目对所在地区基础设施、社会服务容量和城市化进程等的影响；项目对所在地区少数民族风俗习惯和宗教的影响。

（2）互适性分析，主要是分析预测项目能否为当地的社会环境、人文条件所接纳，当地政府、居民支持项目存在与发展的程度，考察项目与当地社会环境的相互适应关系。

分析预测与项目直接相关的不同利益群体对项目建设和运营的态度及参与程度，选择可以促使项目成功的各利益群体的参与方式，对可能阻碍项目存在与发展的因素提出防范措施。

分析预测项目所在地区的各类组织对项目建设和运营的态度，可能在哪些方面、在多大程度上对项目予以支持和配合，即当地能否提供并保障项目建设和运营所需要交通、电力、通信、供水等基础设施条件，粮食、蔬菜、肉类等生活供应条件以及医疗、教育等社会福利条件。

分析预测项目所在地区现有技术、文化状况能否适应项目的建设和发展。特别是对于发展地方经济、改善当地居民生产生活条件兴建的水利项目、公路交通项目、扶贫项目，应分析当地居民的教育水平能否适应项目要求的技术条件，能否保证实现项目既定目标。

通过上述几个方面的互适性分析，要就当地社会对项目适应性和可接受程度作出评价。

（3）社会风险分析，是对可能影响项目的各种社会因素进行识别和排序，选择影响面大、持续时间长，并容易导致较大矛盾的社会因素进行预测，分析可能出现这种风险的社会环境和条件。尤其要对可能诱发民族矛盾、宗教矛盾的项目进行社会风险分析，并提出防范措施。

3. 社会评价方法

对于社会经济和环境与可持续发展方面的评价，目前已形成了一套比较系统的数量评价指标，但对于人类学和社会学视角下的社会评价而言，则主要还是以定性分析方法为主。

（1）有无对比分析法。有无对比分析法首先要调查在没有拟建项目的情况下，项目地区的社会状况，并预测项目建成后对该地区社会状况的影响，通过对比分析，确定拟建项目所引起的社会变化，即各种效益与影响的性质和程度。

（2）逻辑框架分析法。社会评价用逻辑框架分析法分析事物的因果关系，通过分析项目的一系列相关变化过程，明确项目的目标及其相关联的先决条件，来改善项目的设计方案。

（3）利益相关者分析法。利益相关者是指与项目有直接或间接的利害关系，并对项目的成功与否有直接或间接影响的各方，如项目的受益人、受害人、与项目有关的政府组织和非政府组织等。利益相关者分析法首先要确定项目利益相关者，然后评估利益相关者对项目成功所起的重要作用，并根据项目目标对其重要性作出评价，最后提出在实施过程中对各利益相关者应采取的步骤。

[**案例2－6**] **辽宁世行贷款项目中的社会评价**

从辽宁世行贷款项目中的社会评价工作来看，无论是参与力度，还是参与范围都有所变化。以前只在项目准备阶段进行社会评价工作，而现在社会评价已贯穿到项目的整个周期，如从项目准备阶段移民安置计划编制，到项目实施阶段的内/外部监测评估和移民安置后评价等；以前项目只重视受项目征地和房屋拆迁等直接影响的人群，而现在社会评价已覆盖了可能由项目引起的各项社会问题，包括减少贫困问题、脆弱群体问题、公众参与问题、少数民族问题等。这可从以下两则小案例中得到体现：

小案例1：沈阳污水处理项目征地将影响到一个满族人口较多的自然村，尽管沈阳市有多个满族乡、满族村，但项目影响的不是满族人口聚居村，只是该村满族人口比例较高。针对项目可能产生的少数民族问题，世行专门聘请专家对该项目影响的少数民族人口和情况进行了调查并进行了项目初步社会评价报告。

小案例2：2002年实施的营口污水项目将影响到一段西吊桥农贸市场的经营业户，给予经济补偿后由他们自己寻找新的经营地点的安置方式也是可以让人接受的，但考虑到取消这个经营场所对他们的经营及收入水平产生不利影响，最后将受影响人统一安置在三个室内农贸大厅经营：德胜市场、西环农贸市场和裕兴水产市场，通过安置后的监测评估调查，这些受影响人的收入水平都较以前有所提高，而且经营环境得到极大改善，再也不用怕天气对经营收入的影响了。

* 八、工程项目环境影响评价

工程项目是人类在地球上所从事的一项不可逆的投资活动，其在消耗大量资源、并给人类带来一定经济效益和社会效益的同时，一般会引起项目所在地自然环境、社会环境和生态环境的变化，对环境状况、环境质量产生不同程度的影响。随着人与环境和谐共处的意识增强，工程项目环境影响评价日益成为可行性研究中的一项重要工作，其是指在工程项目实施前对项目实施可能带来的环境影响进行识别、预测、评价，确定行动方案的可行性，并制定减轻或消除任何不利的环境影响的对策，是环境影响评价中最为繁杂的一类。

1. 工程项目环境影响评价的分类管理与环境影响报告书的主要内容

2002 年 12 月 28 日全国人民代表大会常务委员会发布了《环境影响评价法》，以法律的形式确立了规划和建设项目的环境影响评价制度。关于建设项目的环境影响评价制度，该法主要规定了如下内容：

（1）对建设项目的环境影响评价实行分类管理。建设单位应当按照下列规定组织编制环境影响报告书、环境影响报告表或者填报环境影响登记表（以下统称环境影响评价文件）：

1）可能造成重大环境影响的，应当编制环境影响报告书，对产生的环境影响进行全面评价。

2）可能造成轻度环境影响的，应当编制环境影响报告表，对产生的环境影响进行分析或者专项评价。

3）对环境影响很小、不需要进行环境影响评价的，应当填报环境影响登记表。

（2）环境影响报告书的主要内容。建设项目的环境影响报告书应当包括下列内容：建设项目概况；建设项目周围环境现状；建设项目对环境可能造成影响的分析、预测和评估；建设项目环境保护措施及其技术、经济论证；建设项目对环境影响的经济损益分析；对建设项目实施环境监测的建议；环境影响评价的结论。涉及水土保持的建设项目，还必须经由水行政主管部门审查同意的水土保持方案。

2. 我国建设项目环境影响评价的程序

我国建设项目环境影响评价程序分为执行环境影响评价制度的管理程序和完成环境影响报告书的技术工作程序两大部分。对于执行环评的管理程序，在先后颁布的行业法规《建设项目环境保护管理办法》、《建设项目环境保护管理程序》及国家法律条例《建设项目环境保护管理条例》（以下简称《条例》）中均有规定。对于环评工作的技术程序，则主要由 1993 年颁布的环保行业标准《环境影响评价技术导则总则》（HJ/T2.1—93）（以下简称《技术导则》）做出较详细的规定。

执行环境影响评价的管理程序可以用图 2-2 来表示，环境影响评价的技术程序如图 2-3 所示。

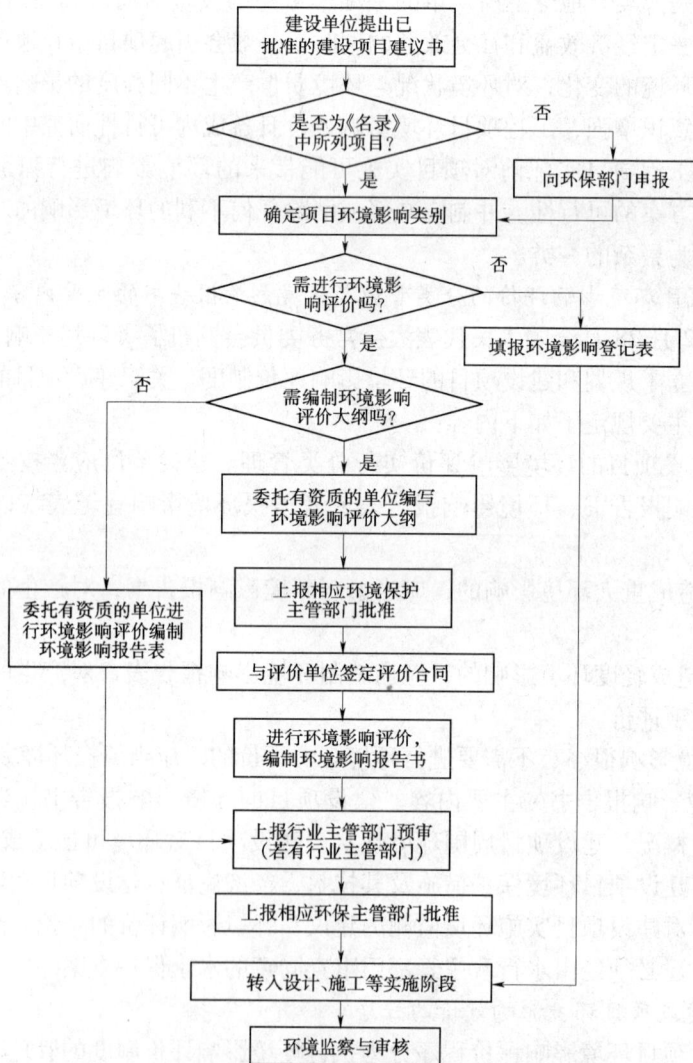

图 2-2　工程项目环境影响评价管理程序

实践表明广泛开展的建设项目环境影响评价对我国的环境保护事业做出了相当的贡献，但是，在环境影响评价制度的执行过程中还存在一些问题，例如：主要重视少数的跨省市或国家级的大型项目的环境影响评价，而对于一般的建设项目则重视不足，一些项目的环境影响评价不能严格按照环评程序执行、评价工作流于形式，环境影响评价报告质量不高，审查不严等。这些问题出现的原因与我国环境影响评价的法律保障体系不甚健全、操作性较差、公众参与程度低等状况有直接的关系。因此，如何采取有效措施，提高环境影响评价的实施效率，杜绝环境影响评价过程中的不良现象，已成为研究我国建设项目环境影响评价的重要内容。

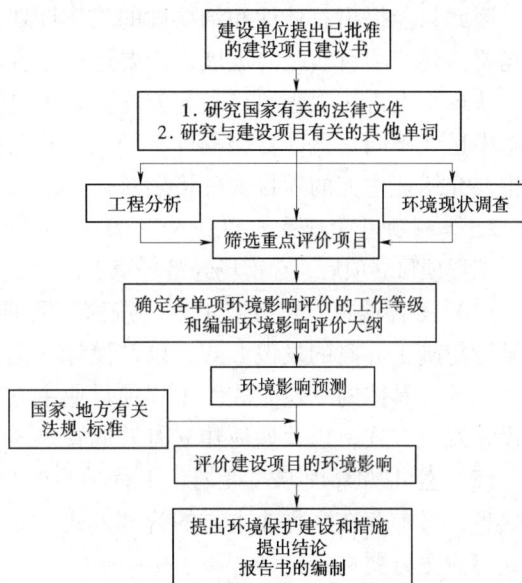

图 2-3 工程项目环境评价技术工作程序

[资料来源：竹隰生，任宏，王家远等．中国内地建设项目环境影响评价实践分析 [J]．重庆建筑大学学报，2001（S1）]

第二节 工程项目管理策划

一、工程项目管理策划内涵与层次

1. 工程项目管理策划的内涵

"策" 就是道破天机，也就是揭示事务本质的意思；"划" 就是刻划蓝图的意思。"策划" 合在一起就是 "道破天机，统筹部署" 的意思。世界策划联合会认为 "策划" 是一种思维方式，是经济组织为了谋求自我生存的最佳环境和市场竞争的必要优势而进行的创新或精密性的决策思维方式。

工程项目管理策划就是在项目实施之前，从工程项目价值最大化的视角出发，根据工程的特点、业主方的需求，并在一定的约束条件下，对工程项目的组织、采购和合同以及管理方法、措施和手段等内容进行科学分析、论证和优化选择的过程。

工程项目管理策划工作是一个循序渐进，不断完善和改进的过程。在工程项目实施前，如在设计准备阶段，做工程项目策划，由于对项目管理各项工作的认识还不深入，因此只能提出总体性和纲要性的工作计划，即项目管理总体规划，也称为项目管理纲要。随着项目实施的进展，需要适应主客观条件的变化而进行动态调整。

从理论上讲，工程项目参与方均存在项目管理策划问题。但由于他们在工程项目实施中扮演不同角色，参与程度不同，因此工程项目策划的具体内容是不一样的。本章主要介绍业主方的项目管理策划。

2. 工程项目管理策划的层次

工程项目立项后，在市场经济环境下，业主方项目管理策划依次分为下列 4 个层次：

（1）工程项目发包方式策划。按照工程项目设计、施工环节是否一体化，可分为设计与施工分离的发包方式，以及设计施工一体化的发包方式两大类，每类又有若干经典的、具体的发包方式。工程项目业主方首先关心的是，针对一个工程项目，如何设计发包方式，以及如何建立有效的管理体系。

（2）业主方管理方式策划。工程项目管理是专业较强的一类管理，业主方不一定熟悉，目前存在多种业主方的管理方式，如自主管理、委托管理等。采用何种管理方式，业主方要进行策划。

（3）工程招标与工程合同策划。在市场经济环境下，工程项目的设计、施工任务总是采用招标方式，选择方案优、价廉、信用好的承包人去完成，并用合同来明确双方的权利、责任和义务。显然，工程招标与工程合同策划在业主方项目管理中占十分重要位置。

（4）业主方管理组织结构、任务分工和管理职能分工策划。在发包方式、业主方管理方式、工程合同确定，即管理对象明确的基础上，如何具体实施管理，这就是管理组织结构、任务分工和管理职能分工策划的任务。

二、工程项目发包方式策划

1. 经典工程项目发包方式

经过一百多年的发展，国内外已形成了多种经典的工程项目发包方式。这些经典的工程项目发包方式及其特点详见表 2 - 1 和表 2 - 2。

2. 工程项目发包方式选择/设计影响因素

影响工程发包方式选择/设计因素非常复杂，但总可以从工程项目系统的视角出发，分析出各类影响工程项目发包方式选择/设计的因素。相关研究结果表明，工程项目参与主体、工程项目特性、建设条件和市场环境这几方面对工程发包方式选择/设计的影响最为深刻。

（1）工程项目参与主体的影响分析。工程项目参与主体包括发包主体，即业主方，和承包主体，即承包方，他们对工程项目发包方式选择或设计有着深刻的影响。

表 2-1　设计施工一体化的发包方式

工程发包方式	优　点	缺　点
1. DB 方式 DB 总包商为业主提供"一站式"服务。各方关系如下图。 （图：业主—咨询工程师；业主—设计施工总包商—施工分包、设计分包。—— 合同关系　----- 工作关系）	①设计施工由 DB 总承包商负责，当项目出现质量问题时，责任十分明确，容易追究。 ②项目实施可以被显著加快。设计方和施工方形成一个合同实体，便于快速建设路径法的实施。 ③设计施工一体化，有利于改善设计的可施工性，减少设计变更和索赔，降低工程投资。 ④总承包商的单一责任制，有利于节约管理费	①在建设市场信用尚缺失的情况下，DB 总包商在进行设计时，有增加工程造价的动机，业主难以控制。 ②当设计方和施工方形成一个合同实体，业主丧失了设计方对建设过程的监督和控制，同时也丧失了 DB 方式下两个独立实体的相互监督和制衡。 ③设计施工合同一般不是建立在完成了的设计和施工图基础上，可能导致实施过程中，DB 总包商为控制成本而降低质量标准
2. EPC 方式 EPC 承包商承担了项目的设计、采购和施工中的大部分风险，并且承担了项目实施过程中的大部分风险。各方关系与 DB 方式类似。	①缩短了建设周期。采用 EPC 方式，设计、采购和施工可以有序地深度交叉，从而有效地缩短了建设周期。 ②合同关系简单，组织协调工作量小。EPC 方式下，业主只负责提出工程项目的预期目标、功能要求和验收标准，审核承包商提供的文件，按照合同规定向承包商支付工程款，并不介入具体的工作	①承包商之间的有效竞争不够。EPC 方式下，业主及其项目特性对承包商的资金、技术实力和管理能力要求较高，建设市场中符合竞争要求的承包商较少，业主难以通过竞争性招标获得竞争来的好处。 ②业主面临较大的"道德风险"。尽管理论上大部分工程缺陷责任由承包商承担，但业主方难以控制承包商通过调整设计方案、包括采用不配套设备等方式来降低其自身的成本，从而影响工程质量，并最终提高项目全生命周期内的成本
3. CM-at risk 方式 业主在设计阶段即开始选择 CM 单位，并由 CM 单位直接与各施工分包商、供应商签署合同，供应商和管理协调技能，希望利用 CM 单位的施工经验和管理协调能，改善设计的可施工性，减少设计变更，缩短建设工期。各方关系如下图。 （图：业主—CM 单位—各类分包商；设计单位、供货单位※、分包单位※。※为业主指定的承包人。—— 合同关系；----- 协作关系）	①改变了传统发包方式下项目参与方之间的敌对关系，在 CM 单位的沟通协调下，项目参与方之间建立了合作关系，沟通交流渠道畅通。 ②CM 单位的提前介入，改善了施工效率。提高了施工效率。 ③缩短了建设周期。采用 CM 方式的主要特点之一"快速路径法"的实施正是在项目设计完成后，对项目的详施设计、招标施工和施工按照搭接作业的方式组织，从而大大缩短了建设同期	①CM 合同一般采用保证最大工程费用（GMP）的成本加酬金合同，并且 GMP 是在设计文件尚不十分深入的情形下确定的。因此业主方对项目成本较难控制。 ②选择理想的 CM 公司/经理难，采用 CM 方式时，不仅要求 CM 单位具有良好的资质和信誉，而且要求 CM 单位是一个"全能"式人才，他要有丰富的施工经验、了解设计程序和高超的管理协调能力。目前，由于市场还没发育到理想的准入制度，业主难以选择到称心如意的 CM 单位/经理

表 2 - 2　　设计施工分离（DBB）的发包方式

工 程 发 包 方 式	优 　 点	缺 　 点
1. 施工总包方式 业主首先委托咨询、设计单位进行可行性研究和工程设计，并交付整个项目的施工详图，然后业主组织施工招标，最终选定一个施工总承包商，与其签订施工总包合同。各方关系如下图。 业主 —监理工程师 —施工总包——承包商 —设计单位 （承包商　承包商） ——— 合同关系　----- 工作关系	①施工合同单一，业主的协调管理工作量小。业主与施工总包商签订一个施工总包合同，施工总包商全面负责协调现场施工，业主的合同管理、协调工作量小。 ②监理工程师代表业主利益对施工过程进行监督和控制，以及监理工程师的相互制衡，有利于独立实体间的相互的控制权。 ③业主对项目实施过程和最终产品的质量具有高度的保证。 ④业主在项目实施前就可以获得可靠的固定价格	①建设周期长。施工总包是按照设计—招标—施工循序渐进的方式组织工程建设，因此这种顺序作业的生产组织方式，工期较长，对工业工程项目，不利于新产品提前进入市场，失去竞争优势。 ②设计与施工互相脱节，设计变更多。工程项目的设计由不同的单位负责实施、沟通困难，设计时很少考虑施工采用的技术、方法、工艺和施工措施，工程施工阶段的设计变更多，不利于业主的投资控制和合同管理。 ③对设计深度要求高，要求施工详图设计全部完成，能正确计算得出工程量部价
2. 施工平行发包方式 业主首先委托设计单位进行工程设计，与设计单位签订设计合同。在初步设计完成并经批准立项后，设计单位按业主提出的分项招标进度计划要求，分项组织招标设计或施工图设计，业主据此分组织招标采购施工，各中标承包商的承包先后进点施工。各方关系如下图。 业主 —监理工程师 —工程设计 承包商1　承包商2　…　承包商 n ——— 合同关系　----- 工作关系	①利用竞争机制，降低合同价。采用分项发包，每一个招标项目的规模相对较小，有资格投标的单位多，能形成良好的竞争环境，降低合同价，有利于业主的投资控制。 ②可以缩短建设周期。采用分项招标，在初步设计完成后就可以开始组织招标，按照"先设计，后施工"的原则，以招标分项、单元组织设计、招标、施工流水作业，使设计、招标和施工活动充分搭接，从而可以缩短工期	①施工合同多，业主的协调管理工作量大。业主要与众多的项目建设参与者签约，特别是要与多个施工承包商（供应商）签约，施工合同多，界面管理复杂，协调、沟通、协调工作量越大。因此，分项分标数量越多，业主的协调管理能力有较高的要求。 ②设计变更多。采用分项发包，设计和施工分别由不同的单位承担，设计在施工采用的技术、方法分别招标，设计者很少考虑施工采用的措施，特别是大型土木建筑工程中，任在初步设计进行完成后，在施工中，设计变更多，不利于业主的投资控制

　　1）建设工程发包主体/业主方的影响。选择或设计什么样的工程项目发包方式，业主方起主导的、决定性的作用。下列几方面对业主方选择或设计工程项目发包方式有不同程度的影响。

　　①业主方对建设工程项目的管理能力。建设工程项目管理基本知识领域包括了项目管理和土木工程技术两个方面。显然，建设工程管理是一项专业性较强的管理工作，并不是所有建设工程业主方均具有这种管理能力。事实上，对于大多数业主方来说，组织工程建设可能是个一次性的任务，一般不可能有建设工程管理的专门人才；对于政府投资公益性工程项目，真正的业主方是缺位的，那建设工程管理更是问题。显然，业主方对建设工程项目的管理能力对工程项目的发包方式有一定的影响。如，当业主方建设工程管理能力较强时，可以选择 DBB 发包方式，其他条件适当的话也可以采用分项发包方式；反之，当业主方建设工程管理能力较弱时，可以采用工程项目总包，或施工总包的方式，因不论是工程项目总包还是施工总包，都可以减少业主方的管理工作量。

　　②业主方对建设工程目标的要求。建设工程目标包括工期、质量和投资等目标。业主方投资建设工程，对建设工程的目标有具体的要求。如，广东某核电站工程项目，工程开工后，业主方考虑到核电站工程的平稳、经济运行，决定投资建设抽水蓄能电站与此相配套。在这一背景下，该抽水蓄能电站工程的工期就十分紧张，业主方在工程发包方式等方面采取了一系列措施。不仅如此，业主方对建设工期的要求，还导致了 CM 模式的创立。20 世纪 60 年代后期在美国的许多业主方对建设工程的工期要求很高。针对这一情况，美国建筑基金会委托美国纽约州立大学汤姆森（Charles B. Thomson）等人对建设交易模式开展研究，并于 1968 年提出了 CM 模式，CM 承包人在业主的充分授权下进行项目管理、组织协调。在项目的初步设计完成后，使施工图设计与施工搭接进行，从而能有效地缩短建设工期。CM 承包人作为业主委托一个承包人，改变了传统承发包模式使设计和施工相互分离的弊病，在一定程度上有利于设计优化，使设计和施工早期结合，减少了施工期的设计变更。

　　③业主方的偏好，包括对发包方式、工程风险的偏好。工程项目发包方式选择或设计由业主方确定，这就决定了业主方的偏好、管理文化对工程项目发包方式的选择产生重要的影响。其中，业主方项目部负责人的偏好又对工程项目发包方式的选择产生关键的作用。业主方及项目部负责人的偏好、企业文化是在多年的管理实践中逐步形成的。因此，工程项目发包方式选择/设计要充分尊重管理传统，当然不能排除工程项目发包方式的创新。

　　2）工程承包方的影响。业主方为获得建设工程产品，先是要从建设工程市场上获得满足要求的建设工程承包方，即建设工程交易中的卖方。一般而言，不同的发包方式，即不同的二元结构单元，业主方对承包方的要求不同，即对承包方的资质和能力要求不同。当建设市场发育较充分，有足够多的不同类型的承包人可供选择时，对发包方式的选择限制性就较小；反之对发包方式的选择就有较大的限制。如建设市场上具有工程项目总承包能力的总承包人很少或供应不足时，采用 EPC 或 DB 方式也许不太现实。原因有两方面：一是在市场经济条件下，总承包人很少时，应用并不普遍，说明工程总承包条件还不成熟；二是总承包人很少时，参与工程投标竞争的对手就少，理论上可以证明，此时工程的承包合同价就较高。因此，设计工程发包方式时，有必要考虑建设市场相应承包主体数量的多少，即建设市场承包主体的状态对建设工程发包方式选择或设计有影响。

（2）工程项目特性的影响分析。工程项目特性对发包方式的影响可作下列几方面的分析。

1）工程复杂程度的影响。对于业主方，工程复杂性包括了工程技术难度、工程的不确定性、工程产品特征值的易观察性等方面。当工程较为复杂时，工程设计与施工联系紧密，实施过程设计施工的协调管理工作会明显增加，实行设计施工一体化对工程整体优化、提高"可建造性"具有明显优势；但对工程承包方的能力、经验，以及信用等方面会提出较高的要求。因此，目前国际大型复杂的工程经常采用 DB 或 EPC 的发包方式，选择具有丰富的工程经验和实力强的承包人。

2）工程规模的影响。工程规模经常可用工程投资规模、工程结构尺寸等指标去衡量，并分成大型工程、中型工程和小型工程。对于大型建设工程，对承包人的能力、经验会提出较高的要求，对业主方的管理能力和经验也是挑战。因此，许多大型建设工程经常采用 M-DB 或 M-EPC 的发包方式，即将整个工程项目分成相对独立的几个子项，然后在子项工程上采用 DB 或 EPC 发包方式。如具有 4 项世界第一的苏通长江大桥工程，不论是工程投资还是结构尺寸，都属于特大型工程。业主方根据工程结构特点，将工程合理切块，对部分相对独立的子项分别采用 EPC 方式发包，取得明显的技术经济效果。此外，对于一些大型工程，若采用 DB，或 EPC，或采用 GC，由于采用这些发包方式对承包人施工能力、资金垫付能力要求高，可能会影响到投标竞争。在这种情况下，业主方有时就选择分项发包方式，以达到提高竞争性、降低工程造价的目标。

3）实施过程中子项工程的依赖程度的影响。不论是大型工程，还是小型工程，其子项目工程在实施过程中的依赖程度对发包方式影响很大。如水利水电枢纽工程，工程十分集中，子项间在施工中依赖性强。若将其采用 DBB（平行发包）方式，则在施工过程中不同承包人之间的干扰会十分明显，最终结果是协调管理工作量的显著增加，交易费用的大幅上升。因此，对这一类工程的施工是采用平行发包还是施工总包，或如何分标均值得研究。但对于一些较为分散的工程，如正在实施的南水北调工程，以及轨道交通工程、高速公路工程等均是沿线分布，采用 DBB（平行发包）方式时，实施过程中承包人的相互干扰将会很少。当然采用 DBB（施工总包）、DB 或 EPC 时，一般不存在承包人之间施工期间的相互干扰。因此，当工程相对集中、子项目间施工联系紧密时，经常采用 DBB（施工总包）、DB 或 EPC；当工程相对分散或子项目间施工联系不多时，可选择 DBB（平行发包）。

（3）建设条件和外部环境的影响分析。任何工程项目总是在一定外部环境下完成的，这种外部环境包括经济社会环境和自然环境。建设工程项目具有历时长、交易与实施过程相交织等特点，对外部环境非常敏感。因此，外部环境对发包方式的选择或设计会产生较大的影响。

1）工程实施现场条件的影响。工程实施现场条件包括施工场地占用、施工道路占用和施工临时设施布置等条件。由于工程交易与工程实施相交织，且在同步进行。显然，工程实施现场条件对交易模式的设计影响较大。如南水北调东线工程江苏境内的河道工程，其沿线分布，投资规模不大却延绵数公里，甚至数十公里。这些标段施工难度并不大，但在施工过程中，所涉及的交通道路占用、废弃土料堆放、施工临时用地的征用等方面遇到较多的干扰。对此，业主方不得不委托地方政府来组建项目现场管理机构，对项目的实施进行管理。在发包方式选择上，也采用 DBB（分项发包）方式，更多地为工程所在地承包人提供竞争的机会。

2）国家和工程所在地的政策法规的影响。工程项目建设是一种较为特殊的生产行为，经常关系到公共利益和公共安全，因此国家和工程所在地政府均有政策法规对工程项目实施进行限制或规范承发包双方的行为。显然，国家和工程所在地的政策法规对工程发包方式有相当程度的影响。如，我国《建筑法》第二十九条规定，施工总承包的，建筑工程主体结构的施工必须由总承包人自行完成。我国《合同法》第二百七十二条规定，建设工程主体结构的施工必须由承包人自行完成。显然，在《建筑法》和《合同法》中，对工程总承包、施工总包有很大限制，这可能是工程总承包难以推行原因之一。总之，在国际上，还鲜见用法律的形式对发包方式进行限制。

3）建设市场发育程度的影响。在建设工程采购中，业主方根据工程特点、发包方式等方面在建设市场上选择承包人，而建设市场能提供什么样的承包商与建设市场的发育程度相关。如，我国建设市场开放仅为 20 多年的历史，而且在计划经济体制和传统的工程设计与施工专业分工的影响下，建设市场发育不健全。专业化设计或施工队伍庞大，水平也较高，但设计施工综合型、能扮演 DB 或 EPC 承包人队伍稀缺，即使有水平也十分有限。因此，目前要采用 DB 或 EPC 发包方式，有必要分析潜在的

DB 或 EPC 承包人是否足够多。

三、业主方管理方式策划

1. 经典的业主方管理方式

纵观业主方工程项目管理方式的演变，不难发现其与工商企业管理的演变的类似轨迹。工商企业管理从家族式管理到职业经理人的管理，其本质是所有权与经营权的分离，这是社会化、专业化生产的必然趋势。在工程建设领域，业主方项目管理方式发展也不例外。国内外经典的业主工程项目管理方式主要有自主管理、委托管理和一体化管理方式3类。

（1）自主管理方式。自主管理又可细分为：业主 + 工程师/监理模式、业主 + 监理 + DAB 模式和业主 + PC（Project Controlling）模式3种。

1）业主 + 工程师/监理方式。业主方主要依靠自己力量对工程项目进行管理，但在项目实施阶段，其委托工程师/监理对施工合同进行管理，并赋予工程师/监理一定的权力，对项目目标进行控制。

2）业主 + 监理 + DAB 方式。业主方主要依靠自己力量对工程项目进行管理，但在实施阶段除委托监理外，还组建争端协调小组 DAB，由其协调处理合同双方的重要争端问题。这在国际大型国际工程中广泛应用。

3）业主 + PC 方式。业主方主要依靠自己力量对工程项目进行管理，但在项目实施阶段，其委托项目管理/咨询公司对项目信息进行管理，并要求根据信息的分析处理，定期提出项目实施现状、目标控制措施分析报告，为业主方的项目控制、项目决策提供支持。

（2）委托管理方式，即是业主委托咨询服务公司、项目管理公司等专业化中介机构，代表业主对工程项目的全过程或若干阶段开展项目管理的方式。目前，常见的委托管理模式有 PM 方式和 CM agency 方式。

1）PM 方式。根据项目管理公司的服务内容、合同中规定的权限和承担的责任不同，PM 模式可进一步分为项目管理承包型（PMC）和项目管理咨询型（PM）两种类型。项目管理承包型（PMC）和项目管理承包型（PMC）最大的区别在于：第一，前者承担成本超支的经济风险，而后者拿佣金，不承担成本超支的经济责任；第二，前者直接与承包商签署合同，也有可能自身承担一些外界及公用设施的设计/采购/施工任务，而后者仅提供咨询管理服务，并不与承包商直接签署合同。

2）CM agency 方式。业主方委托 CM 单位（一般为有经验的施工承包商）负责整个项目的施工管理任务，包括与设计方的协调，通过合理化建议协同设计方一起改善设计的"可施工性"，进而可减少施工阶段的设计变更，有利于缩短工期。因此

CM 单位一般在设计阶段提前介入，其与业主方的合同形式为成本加酬金合同。

3）一体化管理 PMT（Project Management Team）方式，即业主方委托项目管理公司、咨询服务公司等专业化中介机构进行管理，但业主方的人员也参与管理，并与项目管理公司在组织结构上、项目程序上，以及项目设计、采购、施工等各个环节上都实行一体化运作，发挥双方优势，以实现业主和项目管理公司的资源优化配置。FIDIC 的有关合同文本（FIDIC IGRA 80 PM）规定，如采用 PMT 模式，则业主方的管理人员将在项目管理公司的项目经理领导下工作。

2．影响业主方管理方式选择/设计的因素

影响业主方管理方式选择/设计的因素主要有：

1）项目的经济属性。公益性工程项目由于项目业主的缺位，若由政府直接管理，从已有实践来看，存在成本超支、工期延长等效率低下问题，因此宜采用委托管理方式。在一些国家和地区，成立了一些专业化的事业性质单位专门从事政府投资项目的管理，如日本的高速公路公团、香港的公路局等。对于非公益性项目而言，项目业主采用何种项目管理方式，则要视业主方的建设管理能力、偏好、经营战略和项目的复杂程度等因素而定。

2）业主方的建设管理能力、偏好和经营战略。业主方的建设管理能力强、经验丰富，则可能倾向于采用自主管理方式，反之，则可能采用委托管理方式。此外业主方的经营战略也会影响某特定项目的项目管理方式的选择，譬如主营家电制造业的企业在多元化扩展过程中，如拟进入房地产行业发展，则可能新成立一家房地产公司，采用自主管理的方式，有利于积累经验。业主方决策者的偏好对项目管理方式的选择也有影响。

3）项目的复杂程度。项目的复杂程度高意味着项目实施过程中的风险大，会更容易出现工程变更、索赔或合同纠纷，因此对项目管理者的协调、专业知识、经验等方面的要求更高，此时业主方借助于项目管理公司的人力资本和管理经验优势，即采用委托管理方式，能够更有效地规避或减少风险，确保项目目标的实现。反之，对于复杂程度低的项目，可以采用自主管理方式。

四、工程招标与合同策划

1．工程招标策划

工程招标策划的内容有：

（1）工程招标方式选择。工程招标方式分公开招标和邀请招标。一般要求公开招标方式，特殊情况下可采用邀请招标方式。

（2）评标方法选择。常见的评标方法有：专家评议法、综合评分法、最低评标价法和最低报价法等。应根据工程特点，对其作出选择，详见第三章相关内容。

2. 工程合同策划

工程合同策划的内容有：

（1）工程合同文本选择。目前国内外已经存在了多种格式化/标准化工程合同文本，一般应选择符合工程特点的格式化合同文本。

（2）合同类型选择。按工程计价方式，可将工程合同分为：总价合同（Lump Sum Contract）、单价合同（Unit Price Contract）、实际成本类合同及其衍生类合同。应根据工程特点、进度要求和设计深度等方面选择适当的合同类型，详见第三章相关内容。

（3）特殊条款编制。格式化工程合同文本对一般工程合同履行过程中可能遇到的问题作了较为合理的规定，有必要针对所策划工程的特殊的方面设计专门条款。

五、业主方管理组织结构、任务分工和管理职能分工策划

组织论是组织结构与任务分工策划理论基础，它主要研究系统的组织结构模式、组织分工以及工作流程组织，见图2-4。

1. 组织结构策划

组织结构反映了一个组织系统中各组成部门（组成元素）之间的组织关系（指令关系）。组织系统边界不同，其各组成部门也不同。从现有的文献来看，项目组织系统边界常见的有两种界定：一种是以项目为边界，其将项目参与各方视为项目组织子系统，此时项目组织结构反映了项目业主方各部门之间，与项目其他参与各方之间以及项目其他参与各方之间的组织关系；另一种是以项目某参与方的组织为边界，仅反映其组织内部各部门之间的组织关系或指令关系。在本教材中，主要采纳后一种组织系统边界的界定，即以某项目参与方，尤其是项目业主方的组织边界为限，探讨项目组织结构的策划问题。随着技术经济的发展，到目前为止，组织结构已形成了一些经典的组织结构模式，并在实践中得以广泛应用。项目组织结构策划就是以经典组织结构模式为基础，根据对项目的规模和性质、业主方的需求和偏好等因素的综合分析，或应用其中一种经典组织结构模式，或对多种经典组织结构模式进行拆分、组合、拼装，从而设计出具有较好适用性的新型项目

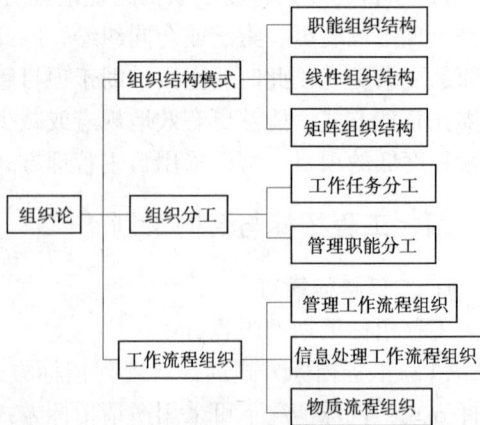

图2-4 组织论的基本内容

组织结构模式。

组织结构模式常用组织结构图来描述。在组织结构图中，通常用矩形框表示组成部门，用单向箭线表示组织部门之间的指令关系。

（1）经典组织结构模式及其特点。经典组织结构模式包括线性组织结构模式、职能组织结构模式和矩阵组织结构模式。

1）线性组织结构模式及其特点。如图2-5所示，线性组织结构（Line Organization）模式的本质就是使命令线性化，即每一个工作部门，每一个工作人员都只有一个上级。线性组织结构具有结构简单、职责分明、指挥灵活、确保工作指令唯一性等优点，缺点是项目负责人的责任重大，往往要求他是全能式的人物。图2-5中A为最高领导层，B为第一级工作部门，C为第二级工作部门。为了加快命令传递的过程，线性组织系统就要求组织结构的层次不要过多，否则会妨碍信息的有效沟通。因此，合理地减少层次是线性组织系统的一个前提。同时，在线性组织系统中，根据理论和实践，一般不宜设副职，或少设副职，这有利于线性系统有效地运行。

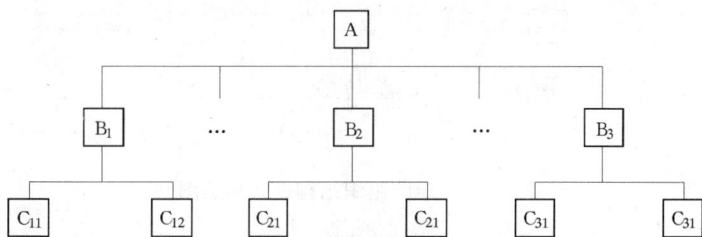

图2-5 线性组织结构模式示意图

2）职能组织结构模式及其特点。职能组织结构模式（Functional Organization）的特点是强调管理职能的专业化，即将管理职能授权给不同的专门部门，这有利于发挥专业人才的作用，有利于专业人才的培养和技术水平的提高，这也是管理专业化分工的结果。然而，职能制组织系统存在着命令系统多元化，各个工作部门界限也不易分清，发生矛盾时，协调工作量较大等弱点。图2-6是职能组织结构模式示意图。其中A、B、C为不同管理层。

3）矩阵组织结构模式及其特点。矩阵组织结构模式（Matrix Organization）如图2-6所示。其中A是最高管理人，B是按职能划分的部门，C是按子项工程（分类项目或任务）划分的项目管理部门或工作小组。矩阵组织结构模式具有能够充分发挥组织中人力资源的作用，能够以尽可能少的人力，实现多个项目或多项任务的高效管理，反映了项目组织结构设计的弹性原则；其缺点是对每一项纵向和横向交汇的工作而言，指令来自于纵向和横向两个工作部门，指令源为两个。当纵向和横向工作部

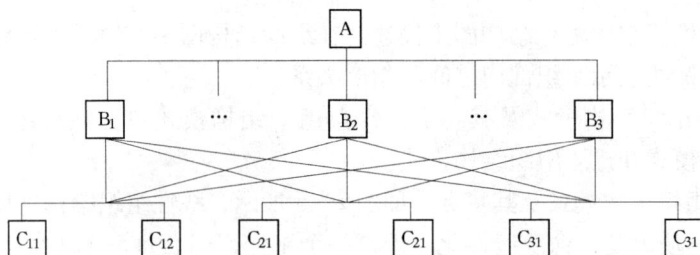

图2-6　职能组织结构模式示意图

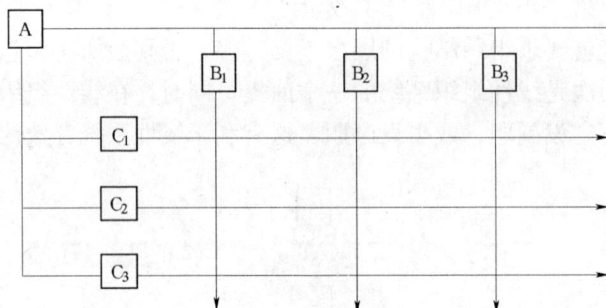

图2-7　矩阵组织结构模式示意图

门的指令发生矛盾时，由该组织系统的最高指挥者（部门），即图2-7中的A进行协调或决策。

在矩阵组织结构模式中为避免纵向和横向工作部门指令矛盾对工作的影响，可以采用以纵向工作部门指令为主，也可采用以横向工作部门指令为主，这样可减轻该组织系统的最高指挥者（部门）的协调工作量。除此以外，应该强调纵向工作部门和横向工作部门的良好沟通，以及明确的规章制度。

（2）项目组织结构设计/选择的原则。根据组织论基本原理，建立好一个组织的基本原则包括：组织适应环境原则、目标统一原则、统一指挥原则、有效管理幅度和合理分层原则、分工协作原则、合理授权和权责相符原则、信息传递灵活方便原则以及精干高效原则等。对于一个大型建设项目，进行项目组织结构策划时，上述基本原则可以具体化为以下要求：

1）力求项目管理决策路径短。在项目实施过程中，各管理层面的项目经理的决策体现了项目管理工作对项目实施过程的控制。为了提高项目管理的工作效率，项目管理的决策路径应尽可能短，在满足有效管理跨度的条件下项目管理的结构层次应尽可能少。

2）力求对项目目标的整体控制。所谓对项目目标的整体控制，是指对项目或子项目实施全过程的控制。因为项目实施全过程中的各个阶段之间存在密切的技术和经济的联系，所以针对项目或子项目设置全过程的项目管理班子，有利于保持项目目标控制的连续性，从而有利于实现项目管理组织的目标。但是，要实现对项目目标的整体控制，对项目经理提出了更高的要求。如果项目经理具有足够的全过程项目管理的知识和经验，采用按项目分解结构设置项目经理有利于项目整体目标的实现，并有利于发挥项目经理的能力。

3）有利于发挥专业优势。项目管理工作具体依赖组织中各层面和各部门管理人员完成。由于各管理人员客观上拥有专门领域内的知识和经验，应体现发挥专业优势的原则，以有利于提高项目管理的工作质量和效果。由于建筑业的特殊性，设计（管理）专业人员和施工（管理）专业人员在专业知识和经验方面往往是"分离的"，因此采用按设计和施工两阶段分开设置不同专业的项目经理及配置相关专业的管理人员，将有利于发挥管理人员的专业优势。

4）高效地利用项目管理资源。项目管理资源主要指参与项目管理组织中的管理部门和管理人员。高效地利用项目管理资源原则要求在服从由项目管理组织部门所决定的管理工作需要的前提下，组织更加精干。纵向力求减少管理层面，横向力求精简项目经理的设置及其职能管理部门的人员。

5）力求组织结构具有灵活性和适应性。应充分考虑项目组织结构的灵活性，力求能随着项目管理工作进展的需要而增减管理部门。

（3）影响项目组织结构设计/选择的因素。从业主方来说，影响项目组织结构选择的因素有：工程项目的规模和特点、技术的难易和复杂程度、建设工期的长短、人力资源的条件、合同结构、项目管理方式和发包方式等。

2. 任务分工策划

在项目组织结构策划完成后，应对各组织部门或个体的主要职责进行分工。项目管理任务分工就是对项目组织结构的说明和补充，将组织结构中各部门或个体的职责进行细化扩展，和它也是项目组织策划的重要内容。项目管理任务分工体现组织结构中各部门或个体的职责任务范围，从而为各部门或个体指出工作的方向，将多方向的参与力量整合到同一个有利于项目开展的合力方向。

项目任务分工是在项目任务分解的基础上而进行的，通常用任务分工表描述。在项目管理任务分工表中应明确各项工作任务由哪个工作部门（或个人）负责，由哪些工作部门（或个人）配合或参与。无疑，在项目的进展过程中，应视必要对管理任务表进行调整。

[案例2-7] 某大型公共建筑工程项目任务分工策划

　　某大型公共建筑属国家重点工程，在项目实施的初期，项目管理咨询公司将该项目的工作任务划分成26大项，进而编制了这26大项任务的分工表，见表2-3。

表2-3　　　　　　　　　　某大型公共建筑的管理任务分工表

编号	工作项目	经理室、指挥部室	技术委员会	专家顾问组	办公室	总工程师室	综合部	财务部	计划部	工程部	设备部	运营部	物业开发部
1	人事	☆					△						
2	重大技术审查决策	☆	△	○	○	△	○	○	○	○	○	○	○
3	设计管理			○		☆			○	△	○		
4	技术标准			○		☆				△	○		
5	科研管理			○		☆							
6	行政管理				☆	○	○			○			
7	外事工作			○	☆					○			
8	档案管理			○	☆						○		
9	资金保险						○	☆					
10	财务管理						○	☆					
11	审计						☆		○				
12	计划管理						○		☆	△	△		
13	合同管理						○		☆	△	△		
14	招投标管理			○					☆	△			
15	工程筹划			○						☆	○		
16	土建评定项目管理			○						☆			
17	工程前期工作			○					○	☆	○		○
18	质量管理			○			△			☆	△		
19	安全管理					○	○			☆	△		
20	设备选型		△								☆	○	
21	设备材料采购							○	○	△	△		☆
22	安装工程项目管理			○					○	△	☆	○	
23	运营准备									△	△	☆	
24	开通、调试、验收			○		△				△	☆	△	
25	系统交接			○	○		○	○	○	☆	☆	☆	
26	物业开发			○			○	○	○	○	○	○	☆

　注　☆—主办；△—协办；○—配合。

　　（资料来源：丁士昭. 工程项目管理. 北京：中国建筑工业出版社，2006）

3. 管理职能分工策划

管理职能分工是指针对一项工作任务，组织中各任务承担者管理职能上的分工。管理职能分工与任务分工一起统称为组织分工，是组织结构策划的又一项重要内容。

对于一般的管理过程，其管理工作即管理职能都可分为策划（Planning）、决策（Decision）、执行（Implement）、检查（Check）这四种基本职能。管理职能分工通常用表的形式反映项目管理班子内部项目经理、各工作部门和各工作岗位对各项工作任务的项目管理职能分工。

[案例2-8] 苏黎世机场建设工作管理职能分工策划

表2-4是苏黎世机场建设工作的管理职能分工表，它将管理职能分成7个，即决策准备、决策、执行、检查、信息、顾问和了解。从表2-4可看出，每项任务都有工作部门或个人负责决策准备、决策、执行和检查。

表2-4　　　　　　　苏黎世机场建设工作管理职能分工表

编号	工作任务	项目建设委员会	项目建设委员会成员	机场经理会	机场经理会成员	机场各部门负责人	工程项目协调部门	工程项目协调工程师	工程项目协调组
1	总体规划的目的/工期/投资	E	BKo	Ke	Ke	Ke	—	—	—
2	组织方面的负责	E	BKo	Ke	Ke	Ke	—	—	—
3	投资规划	E	BKo	Ke	Ke	Ke	—	—	—
4	长期的规划准则	E	Ko	BKe	BKe	DI	B	B	—
5	机场—机构组成方面的问题	E	B	Ke	Ke	Ke	—	—	—
6	总体经营管理	E	B	Ke	Ke	PKe	—	—	—
7	有关设计任务书、工期与投资的控制检查	Ko	Ko	DI	DI	I	—	—	—
8	与机场有关的其他项目	Ke	Ke	E	IKo	P	BKo	BKo	Ke
9	施工方面有关技术问题的工作准则	—	—	E	BIKo	B	Ke	PKo	Ke
10	施工方面有关一般行政管理与组织的工作准则	—	—	E	BIKo	B	PKo	BKo	
11	投资分配	Ke	Ke	E	B	B	Ke	P	
12	设计任务书及工期计划的改变	Ke	Ke	E	B	D	BKo	BKo	
13	施工现场场地分配	—	—	E	B	D	PD	BKo	

续表

编号	工作任务	项目建设委员会	项目建设委员会成员	机场经理会	机场各部门会成员	机场各部门负责人	工程项目协调部门	工程项目协调工程师	工程项目协调组
14	总协调	Ke	Ke	BKo	D	D	D	D	
15	总体工程项目管理组织各岗位人员的确定	Ke	Ke	BKo	ED	Ke	BKe	BKe	
16	对已批准的设计建设规划的监督	Ke	Ke	Ko	Ko	D	D	D	
17	对已批准的工期计划的监督	Ke	Ke	Ko	Ko	Ke	D	D	
18	设计监督	Ke	Ke	Ko	Ko	Ke	BKe	BKe	
19	在工程项目管理组织内部信息	—	—	Ko	D	D	D	D	

注 P—决策准备；Ko—检查；B—顾问；E—决策；I—信息；D—执行；Ke—了解。

（资料来源：丁士昭．工程项目管理．北京：中国建筑工业出版社，2006）

在实践中，为了区分业主方和代表业主利益的项目管理方和工程建设监理方等的管理职能，通常也用管理职能分工表表示。

需要注意的是，进行项目管理任务和管理职能的分工时，项目管理各任务之间应保持清晰的界面，处理好项目决策职能的集权和分权关系，并保证执行和检查职能由不同部门承担。项目管理各项任务（工作）都应落实相应的项目管理部门，即项目管理组织结构的最底层管理部门承担的任务范围的总和应覆盖整个建设项目管理的任务。除此之外，每项任务的责任者应明确，不应多人或多个部门负责，否则将产生"人人有责即人人无责"的不良后果。

4. 管理工作流程策划

项目管理工作流程策划是指针对特定的项目管理工作，识别项目管理活动，确定其顺序，并由此确定承担活动的职能部门（或参与者）和信息传递关系的过程。

项目管理活动、项目管理活动开展顺序、项目管理活动参与者和项目管理活动信息内容及其流向4个方面，是一个项目管理工作流程组织的要素。项目管理工作流程中各项目管理活动的开展存在着时间上、逻辑上以及特定要求的先后顺序，这种顺序主要遵循管理循环原理和动态控制原理。但是，有些活动之间的顺序可以根据特定条件来确定，比如CM方式和采用施工总包方式的招标发包管理工作流程是不同的。

在实践中，项目管理工作流程通常用图的形式表示，如图2-8所示。工作流程图用矩形框表示工作，如图2-8（a）所示，箭线表示工作之间的逻辑关系，菱形框表示判别条件。也可用两个矩形框分别表示工作和工作的执行者，如图2-8（b）所示。

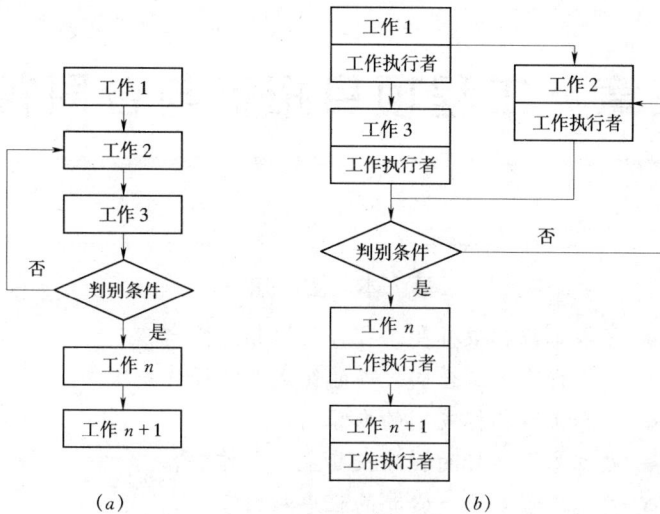

图 2-8 工作流程图

(资料来源：丁士昭. 工程项目管理. 北京：中国建筑工业出版社, 2006)

复 习 思 考 题

1. "小项目大讨论、大项目小讨论、重大项目不讨论"，近年来政府投资领域频现因决策失误而导致重大经济损失的新闻报道。针对国内政府投资领域的此种现象，你认为深层次原因是什么？能否就政府投资项目决策机制问题提出自己的对策建议？

2. 当工程项目进度要求十分紧迫时，你认为应当如何解决进度要求与决策程序之间的矛盾？

3. 随着人们对生态环境的日益重视，工程项目建设的生态补偿十分必要，请问生态补偿对工程项目的可行性研究结论有何影响？政府在生态补偿中应起到什么作用？

4. 工程项目采购和合同策划主要包含哪些内容？影响业主方项目管理方式、工程项目发包方式选择的因素有哪些？

5. 目前在我国应用 PM、EPC 等方式还有哪些方面需要进行配套改革？

6. PPP 融资模式下，政府可能会面临哪些风险？

7. 社会评价的主要作用是什么？其主要包含哪些内容？常采用的评价方法有哪些？

8. 试分析工程项目组织对项目施工合同管理、项目控制的影响。

第三章   工程项目招标与合同管理

基 本 要 求

◆ 掌握工程招投标和工程合同的相关概念

◆ 掌握标准施工合同文本的组成及解释优先次序

◆ 熟悉工程招标策划的内容

◆ 熟悉工程招标的程序及其主要工作内容

◆ 熟悉工程变更、索赔的程序和内容

◆ 了解工程招标资格预审和评标的一般方法

◆ 了解工程施工合同管理的一般问题

招标投标（Bid Invitation/Tendering and Bidding）是在市场经济条件下进行大宗货物的买卖、建设工程发包与承包，以及工程咨询/工程采购采用的一种交易方式。在这种交易方式下，通常是由工程（包括工程实体、货物、服务）的采购方作称为招标人或业主方；有意提供采购所需货物、工程施工或服务项目的供应商或承包人作称为投标人。投标人向招标人书面提出自己的报价/要价及其他响应招标要求的条件，参加获取货物供应、承包工程或咨询服务的竞争；招标人对各投标人的报价及其他条件进行审查比较后，从中择优选定中标者，并与其签订交易合同。建设工程交易具有先订货、后生产的特点，工程交易过程和生产过程相交织。因此，交易合同管理是业主方工程项目管理的核心内容。

第一节   工程项目招标及其计划

一、招标方式分类及其选择

1. 招标方式分类

按招标信息发布的形式和范围的不同，常将招标方式分为公开招标和邀请招标两种。

（1）公开招标（Open Tendering/Public Invitation），亦称无限竞争性招标（Unlimited Competitive Tendering），是指招标人以招标公告的方式邀请不特定的法人或者其他组织投标的招标方式。它由招标人按照法定程序，在公开出版物上发布或者以其他公开方式发布招标公告，所有符合条件的承包人都可以平等参加投标竞争，招标人从中择优选择中标者。

（2）邀请招标（Selective Tendering/Invited Bidding），又称有限竞争性招标（Limited Competitive Tendering），是指招标人以投标邀请书的方式邀请特定的法人或者其他组织投标，接到投标邀请书的法人或者其他组织才能参加投标的一种招标方式，其他潜在的投标人则被排斥在投标竞争之外。邀请招标必须向 3 个以上的潜在投标人发出邀请。

2. 招标方式的选择

公开招标与邀请招标的主要区别主要在于：①发布信息的方式不同。公开招标采用公告的形式发布，邀请招标采用投标邀请书的形式发布。②选择的范围不同。公开招标针对的是一切潜在的对招标项目感兴趣的法人或其他组织，招标人事先不知道投标人的数量；邀请招标针对的是招标人已经了解的法人或其他组织，而且事先已经知道投标人的数量。③竞争的范围不同。由于公开招标使所有符合条件的法人或其他组织都有机会参加投标，竞争的范围较广，竞争性体现得也比较充分，招标人拥有绝对的选择余地，容易获得最佳招标效果；邀请招标中投标人的数目有限，竞争的范围有限，招标人拥有的选择余地相对较小，有可能提高中标的合同价，也有可能将某些在技术上或报价上更有竞争力的供应商或承包商遗漏。④公开的程度不同。公开招标中，所有的活动都必须严格按照预先指定并为大家所知的程序和标准公开进行，大大减少了作弊；相比而言，邀请招标的公开程度逊色一些，产生不法行为的机会也就多一些。⑤时间和费用不同。由于邀请招标不发公告，招标文件只送几家招标人比较了解的单位，使整个招投标的时间大大缩短，招标费用也相应减少。公开招标的程序比较复杂，耗时较长，费用也比较高；同时参加投标的单位可能鱼龙混杂，增加了评标的难度。

由此可见，两种招标方式各有千秋，因此招标方式存在选择问题，应在招标准备阶段进行认真研究。

[案例 3－1] 《中华人民共和国招标投标法》对工程招标范围的相关规定

《中华人民共和国招标投标法》第三条中，对工程招标范围作了如下规定：

在中华人民共和国境内进行下列工程建设项目包括项目的勘察、设计、施工、监理以及与工程建设有关的重要设备、材料等的采购，必须进行招标：

（1）大型基础设施、公用事业等关系社会公共利益、公众安全的项目；

（2）全部或者部分使用国有资金投资或者国家融资的项目；

（3）使用国际组织或者外国政府贷款、援助资金的项目。

前款所列项目的具体范围和规模标准，由国务院发展计划部门会同国务院有关部门制订，报国务院批准。

法律或者国务院对必须进行招标的其他项目的范围有规定的，依照其规定。

[案例 3 - 2]　《工程建设项目施工招标投标办法》对工程招标方式选择的相关规定

国家七部委颁布的《工程建设项目施工招标投标办法》，对工程招标方式选择作了下列规定：

（1）国务院发展计划部门确定的国家重点建设项目和各省、自治区、直辖市人民政府确定的地方重点建设项目，以及全部使用国有资金投资或者国有资金投资占控股或者主导地位的工程建设项目，一般要求公开招标；有下列情形之一的，经批准可以进行邀请招标：

1）项目技术复杂或有特殊要求，只有少量几家潜在投标人可供选择的；

2）受自然地域环境限制的；

3）涉及国家安全、国家秘密或者抢险救灾，适宜招标但不宜公开招标的；

4）拟公开招标的费用与项目的价值相比，不值得的；

5）法律、法规规定不宜公开招标的。

国家重点建设项目的邀请招标，应当经国务院发展计划部门批准；地方重点建设项目的邀请招标，应当经各省、自治区、直辖市人民政府批准。全部使用国有资金投资或者国有资金投资占控股或者主导地位的并需要审批的工程建设项目的邀请招标，应当经项目审批部门批准，但项目审批部门只审批立项的，由有关行政监督部门批准。

（2）需要审批的工程建设项目，有下列情形之一的，由上文规定的审批部门批准，可以不进行施工招标：

1）涉及国家安全、国家秘密或者抢险救灾而不适宜招标的；

2）属于利用扶贫资金实行以工代赈需要使用农民工的；

3）施工主要技术采用特定的专利或者专有技术的；

4）施工企业自建自用的工程，且该施工企业资质等级符合工程要求的；

5）在建工程追加的附属小型工程或者主体加层工程，原中标人仍具备承包能力的；

6）法律、行政法规规定的其他情形。

不需要审批但依法必须招标的工程建设项目，有前款规定情形之一的，可以不进行施工招标。

通过以上的规定可以看出，当前在我国采用招标方式订立工程项目合同是惯例，不招标是特例；而在招标方式的选择中，选用公开招标是惯例，邀请招标是特例。

二、工程招标程序

工程招标一般程序如图 3 - 1。

[案例 3 - 3]　东深供水改造工程招投标过程

东深供水改造工程招投标过程如图 3 - 2 所示。

三、工程项目标段划分

工程项目标段划分，亦称工程分标，是工程招标中的首要工作。工程招标可针对一个工程项目，也可将一个工程项目分解为若干部分，如将一个工程分为若干个单位工程，然后分别招标，这即为工程分标。相应地，该单位工程称为一个工程标段。一个工程的若干标段可以同时招标，也可以分批招标；可以由数家承包人分别承包若干标段，也可由一个承包人承包一个工程的所有标段；同一工程中不同的标段可采用不同招标方式，也可采用相同招标方式。这些均决定于工程项目的规模、技术复杂程度、工期长短、工程建设环境等方面因素。

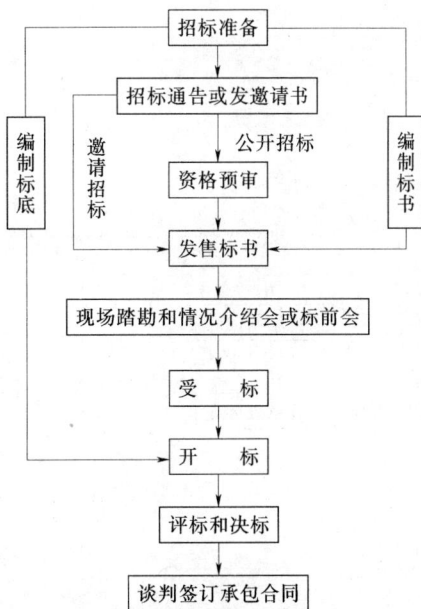

图 3 - 1　工程项目招标一般程序

1. 工程分标影响因素

工程分标考虑的主要因素有：

（1）工程特点和施工特点。对施工场地集中、工程量不大、技术上不复杂的工程，可不分标，让一家承包，以便于管理；但对工地场面大、工程量大，有特殊技术要求的工程，应考虑分标。如高速公路不仅施工战线长，而且工程量大，应根据沿线地形、河流、城镇和居民情况等对土建工程进行分标，而道路监控系统则又可是一独立的标。

招标人　　　　　　　　投标人

阶段	招标人	投标人

招标准备阶段

招标策划，组建机构

招标准备

招标单位组织专家对招标文件审查 ← 编制招标文件

主管部门核准 ← 申请招标

发布招标公告 ← 了解招标信息

资格预审 ← 填报资审文件

确定投标人短名单 ← 确定投标意向

招标投标阶段

发售招标文件 → 购买、研究招标文件

组织现场勘察 → 参加现场勘察

委托编制标底

提出要求澄清问题

委托审查标底

召开标前会、招标答疑 ← 参加标前会

确定策略、编制投标文件

接受投标文件 ← 递交投标文件

在交易中心专家库抽取评标专家

评标专家打标底浮动率 ← 召开评标专家标前会

评标定标阶段

公开开标 ← 参加开标会议

工程交易中心封存标底和专家浮动率

评　标

开启标底与浮动率、定标 ← 参加定标会议

发中标通知书

主管部门备案 ← 招标情况报告

办理有关手续

合同谈判 ← 参加合同谈判

签订合同

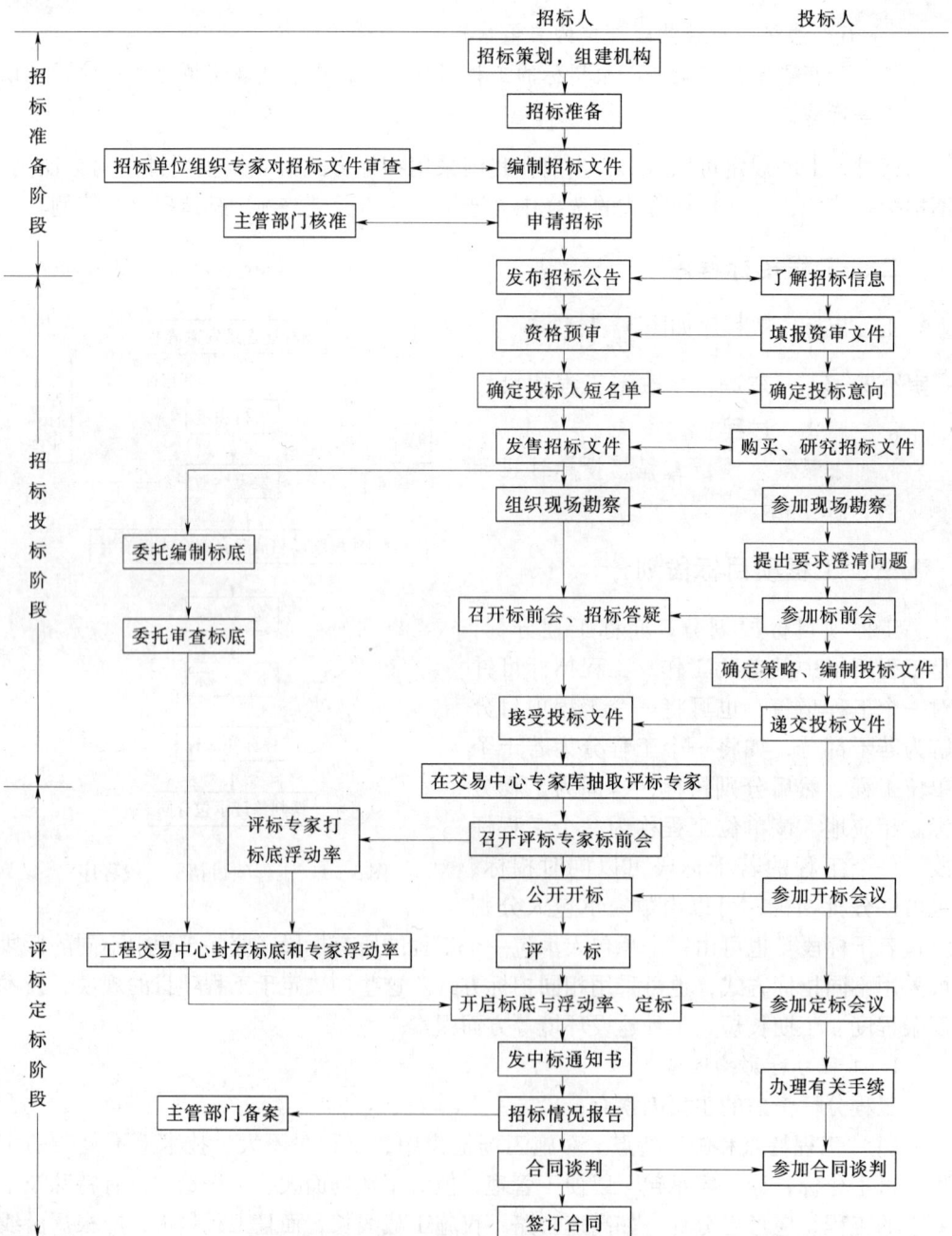

图3-2　东深供水改造工程招投标过程图

注　标底形成及评标的全过程在全封闭和纪检监察部门监督下进行。

（2）对工程造价的影响。大型、复杂的工程项目，如大型水电站工程，对承包人的施工能力、施工经验、施工设备等有较高的要求。在这种情况下，如不分标，就有可能使有资格参加此项工程投标的承包人数大大减少，竞争对手的减少必然导致报价的上涨，业主得不到比较合理的报价。而分标后，就可避免这种情况，让更多的承包人参加投标竞争。

（3）施工进度安排。施工总进度计划安排中，施工有时间先后的子项工程可考虑单独分标。而某些子项工程在进度安排中是平行作业，则先考虑施工特性、施工干扰等情况，然后决定是否分标。

（4）施工现场的地形地貌和主体建筑物的布置。应考虑对施工现场的管理，尽可能避免承包人之间的相互干扰，对承包人的现场分配，包括生活营地、附属厂房、材料堆放场地、交通运输道路、弃渣场地等，要进行细致而周密的安排。

（5）资金筹措的情况。资金不足时，可以先部分工程招标；若为国际工程，外汇不足时，则将部分工程改为国内招标。

2. 工程分标的一般原则

（1）各子项工程施工特性差异大时，尽量使每个子项工程单独招标，做到专业化施工。

（2）根据总进度安排，对某些独立性较强，且又制约着其他工程的子项工程宜首先进行单独招标，这对加快工程进度具有重要作用。

（3）根据施工布置，相邻两标的施工干扰尽量要少，相邻两标的交接处要有明显的实物标记，前后两标要有明确交接日期和实物标记，以减少相邻标的矛盾和合同纠纷。

（4）标分得较多时一般能更多地降低合同价，但会给业主增加管理工作量，同时施工干扰也必然会增加，因此在分标时必须统筹考虑。

分标完成后，就可选择合同的类型。施工承包合同的形式繁多、特点各异，业主应综合考虑确定合同类型。具体内容可参见工程项目合同管理相关部分。

四、合同类型及其选择

1. 合同类型

对工程交易合同可从不同角度，将其分为不同类型。依计价方式的不同，可将工程合同分为：

（1）总价合同（Lump Sum Contract）。总价合同是指在合同中确定一个完成项目的总价，承包单位据此完成项目全部内容的合同。这种合同类型能够使建设单位在评标时易于确定报价最低的承包人、易于进行支付计算。但这类合同仅适用于工程量不太大且能精确计算、工期较短、技术不太复杂，风险不大的项目。因而采用这种合同类型要求建设单位必须准备详细而全面的设计图纸（一般要求施工详图）和各项说明，使承包人能准确计算工程量。总价合同又可分：①固定价总价合同（固定总价合同）。这种合同以图纸和工程说明为依据，按照商定的总价进行承包，并一笔包死。在合同执行过程中，除非业主要求变更原定的承包内容，否则承包人不得要求变更总价。这种合同方式一般适用于工程规模较小，技术不太复杂，工期较短，且签订合同时已具备详细设计文件的情况。②可调价总价合同。在招标及签订合同时，以设计图纸及当时的市场价格计算签订总价合同，但在合同条款中双方商定，若在执行合同过程中由于发生合同内约定的风险，如物价上涨，引起工料成本增加时，合同总价应相应调整，并规定了调整方法。这时业主承担了物价上涨这一不可预测费用因素的风险。这种合同方式一般适用于工期较长，通货膨胀率难以预测，但现场条件较为简单的工程项目。

（2）单价合同（Unit Price Contract）。单价合同是承包人在投标时，按招标文件就分部分项工程所列出的工程量清单确定各分部分项工程费用的合同类型。这类合同的适用范围比较宽，其风险可以得到合理的分摊，并且能鼓励承包人通过提高工效等手段从成本节约中提高利润。这类合同能够成立的关键在于双方对单价和工程量计算方法的确认。在合同履行中需要注意的问题则是双方对实际工程量计量的确认。可分为：①固定价单价合同，即单价在合同约定的风险范围内（一般主要指市场价格波动、政策法规变化等风险）不可调整。②可调价单价合同即单价在合同实施期内，根据合同约定的办法在约定的风险范围内调整。单价合同又可分为：①估计工程量单价合同。这种合同要求承包人投标时按工程量表中的估计工程量为基础，填入相应的单价作为报价。合同总价是根据结算单中每项的工程数量和相应的单价计算得出，但合同总价一般不是支付工程款项的最终金额，因单价合同中的工程数量是一估计值。支付工程款项应按实际发生工程量计，但当实际工程量与估计工程量相差过大，超过规定的幅度时，允许调整单价以补偿承包人。②纯单价合同。这种合同方式的招标文件只给出各分项工程内的工作项目一览表、工程范围及必要说明，而不提供工程量。承包人只要给出各项目的单价即可，将来实施时按实际工程量计算。

（3）实际成本加酬金类合同。这类合同在实际中又有下列几种衍生类型：

1）实际成本加固定费用合同（Cost Plus Fixed-Fee Contract）。这种合同的基本特点是以工程实际成本，加上商定的固定费用来确定业主应向承包人支付的款项数目。这种合同方式主要适用于开工前对工程内容尚不十分确定的情况。

2）实际成本加百分比合同（Cost Plus Percentage-of-Cost Contract）。这种合同的基本特点是以工程实际成本加上实际成本的百分数作为付给承包人的酬金。这种合同方式不能鼓励承包人关心缩短建设工期和降低施工成本，因此较少采用。

3）实际成本加奖金合同（Cost Plus Incentive-Fee Contract）。这种合同的基本特点是先商定一个目标成本，另外规定一个百分数作为酬金。最后结算时，若实际成本超过商定的目标成本，则减少酬金；若实际成本低于商定的目标成本，则增加酬金。这种合同方式鼓励承包人关心缩短建设工期和降低施工成本，业主和承包人均不会有太大的风险，因此采用得较多。但目标成本的确定常比较复杂。

（4）混合型合同（Mixed Contract）。它是指有部分固定价格、部分实际成本加酬金合同和阶段转换合同形式的情况。前者是对重要的设计内容已具体化的项目采用得较多，而后者对次要的、设计还未具体化的项目较适用。

2. 合同类型选择的依据

招标工程合同类型的选择取决于工程项目的具体内容、工程项目的性质、业主和承包人双方的兴趣及合作基础、项目复杂程度及项目客观条件、项目风险程度等多种因素。一般而言，合同类型选择需考虑下列因素。

（1）业主和承包人的意愿。业主从自己的角度出发，一般都希望自己少承担风险，简化管理手续，并期望通过各种合同条件将项目目标、责任及约束条件由承包人全部承担下来。因此，许多业主对固定总价合同更感兴趣。从承包人角度出发，一般都不愿对大型复杂项目搞总价包死的合同，以免承担过大风险。若业主坚持搞固定总价合同，承包人往往把风险应变费和盈利打得很高，以应付可能出现的风险。

（2）工程项目规模和复杂程度。一般而言，项目规模越大，技术越复杂，越难于采用固定价总价的合同，因为承包人要为此承担全部风险。从业主角度看，则刚好相反。

（3）工程项目的明确程度和设计深度。总价合同要求工程细节明确，单价合同要求工程设计具有一定的深度，以便准确地估算工程成本。若工程细节不够明确，设计没有达到一定深度，则一般采用成本加酬金合同较合适。

（4）工程进度的紧迫程度。工期要求过紧的项目一般不宜采用总价合同。这种项目由于仓促上马，图纸不全，准备不充分，实施中变更频繁，很难以固定价格成交，多采用成本加酬金合同。

（5）项目竞争激烈程度和市场供求状况。当建筑承包市场呈现供过于求的买方市场时，业主对合同类型的选择拥有较大主动权。由于竞争激烈，承包人只能尽量满足业主意愿。相反，若施工任务多于施工力量，或承包人对项目某种特殊技术处于垄断地位，则承包人对合同类型选择起主导作用。

（6）项目外部因素和风险。项目实施要受到项目外部条件和环境的影响，当项目外部风险较大时，大型项目一般难于采用总价合同。比如通货膨胀率较高、政局不稳或者气候恶劣地区，由于物价、政治和自然条件多变，可能导致项目风险加大，承包人一般难以接受固定总价合同，因为这些不可控因素可能导致项目成本大幅度上升。

五、评标机制及其选择

1. 评标机制

评标机制，是指在众多投标人/投标文件中，确定中标人，即选定承包人的机制。目前常见的工程评标机制/方法有：

（1）专家评议法。由评标委员会根据预先确定拟评定的内容，如工程报价、合理工期、主要材料消耗、施工方案、工程质量和安全保证措施等项目，经过认真分析、横向比较和调查后进行综合评议。最终通过协商和投票，选择各项都较优良的投标人作为中标候选人推荐给业主。这种方法实际上是一种定性的优选法，虽然能深入地听取各方面的意见，但容易发生众说纷纭、意见难以统一的情况。而且由于没有进行量化评定和比较，评标的科学性较差。其优点是评标过程简单，在较短时间内即可完成。

（2）综合评分法。评标委员会事先根据招标项目特点将准备评审的内容进行分类，各类内容再细划成小项，并确定各类及小项的评分标准。

（3）最低评标价法。以评审价格（或称评标价）作为衡量标准，选取最低评标价者作为推荐中标人。评标价并非投标价，它是将一些因素折算为价格，然后再评定标书次序。由于很多因素不能折算为价格，如施工组织机构、管理体系、人员素质等，因此采用这种方法必须建立在严格的资格预审基础上；只要投标人通过了资格预审，就被认为已具备可靠承包人的条件，投标竞争只是一个价格的比较。投标人的报价，虽然是评标价的基本构成要素，但如果发现有明显漏项时，可相应地补项而增加其报价值。如某项税费在报价单内漏项，可将合同期内按规定税率计算的应交纳税费加入其报价内。评标价的其他构成要素还包括工期的提前量、标书中的优惠条件、技术建议产生的经济效益等，这些条件都折算成价格作为评标价内的扣减因素。

（4）最低报价法。即投标价最低的投标人中标，但投标价低于成本者除外。

[案例 3-4]　《中华人民共和国招标投标法》对评标设计的相关规定

在《中华人民共和国招标投标法》第四十一条中规定，中标人的投标应当符合下列条件之一：

（1）能够最大限度地满足招标文件中规定的各项综合评价标准；

（2）能够满足招标文件的实质性要求，并且经评审的投标价格最低；但是投标价格低于成本的除外。

2. 选择评标机制考虑的因素

当评标工程不需要考虑工程履约过程额外的交易费用时,在投标人通过资格预审,具有承包工程能力的条件下,采用最低报价中标法应该是最合理的;当招标工程需要考虑工程合同履行过程中额外的交易费用时,采用综合评价决标方法较科学。因此,需要针对招标工程的具体情况,设计评标决标方案,而不是搞一刀切,即不能仅制定一套评标决标方案,将其应用于所有工程或一个大型工程的所有施工标段。当招标工程十分简单,如单一的土石方工程,其技术简单,在工程实施过程中工程计量、工程质量控制等方面均较简单,合同履行过程发生争端的可能性也较小。对这种情况,采用最低报价中标法是合理的。反之,对于技术较为复杂的工程,如大型土木工程、大型水电枢纽工程,对承包人的技术要求高,工程质量控制复杂、工程协调也困难,合同履行过程发生争端的可能性也较大,容易发生额外的交易费用,对这种情况,采用综合评标法较为科学。

对于不同的工程项目,工程属性,包括地质条件、技术复杂程度、质量要求等方面的差异性很大,即使是大型工程项目中的不同标段工程属性也有很大的差异。一种被认为是科学合理的评标决标方法,也有一定的适用范围,并不能适合于所有的施工标段。因此,有必要根据工程的具体情况选择适当的评标机制。

(1)简单工程评标决标机制。对于单一的土石工程等简单工程,采用最低报价中标方法比较科学。对于这种情况,需要把握两个基本原则:

1)投标人的基本的企业资质、施工能力和经验、财务能力、企业信誉符合要求。

2)投标报价不能低于工程成本。

(2)复杂工程评标决标机制。对于工程技术及建设环境比较复杂的施工标段,对承包人的施工技术和管理水平、建设经验、诚信度等方面提出了较高要求。这种情况,施工过程中出现较高的额外交易费用的可能性比较大,实现工程目标存在较大的风险。如,若承包人的施工技术和管理水平低下,尽管该承包人主观上努力了,但在工程施工中要保证工程质量,业主方可能会付出合同之外的质量管理、提供技术支持等方面的费用,即工程交易费用;若承包方的技术和经验没问题时,但当其诚信度低时,业主方为防止偷工减料、控制工程质量,可能会支付超出正常情况的监督费用,以及多支付应对承包方道德风险的额外费用。因此,对于技术及建设环境比较复杂的施工标段需要采用综合评标的方法。综合评标,仍可将施工标划分为技术标和商务标两部分。

[**案例3－5**] 交通部《关于改进公路工程施工招标评标办法的指导意见》的要点

在《公路工程国内招标文件范本》(2003年版)的基础上,交通部就改进公路工程施工招标评标办法，提出下列指导意见。

一、合理低价法

1. 方法简介

评标委员会对通过初步评审和详细评审的投标文件，按其投标价得分由高到低的顺序，依次推荐前3名投标人为中标候选人（当投标价得分相等时，以投标价较低者优先）。在评标时，一般按照投标价得分由高到低的顺序，对投标文件进行初步评审和详细评审，对存在重大偏差的投标文件按废标处理。对施工组织设计、投标人的财务能力、技术能力、业绩及信誉不再进行评分。

为防止哄抬标价，招标人可以设定投标控制价上限，由招标人自行编制或委托有资质单位编制，并在开标前公布。投标价超出招标人控制价上限的，视为超出招标人的支付能力，作废标处理。

在开标现场，宣读完投标人的投标价后，应当场计算评标基准价。评标基准价的计算一般有两种方式，一是采用所有被宣读的投标价的平均值（或去掉一个最低值和一个最高值后的算术平均值），并对所有不高于平均值的投标人的投标报价进行二次平均，作为评标基准价；二是计算所有被宣读的投标价的平均值（或去掉一个最低值和一个最高值后，取算术平均值），将该平均值下降若干百分点（现场随机确定）作为评标基准价。评标基准价在整个评标期间保持不变，不随通过初步评审和详细评审的投标人的数量发生变化。

投标人的投标价等于评标基准价者得满分，高于或低于评标基准价者按一定比例扣分，高于评标基准价的扣分幅度应比低于评标基准价的扣分幅度大。

评标基准价的计算方法和评分方法应在招标文件中载明。

2. 适用范围

除技术特别复杂的特大桥和长大隧道工程外，采用合理低价法进行评标。

3. 应注意的问题

招标人在出售招标文件时，应同时提供"工程量清单的数据应用软件盘"，"工程量清单的数据应用软件盘"中的格式、工程数量及运算定义等应保证投标人无法修改。投标人只需填写各细目单价或总额价，即可自动生成投标价，评标阶段无需进行算术性复核。

二、最低评标价法

1. 方法简介

评标委员会按评标价由低到高顺序对投标文件进行初步评审和详细评审，推荐通过初步评审和详细评审且评标价最低的前三个投标人为中标候选人。若评标委员会发现投标人的评标价或主要单项工程报价明显低于其他投标人报价或者在设有标底时明显低于标底（一般为 15% 以下）时，应要求该投标人做出书面说明并提供相关证明材料。如果投标人不能提供相关证明材料证明该报价能够按招标文件规定的质量标准和工期完成招标工程，评标委员会应当认定该投标人以低于成本价竞标，作废标处理。

如果投标人提供了证明材料，评标委员会也没有充分的证据证明投标人低于成本价竞标，为减少招标人风险，招标人有权要求投标人增加履约保证金。一般在确定中标候选人之前，要求投标人做出书面承诺，在收到中标通知书 14 天内，按照招标文件规定的额度和方式提交履约担保。履约担保增加幅度建议如下：

（1）当 $(A-B)/A \leqslant 15\%$ 时，履约担保为 10% 合同价的银行保函。

（2）当 $15\% < (A-B)/A \leqslant 20\%$ 时，履约担保为 10% 合同价的银行保函加 5% 合同价的银行汇票。

（3）当 $20\% < (A-B)/A \leqslant 25\%$ 时，履约担保为 10% 合同价的银行保函加 10% 合同价的银行汇票。

（4）当 $25\% < (A-B)/A$ 时，履约担保为 10% 合同价的银行保函加 15% 合同价的银行汇票。

其中：B 为中标候选人的评标价；A 为招标人标底或所有投标人评标价的平均值。

若投标人未做出书面承诺或虽承诺但未按规定的时间和额度提交履约担保，招标人可取消其中标资格或宣布其中标无效，并没收其投标担保。

2. 适用范围

使用世界银行、亚洲开发银行等国际金融组织贷款的项目和工程规模较小、技术含量较低的工程采用最低评标价法进行评标。

3. 应注意的问题

为防止投标人以低于成本价抢标，并减少由于低价中标带来的实施阶段的问题，建议招标人设立标底，严格控制低价抢标行为，标底应在开标时公布；在签订合同时要特别明确施工人员、设备的进场要求、工程进度要求，以及违约责任和处理措施。

三、综合评估法

1. 方法简介

评标委员会对所有通过初步评审和详细评审的投标文件的评标价、财务能力、技术能力、管理水平以及业绩与信誉进行综合评分，按综合评分由高到低排序，推荐综合评分得分最高的三个投标人为中标候选人。

根据招标项目的不同特点，可采用有标底招标和无标底招标两种形式：

（1）有标底方式。标底应在开标时公布，在评标过程中仅作为参考，不能作为决定废标的直接依据。评标价得分计算方法如下：

计算所有通过初步评审和详细评审的投标文件的评标价的平均值，将标底同评标价的平均值进行复合，得到复合标底；将复合标底下降若干百分点（现场随机确定）作为评标基准价，投标人的评标价等于评标基准价得满分，高于或低于评标基准价按不同比例扣分。

（2）无标底方式。评标价得分计算方法如下：

计算所有通过初步评审和详细评审的投标文件的评标价的平均值，将该平均值下降若干百分点（现场随机确定）作为评标基准价，投标人的评标价等于评标基准价得满分，高于或低于评标基准价按不同比例扣分。

高于评标基准价者扣分幅度应比低于评标基准价者的扣分幅度大，具体比例应在招标文件中规定。

2. 适用范围

本办法仅适用于技术特别复杂的特大桥梁和长大隧道工程。

3. 应注意的问题

为控制投标报价，建议招标人设立标底，或设定投标控制价上限。设立标底的，中标人应采取有效措施，确保开标前的标底保密。

四、双信封评标法

1. 方法简介

要求投标人将投标报价和工程量清单单独密封在一个报价信封中，其他商务和技术文件密封在另外一个信封中。在开标前，两个信封同时提交给招标人。评标程序如下：

（1）第一次开标时，招标人首先打开商务和技术文件信封，报价信封交监督机关或公证机关密封保存。

（2）评标委员会对商务和技术文件进行初步评审和详细评审：

1）若采用合理低标价法或最低评标价法，评标委员会应确定通过及未通过商务和技术评审的投标人名单。

2）若采用综合评估法，评标委员会应确定通过及未通过商务和技术评审的投标人名单，并对这些投标文件的技术部分进行打分。

（3）招标人向所有投标人发出通知，通知中写明第二次开标的时间和地点。招标人将在开标会上首先宣布通过商务和技术评审的名单并宣读其报价信封。对于未通过商务和技术评审的投标人，其报价信封将不予开封，当场退还给投标人。

（4）第二次开标后，评标委员会按照招标文件规定的评标办法进行评标，推荐中标候选人。

2. 适用范围

适合规模较大、技术比较复杂或特别复杂的工程，但应按照本指导意见和项目的不同特点，采用合理低价法、最低评标价法或综合评估法。

3. 应注意的问题

采用本办法评标程序比较复杂、时间较长，但可以消除技术部分和投标报价的相互影响，更显公平。特别注意技术评标期间的信息保密和报价信封的保管工作。

[解析]　该指导意见整体上说是合理的、可行的。但合理低价法和综合评估法中，将投标价的平均值或复合标底现场随机下降若干百分点，作为评标基准价，这是不科学的。应根据相关影响因素，如竞争程度，由评标专家在现场确定下降若干百分点。

第二节　工程项目招标实施

一、招标文件编制

招标人应当根据工程项目的特点和需要编制招标文件。一般招标文件的主要内容有：

（1）投标邀请书（Invitation to Bids）。投标邀请书一般应说明：业主单位和招标的性质；资金来源；工程概况，如分标情况、主要工程量和工期要求等；承包人为完成本工程所需提供的服务内容，如施工、设备和材料采购等；发售招标文件的时间、地点、售价；投标书送交的地点、份数和截止时间；提交投标保证金的规定额度和时间；开标的日期、时间和地点；现场考察和召开标前会议的日期、时间和地点。

（2）投标人须知（Instruction to Bidders）。投标人须知是指导投标者正确进行投标的文件，它告诉投标者应遵守的各项规定，以及编制标书和投标时所应注意、考虑的问题。有的业主将投标者须知作为正式合同的一部分，有的不作为正式的合同内容，这一点在编制招标文件和签订合同时应注意说明。投标人须知所列条目应清晰、内容明确。一般应包括下列内容：

1）工程项目简介（Project Brief）。包括工程的名称、地理位置，主要建筑物名称、尺寸、工程量、工程分标情况、本合同的范围及与总体工程的关系、资金来源、工期要求等。

2）承发包方式（Contract Approach）。要说明是属于总价承包，还是单价承包或其他方式承包。

3）组织投标者到工程现场勘察（Site Visit）和召开标前会议（Pre-Bid Meeting）的时间、地点及有关事项。

4）填写投标书的注意事项。

5）投标保证（Bid Security）。为了对业主进行必要的保护，招标文件中一般规定"投标必须提供投标保证金"的条款，投标保证金可采用保函的形式。应说明投标保函的金额和有效期、业主可以接受的开出保函的银行等。还应说明未按规定在开标之前随同投标书一并递交投标保函的标，将是无效的，保函金额不足者也将被认为是废标。还应注明未中标者的投标保证书将在对中标者发出接受其标书的通知后多少天（例如 28 天）内或开标后多少天（例如 90 天）内退还给投标人。

6）投标文件的递送（Submission of Bids）方式。

7）投标有效期（Bid Validity）。从截止投标日到公布中标日为止的一段时间均为投标有效期，按照国际惯例，一般为 90～120 天。有效期长短根据招标工程的具体情况而定，要保证有足够的时间供招标单位评标。如为世界银行贷款项目，还需有报世界银行审查批准的时间。投标有效期内，投标人不得变动报价，投标保函的有效期也必须与投标有效期一致。

8）招标人拒绝投标书的权利（Right to Reject Any or All Bids）。业主可以拒绝任何不符合投标人须知要求的投标书。在上述原则不受限制的条件下，业主不承担接受最低报价的标书或任何其他标书的义务。在签订合同前，有权接受或拒绝任何投标，宣布投标程序无效或拒绝所有投标。对因此而受到影响的投标人不负任何责任，也没有义务向投标人说明原因。

9）评标时依据的原则和评审方法（Evaluation and Comparison of Bids）。如怎样进行价格评审，价格以外的其他合同条件的评审标准等。

10）授予合同（Award of Contract）。规定授予合同的标准、授予合同的通知方法、签订合同和提交履约担保等事项。

（3）合同条件（Conditions of Contract），也称合同条款。它主要是规定在合同执行过程中，合同双方当事人的职责范围、权利和义务，监理工程师的职责和授权范围；遇到各类问题，如工程进度、工程质量、工程计量、款项支付、索赔、争议和仲裁等问题时，各方应遵循的原则及采取的措施等。

（4）技术规范（Technical Specifications）。技术规范规定了工程项目的技术要求，也是施工过程中承包人控制质量和监理工程师进行监督验收的主要依据。在拟定或选择技术规范时，既要满足设计要求，保证工程的施工质量，又不能过于苛刻，太苛刻的技术要求必然导致投标者提高投标价格。招标文件中使用的规范一般选用国家部委正式颁布的，但往往也需要由监理工程师主持编制一些适用于本工程的技术要求和规定。规范一般包括：工程所用材料的要求；施工质量要求；工程计量方法；验收标准和规定等。

（5）设计图纸（Drawings）。设计图纸是投标者拟定施工方案、确定施工方法以及提出替代方案、计算投标报价必不可少的资料。图纸的详细程度取决于设计的深度与合同的类型，详细的设计图纸能使投标者比较准确地计算报价。图纸中所提供的各种资料，业主和监理工程师应对其负责，而承包人根据这些资料作出自己的分析与判断，据之拟定施工方案，确定施工方法。但业主和监理工程师对这类分析和判断不负责任。

（6）工程量报价表（Bill of Quantities）。工程量报价表是将合同规定要实施的工程的全部项目和内容按工程部位、性质等列在一系列表内，每个表中既有工程需实施的各个子项目，又有每个子项目的工程量和计价要求，以及每个项目报价和总报价等。后两个栏目留给投标者去填写。工程量报价表为投标者提供了一个共同竞争投标的基础，投标者根据投标要求、工程具体情况和自身的经验，对表中各子项目填报单价或价款，并逐项计算汇总得到投标报价。承包人填报的工程量表中的单价或价格是支付工程月进度款项的依据，也是计算新增项目或索赔项目单价或价格的主要参考数据。

（7）投标书格式和投标保证书格式。投标书是由投标单位充分授权的代表签署的一份投标文件。投标书是对业主和承包人双方均有约束力的合同文件的一个重要组成部分。投标书包含投标书及其附件，一般都是业主或监理工程师拟定好固定的格式，由投标者填写。投标保证书，可分为银行提供的投标保函和担保公司、证券公司或保险公司提供的担保书两种格式。

（8）补充资料表（Schedule of Supplementary Information）。补充资料表是招标文件的一个组成部分，其目的是，要求投标者按招标文件中的这些补充资料表填写有关信息，以便招标人可得到所需要的相当完整的信息。通过这些信息既可以了解投标者的各种安排和要求，便于在评标时进行比较，又可以在工程实施过程中便于业主安排资金计划、计算价格调整等。

（9）合同协议书（Agreement）。合同协议书常由业主在招标文件中拟好具体的格式和内容，然后在中标者与业主谈判达成一致协议后签署，投标时不需填写。

（10）履约保证和动员预付款保函。履约保证（Performance Security）一般有两种形式，即银行保函（Bank Guarantee）或称履约保函（Performance Guarantee），以及履约担保（Performance Bond）。我国向世界银行贷款的项目一般规定，履约保函金额为合同总价的10%，履约担保金额则为合同总价的30%。银行保函又分为两种形式：一种是无条件（Unconditional 或 no Demand）银行保函；另一种是有条件（Conditional）银行保函。无条件银行保函有点类似不可撤销的信用证，银行见票即付，不需业主提供任何证据。业主在任何时候提出声明，认为承包人违约，而且提出的索赔日期和金额在保函有效期和保证金额的限额之内，银行即无条件履行担保，进行支付。当然业主也要承担由此行动而引起的争端、仲裁或法律程序裁决的法律后果。对银行而言，愿意承担这种保函，因这样既不承担风险，又不卷入合同双方的争端。有条件银行保函即是银行在支付之前，业主必须提出理由，指出承包人执行合同失败，不能履行其义务或违约，并由业主和监理工程师出示证据，提供所受损失的计算数值等。一般而言银行和业主均不喜欢这种保函。动员预付款（Pre‒Payment）是在工程开工以前业主按合同规定向承包人支付的费用，以供承包人调遣人员、施工机械和购买建筑材料及设备等。动员预付款保函是在招标文件中规定了业主向承包人提供动员预付款的条件下才需要。在这种条件下承包人应到银行去开动员预付款保函，业主在收到此保函后，才支付动员预付款。

二、投标申请人资格预审

（1）投标申请人资格预审的内容。资格预审的内容应考虑到评标的标准，凡评标时考虑的因素，一般在资格预审时不予考虑。资格预审是对投标申请人整体资格的综合评定，因此应包括以下几方面内容。

1）法人地位。审查其企业的资质等级、批准的营业范围、机构及组织等是否与招标项目相适应。若为联合体投标，对联合体各方均要审查。

2）商业信誉。主要审查企业在建设工程承包活动中已完成项目的情况；资信程度；严重违约行为；业主对施工质量状况的满意程度；施工荣誉等。

3）财务能力。财务能力审查除了要关注投标人的注册资本、总资产外，重点应放在近3年经过审计的报表中所反映出的实有资金、流动资产、总负债和流动负债，以及正在实施而尚未完成工程的总投资额、年均完成投资额等。此外，还要评价其可能获得银行贷款的能力，或要求其提供银行出具的信贷证明文件。总之，财务能力审查着重看投标人可用于本项目的纯流动资金能否满足要求，或施工期间资金不足时的解决办法。

4）技术能力。主要是评价投标人实施工程项目的潜在技术水平，包括人员能力和设备能力两方面。在人员能力方面，又可以进一步划分为管理人员和技术人员的能力评价两个方面。

5）施工经验。不仅要看投标人最近几年已完成工程的数量、规模，更要审查与招标项目相类似的工程施工经验，因此在资格预审须知中往往规定有强制性合格标准。必须注意，施工经验的强制性标准应定得合理、分寸适当。由于资格预审是要选取一批有资格的投标人参与竞争，同时还要考虑被批准的投标人不一定都来投标这一因素，所以标准不应定得过高；但强制性标准也不能定得过低，尤其是对一些专业性较强的工程，标准定得过低，就有可能使缺乏专业施工能力或经验的承包人中标。

（2）资格预审的方法。对投标人的资格一般采取评分的方法进行综合评审。

1）首先淘汰报送资料极不完整的投标申请人。因为资料不全，难以在机会均等的条件下进行评分。

2）根据招标项目的特点，将资格预审所要考虑的各种因素进行分类，并确定各项内容在评定中所占的比例，即确定权重系数。每一大项下还可进一步划分若干小项，对各资格预审申请人分别给予打分，进而得出综合评分。

3）淘汰总分低于预定及格线的投标申请人。

4）对及格线以上的投标人进行分项审查。为了能将施工任务交给可靠的承包人完成，不仅要看其综合能力评分，还要审查其各分项得分是否满足最低要求。

评审结果要报请业主批准，如为使用国际金融组织贷款的工程项目，还需报请该组织批准。经资格预审后，招标人应当向资格预审合格的投标申请人发出资格预审合格通知书，告知获取招标文件的时间、地点和方法，并同时向资格预审不合格的投标申请人告知资格预审结果。

（3）资格预审应注意的问题：

1）在审查时，不仅要审阅其文字材料，还应有选择地做一些考察和调查工作。因为有的申请人得标心切，在填报资格预审文件时，不仅只填那些工程质量好、造价低、工期短的工程，甚至还会出现言过其实的现象。

2）投标人的商业信誉很重要，但这方面的信息往往不容易得到。应通过各种渠道了解投标申请人有无严重违约或毁约的历史记录，在合同履行过程中是否有过多的无理索赔和扯皮现象。

3）对拟承担本项目的主要负责人和设备情况应特别注意。有的投标人将施工设备按其拥有总量填报，可能包含应报废的设备或施工机具，一旦中标却不能完全兑现。另外，还要注意分析投标人正在履行的合同与招标项目在管理人员、技术人员和施工设备方面是否发生冲突，以及是否还有足够的财务能力再承接本项目。

4）联合体申请投标时，必须审查其合作声明和各合作者的资格。

5）应重视各投标人过去的施工经历是否与招标项目的规模、专业要求相适应，施工机具、工程技术及管理人员的数量、水平能否满足本项目的要求，以及具有专长的专项施工经验是否比其他投标人占有优势。

三、评标决标

1. 评标程序和内容

评标的目的是根据招标文件中确定的标准和方法，对每个投标人的标书进行评审，以选出最低评标价的中标人。根据我国《招标投标法》规定，评标委员会应由招标人代表和有关技术、经济等方面的专家组成，成员人数为 5 人以上单数，其中技术、经济等方面的专家不得少于成员总数的 2/3。评标委员会的专家成员，应当由招标人从建设行政主管部门及其他有关政府部门确定的专家名册或者工程招标代理机构的专家库内相关专业的专家名单中确定。确定专家成员一般应当采取随机抽取的方式。与投标人有利害关系的人不得进入相关项目的评标委员会。评标委员会成员的名单在中标结果确定前应当保密。

评标委员会可以要求投标人对投标文件中含意不明确的内容作必要的澄清或者说明，但是澄清或者说明不得超出投标文件的范围或者改变投标文件的实质性内容。对招标文件的相关内容作出澄清和说明，其目的是有利于评标委员会对投标文件的审查、评审和比较。

评标委员会应当按照招标文件确定的评标步骤和方法，对投标文件进行评审和比较；设有标底的，应当参考标底。评标委员会完成评标后，应当向招标人提出书面评标报告，并推荐合格的中标候选人。招标人根据评标委员会提出的书面评标报告和推荐的中标候选人确定中标人；招标人也可以授权评标委员会直接确定中标人。评标只对有效投标进行评审。

评标工作可分为初评和详评两个阶段。

（1）初评。初评也称审标，是为了从所有标书内筛选出符合最低要求标准的合格标书，淘汰那些不合格的标书，以免在详评阶段浪费时间和精力。评审合格标书的主要条件如下。

1）投标书的有效性。审查投标单位是否通过资格预审；递交的投标保函在金额和有效期方面是否符合招标文件的规定；如果以标底衡量有效标时，投标报价是否在规定的标底上下百分比幅度范围内。

2）投标书的完整性。投标书是否包括了招标文件中规定应递交的全部文件，如果缺少一项内容，则无法进行客观、公正的评价，只能按无效标处理。

3）投标书与招标文件的一致性。如果招标文件指明是"响应标"，则投标书必须严格地按招标文件的每一空白栏做出回答，不得有任何修改或附带条件。如果投标人对任何栏目的规定有说明要求时，只能在完全应答原标书的基础上，以投标致函的方式另行提出自己的建议。对原标书私自做出任何修改或用括号注明条件，都与业主的招标要求不相一致，也按无效标对待。

4）报价计算的正确性。由于只是初评，不过细地研究各项目报价金额是否合理、准确，仅审核是否有计算统计错误。若出现的错误在允许范围之内，由评标委员会予以改正，并请投标人签字确认。若其拒绝改正，按无效标处理。当错误值超过允许范围时，也按无效标对待。

经过初评，对合格的标书再按报价由低到高的顺序重新排列名次。由于排除了一些无效标和对报价错误进行了某些修正，此时的排列顺序可能和开标时的排列顺序不一致。在一般情况下，评标委员会将新名单中的前几名作为初步备选的潜在中标人，在详评阶段作为重点评审对象。

（2）详评。施工评标不只是考虑投标价的组成，还要对技术条件、财务能力等进行全面评审和综合分析，最后选出中标单位。详评的内容包括以下几个方面。

1）技术评审。主要是对投标人的实施方案进行评定，包括其施工方法和技术措施是否可靠、合理、科学和先进，能否保证施工的顺利进行，确保施工质量和安全；是否充分考虑了气候、水文、地质等各种因素的影响，并对施工中可能遇到的问题进行了充分的估计，是否同时设计了妥善的预处理方案；施工进度计划是否科学、可行；材料、设备、劳动力的供应是否有保障；施工场地平面图设计是否科学、合理等。

2）价格分析。不仅要对各标书进行报价数额的比较，还要对主要工作内容及主要工程量的单价进行分析，并对价格组成中各部分比例的合理性进行评价。分析投标价的目的在于鉴定各投标价的合理性，并找出报价高与低的主要原因。

3）管理和技术能力评审。主要审查承包人实施本项目的具体组织机构是否合适，所配备的管理人员的能力和数量是否满足施工需要；是否建立起满足项目管理需要的质量、工期、安全、成本等保证体系。

4）商务法律评审。也即对投标书进行响应性检查，主要审查投标书与招标文件是否有重大偏离。当承包人采用多方案报价时，要充分审查评价对招标文件中双方某些权利义务条款修改后，其方案的可行性及可能产生的经济效益与随之而来的风险。

[案例3-6]　**鲁布革水电站工程招标的澄清问题及投标书评审**

鲁布革水电站的引水发电隧洞施工招标，招标工程为建造一条9400m、洞径8m的输水隧道。强制性条件规定，投标人必须完成过洞长6000m、洞径6m以上的有压隧洞的施工经历。

有大成公司、前田公司和英波吉洛公司3家公司实力相当，标价又十分接近。为了进一步弄清3家公司在各自投标文件中存在的问题，中方分别与3家公司举行了为时各3天的投标澄清会谈。在澄清会谈期间，3家公司都认为自己有可能中标，因此竞争十分激烈，他们在工期不变、标价不变的前提下，都按照中方的意愿修改施工方法和施工布置；此外，还主动提出了不少优惠条件来吸引业主，以达到夺标的目的。

例如：在原投标书上，大成公司和前田公司都在进水口附近布置了一条施工支洞，显然这种施工布置就引水系统工程而言是合理的，但必然会对其他承包人在首部枢纽工程施工时产生干扰。经过在澄清会上说明，大成公司同意放弃施工隧洞。前田公司也同意取消，但改为接近首部的1号支洞。澄清问题会后前田公司意识到这方面处于劣势时，又立即电传答复放弃使用1号支洞。从而，改善了首部工程的施工条件，保证了整个工程重点。关于投标书上压力钢管外混凝土的输送方式，大成公司和前田公司分别此采用溜槽和溜管，这对倾角48°、高达308m的长斜井施工难于保证质量，也缺少先例。澄清会谈之后，为了符合业主的意愿，大成公司电传表示改变原施工方法，用设有操纵阀的混凝土泵代替。尽管由此增加了水泥用量，也不为此提高标价。前田公司也电传表示更改原施工方法，用混凝土运输车沿铁轨送混凝土，仍然保证工期，不改变标价。

又如：根据投标书，前田公司投入的施工设备最强。不仅开挖和混凝土施工设备数量多（均为3套）。而且全部是新的。设备价值最高，达2062万元，为了吸引业主，前田公司在澄清会上提出在完工后愿将全部施工设备无偿地赠给我国并赠送84万元备件。英波吉洛公司为了缩小和大成公司、前田公司在标价上的差距，在澄清会谈中提出了书面声明，若能中标可向鲁布革工程提供2500万美元的软贷款，年利率2.5%。同时，还表示愿与我国的昆水公司实行标后联营。并愿同业主的下属公司联营共同开展海外合作。日本大成公司为了保住标价最低的优势，也提出以41台新设备替换原来投标书中所列的旧施工设备，在完工之后也都赠予中国。还提出免费培训中国技术人员，免费转让一些新技术的建议。

我国水电第十四工程局在昆明附近早已建成了一座钢管厂。投标的公司能否将高压钢管的制造与运输分包给该厂，这也是业主十分关心的问题。如果投标公司愿意利用业主的当地资源，将钢管的工程项目分包给水电第十四工程局钢管厂承担，发挥我们的现有能力将有显著利益。在原投标中，前田公司不分包，已委托外国的分包商施工。大成公司也只是把部分项目分包给水电第十四工程局。通过澄清会谈，当他们理解到业主的意图后，立即转变态度，表示愿意将钢管的制作、运输、甚至安装全部分包给水电第十四工程局钢管厂，并且主动和水电第十四工程局洽商分包事宜。

大成公司听说业主认为他们在水工隧洞方面的施工经验不及前田公司，立即大量递交大成公司的工程履历。又单方面地作出与前田公司的施工经历对比表，以争取业主的信任。

评审投标书时，业主对 3 家公司的情况进行了认真的、全面的比较和分析，主要包括：

（1）标价的比较分析：即总价、单价比较及计日工单价的比较。从国家实际支付考虑，把标价中的工商税扣除作为分析依据，并考虑各家现金流量计划不同及上涨率和利息等因素，比较后，虽然相差不大，但原标序仍未改变。

（2）有关优惠条件的比较分析：即对施工设备赠给、软贷款、钢管分包、技术协作和转让、标后联营等问题逐项作出具体分析。对此，既要考虑国家的实际利益。又要符合国际招标中的惯例和世界银行所规定的有关规则。经反复分析，认为英波吉洛公司的标后贷款在评标中不予考虑。英波吉洛公司提出的与中国昆水公司标后合营也不宜考虑。而对大成公司和前田公司的设备赠给、技术协作和免费培训及钢管分包则应当在评标中作为考虑因素。

（3）有关财务实力的比较分析：即对 3 家公司的财务状况和财务指标及外币支付利息进行比较。结果是：3 家公司中，大成公司资金最雄厚，其次前田公司，最后英波吉洛公司。但不论哪一家公司都有足够资金承担本项工程。

（4）有关施工能力和经验的比较分析：3 家公司都是国际上较有信誉的大承包人，有足够的能力、设备和经验来完成工程。如从水工隧洞的施工经验比较，20 世纪 60 年代以来，英波吉洛公司共完成内径 6m 以上的水工隧洞 34 条，全长 4 万余 m，前田公司是 17 条，1.8 万余 m；大成公司为 6 条，0.6 万余 m。从投入本工程的施工设备看，前田公司最强，在满足施工安排的灵活性，应付意外情况的能力方面处于优势。

（5）有关施工进度和方法的比较分析：日本大成公司和前田公司两家公司施工方法类似，.对引水隧洞都采用全断面圆形开挖和全断面衬砌；而英波吉洛公司的开挖和衬砌都按传统方法分两阶段施工。引水隧洞平均每个工作面的开挖月进尺，大成公司 190m，前田公司 220m，英波吉洛公司为上部 230m、底部 350m。引水隧洞衬砌，日本两家公司都采用钢梁式钢模新工艺，大成公司每月衬砌速度 160m；前田公司为 180m；英波吉洛公司采用底拱拉模，边顶拱折叠式模板，边顶衬砌速度每月 450m，底拱每月 730m（综合效率 278m/d）。

压力钢管斜井开挖方法，3 家公司均采用阿利克爬罐施工反导井，之后正向扩大。前田公司原计划采用新型展开式平台全断面掘进，遇有复杂地质时，则先挖导井后扩大。调压井的开挖施工，大成公司和英波吉洛公司均采用爬罐。而前田公司采用钻井法，即先自上而下钻直径 250mm 的导孔，再用大钻头反向将孔扩大成公司直径 1.45m 的导井，然后自上而下全断面扩大。调压井混凝土衬砌，3 家公司全是采用滑模施工。

隧洞施工通风设施中。前田公司在 3 家中最好，除设备总功率达 1350kW 为最大者外，还沿隧洞轴线布置了 5 个直径为 1.45m 的通风井。

在施工工期方面，3 家均可按期完成工程项目。但由于前田公司的主要施工设备数量多、质量好，所以对工期的保证程度与应变能力最高。而英波吉洛公司由于施工程序多、强度大。工期较为紧张，应变能力差。大成公司在施工工期方面居中。

（资料来源：全国建设工程招标投标从业人员培训教材编写委员会，建设工程招标实务，中国计划出版社，2002）

[解析]　评标委员会认为必要时可以单独约请投标人对标书中含义不明确的内容作必要的澄清或说明，但澄清或说明不得超出投标文件的范围或改变投标文件的实质性内容。是否有实质性改动中一个很重要问题反映在投标人给发包人提出的优惠条件上，写在投标书内的优惠条件开标时要当众公布，体现招标和投标的公平、公正、公开，评标时予以考虑。这种方法通称标前优惠，表现为投标人的竞争实力，在招标文件中规定的评标方法中考虑优惠条件时往往是夺标的重要因素。而在开标后投标人提出的优惠条件，尽管也会使发包人获得额外好处，但不应作为评标考虑因素。本例中英波吉洛公司提出的贷款优惠，以及英波吉洛公司提出的中标后与中方的施工企业联营施工，都属于对投标作了实质性改动均未予考虑。钢管制作分包给中国的制造商对投标人的基本义务没有影响，且该分包商是发包方同意接受的分包单位。另外，澄清内容也要整理成文字材料作为投标书的组成部分。本例中的传真发送文件也属于书面材料。

2. 评标报告

评标委员会完成评标后，应当向招标人提出书面评标报告，阐明评标委员会对各投标文件的评审和比较意见，并按照招标文件中规定的评标方法，推荐不超过 3 名有排序的合格的中标候选人。招标人根据评标委员会提出的书面评标报告和推荐的中标候选人确定中标人。评标报告应当如实记载以下内容：

1）基本情况和数据表。

2）评标委员会成员名单。

3）开标记录。

4）符合要求的投标一览表。

5）废标情况说明。

6）评标标准、评标方法或者评标因素一览表。

7）经评审的价格或者评分比较一览表。

8）经评审的投标人排序。

9）推荐的中标候选人名单与签订合同前要处理的事宜。

10）澄清、说明、补正事项纪要。

评标报告确定后应由评标委员会全体成员签字。对评标结论持有异议的评标委员会成员可用书面方式阐述其不同意见和理由。评标委员会成员拒绝在评标报告上签字且不陈述其不同意见和理由的，视为同意评标结论。评标委员会应当对此做出书面说明并记录在案。

使用国有资金投资或者国家融资的项目，招标人一般应按评标委员会推荐候选中标人的名次，确定最后中标人。

招标人也可以授权评标委员会直接确定中标人。

3. 决标和签约

（1）决标前谈判。招标人在确定中标人前不得与投标人就投标价格、投标方案等实质性内容进行谈判。但为了最终确定中标人，可以分别与评标委员会所推荐的候选中标人，就投标书中提及而又未明确说明的某些内容进行商谈，以便定标。会谈内容可能涉及落实施工方案中的某些细节；评标报告中提到的质量保证体系需加以落实或完善的内容；招标人准备接受的投标书提出的合理化建议落实细节等。

（2）签约。中标人接到中标通知书后，应在30天内与业主签订施工合同。如果中标人拒签合同，业主有权没收其投标保证金，再与其他人签订合同。

第三节 工程合同管理

工程合同包括了设计、工程施工合同、工程监理合同和工程采购合同等。本节主要简要介绍工程施工合同管理的主要问题。

一、工程施工合同文件的形成、组成及其解释的优先次序

施工合同（Contraction Contract）即建筑安装工程承包合同，是发包人和承包人为完成商定的建筑安装工程，明确相互权利、义务关系的合同。依照施工合同，承包人应完成一定的建筑、安装工程任务，发包人应提供必要的施工条件并支付工程价款。施工合同是建设工程合同的一种，它与其他建设工程合同一样是一种商务合同，在订立时也应遵守自愿、公平、诚实信用等原则。

1. 施工合同文件的形式

施工合同文件不仅仅是业主和承包人签订的最终合同条款，而且还包括招标文件、投标文件、澄清补遗、合同协议备忘录等。澄清补遗是在招标过程中，投标者向业主提出疑问，业主用书面形式做的解释或说明。合同协议备忘录则是业主和承包人在合同谈判中，双方愿意对招标文件或投标文件的某些方面进行的修改或补充。

合同文件的最终形式通常有两种：一种称为综合标书，即将招标文件、投标文件、澄清补遗，合同协议备忘录以及双方同意进入合同文件的参考资料汇总在一起，去掉重复的部分即成综合标书。这样形成的合同文件的好处是内容不易遗漏、编制的工作量相对比较小，但篇幅较大，而且使用也很不方便。因为常常是后面的部分修正了前面的部分，整个标书对同一个问题的叙述几个地方可能均不一致，要用很大的功夫弄清以何者为准。另一种是重新编制过的合同文件，即根据招标文件的框架，将投标文件、补遗和合同协议备忘录等内容一起重新整理编辑，形成一个完整的合同文件。这样使用起来很方便，但整理工作量大。因为对合同文件某一问题的修改往往涉及从条款、规范到图纸一系列的修改，为了保持合同文件的一致性，必须进行仔细反复核对的工作。

2. 施工合同文件的组成及解释的优先次序

在标准化工程施工合同文本中，合同文件的组成及其解释的优先次序如下：

（1）施工合同协议书。

（2）中标通知书。

（3）投标书及其附件。

（4）施工合同专用条款。

（5）施工合同通用条款。

（6）标准、规范及有关技术文件。

（7）图纸。

（8）工程量清单。

双方有关工程的洽商、变更等书面协议或文件视为协议书的组成部分。

上述合同文件应能够互相解释、互相说明。当合同文件中出现不一致时，上面的顺序就是合同的优先解释顺序。当合同文件出现含糊不清或者当事人有不同理解时，按照合同争议的解决方式处理。

二、工程施工合同管理一般问题

施工合同的双方是指发包方和承包方，在一些标准合同文本中也叫发包人和承包人，在具体合同的签订和语言的交流过程中，习惯上把发包方简称甲方，把承包方简称乙方。下面结合 GF—1999—0201《建设工程施工合同（示范文本）》，介绍施工合同管理的一般问题。

1. 发包人的工作

根据专用条款约定的内容和时间，发包人应分阶段或一次完成以下工作：

（1）办理土地征用、拆迁补偿、平整施工场地等工作，使施工场地具备施工条件，并在开工后继续负责解决以上事项的遗留问题。

（2）将施工所需水、电、电信线路从施工场地外部接至专用条款约定地点，保证施工期间需要。

（3）开通施工场地与城乡公共道路的通道，以及专用条款约定的施工场地内的主要道路，满足施工运输的需要，保证施工期间的畅通。

（4）向承包人提供施工场地的工程地质和地下管线资料，对资料的真实准确性负责。

（5）办理施工许可证及其他施工所需的证件、批件和临时用地、停水、停电、中断道路交通、爆破作业以及可能损坏道路、管线、电力、通信等公共设施法律、法规规定的申请批准手续（证明承包人自身资质的证件除外）。

（6）确定水准点与坐标控制点，以书面形式交给承包人，进行现场交验。

（7）组织承包人和设计单位进行图纸会审和设计交底。

（8）协调处理施工现场周围地下管线和邻近建筑物、构筑物（包括文物保护建筑）、古树名木的保护工作，承担有关费用。

（9）发包人应做的其他工作，双方在专用条款内约定。

发包人可以将上述部分工作委托承包人办理，具体内容由双方在专用条款内约定，其费用由发包人承担。

发包人不按合同约定履行以上义务，导致工期延误或给承包人造成损失的，赔偿承包人的有关损失，延误的工期相应顺延。

[案例3-7]　一起经济损失和工期延误的索赔案

承包人与某一房地产开发商签订了工程施工合同。项目组成：A 栋 26 层的框架剪力墙结构的高层住宅楼，B 栋和 C 栋为 2 座 7 层的砖混结构住宅楼。计划开工日期是当年的 3 月 1 日，2 栋多层住宅的完工日期要求为当年的 11 月末，高层为次年的 11 月末。按工程师批准的计划，3 栋住宅的基础同时开挖。但由于开发商的房屋动迁出现问题，致使 C 栋楼所处位置的原有的一处平房迟迟没有搬迁，造成 C 栋楼不能按原计划动工。当开发商解决完 C 栋楼平房的动迁问题时，已经是 7 月中旬。7 月正是当地的多雨季节，C 栋楼的基础土方刚开挖就赶上连续 3 天的大暴雨，虽然承包人现场采取了排水措施，但仍使基坑灌满了水。承包人只好用两台水泵来抽出基坑中的水。使承包人蒙受了经济损失和工期延误，承包人就此依据合同向业主提出索赔。

[解析] 　引起本索赔案的主要原因是开发商的违约，没有按合同约定的时间给承包人提供施工场地。由此，迫使承包人只能在（7 月中旬）雨季实施 C 栋楼基础土方的开挖，并遇上了 3 天大暴雨的风险。这种风险在正常履行合同的环境下是不会引起损失的，或只能引起较小的损失，这是承包人无法预见的，当然在投标文件就没有反映。因此，本索赔事件成立。

2. 承包人的工作

承包人按专用条款约定的内容和时间完成以下工作：

（1）根据发包人的委托，在其设计资质等级和业务允许的范围内，完成施工图设计或与工程配套的设计，经工程师确认后使用，发生的费用由发包人承担。

（2）向工程师提供年、季、月工程进度计划及相应进度统计报表。

（3）根据工程需要，提供和维修非夜间施工使用的照明、围栏设施，并负责安全保卫。

（4）按专用条款约定的数量和要求，向发包人提供在施工现场办公和生活的房屋及设施，发生费用由发包人承担。

（5）遵守有关部门对施工场地交通、施工噪音以及环境保护和安全生产等的管理规定，按管理规定办理有关手续，并以书面形式通知发包人。发包人承担由此发生的费用，因承包人责任造成的罚款除外。

（6）已完工工程未交付发包人之前，承包人按专用条款约定负责已完工程的保护工作，保护期间发生损坏，承包人自费予以修复。要求承包人采取特殊措施保护的工程部位和相应追加合同价款，在专用条款内约定。

（7）按专用条款的约定做好施工现场地下管线和邻近建筑物、构筑物（包括文物保护建筑）、古树名木的保护工作。

（8）保证施工场地清洁符合环境卫生管理的有关规定。交工前清理现场达到专用条款约定的要求，承担因自身原因违反有关规定造成的损失和罚款。

（9）承包人应做的其他工作，双方在专用条款内约定。承包人不履行上述各项义务，造成发包人损失的，应对发包人的损失给予赔偿。

3. 工程师的产生和职权

工程师包括监理单位委派的总监理工程师或者发包人指定的履行合同的负责人两种情况。

（1）发包人委托监理。发包人可以委托监理单位，全部或者部分负责合同的履行。工程施工监理应当依照法律、行政法规及有关的技术标准、设计文件和建设工程施工合同，对承包人在施工质量、建设工期和建设资金使用等方面，代表发包人实施监督。发包人应当将委托的监理单位名称，监理内容及监理权限以书面形式通知承包人。监理单位委派的总监理工程师在施工合同中称为工程师。总监理工程师是经监理单位法定代表人授权，派驻施工现场监理组织的总负责人，行使监理合同赋予监理单位的权利和义务，全面负责受委托工程的建设监理工作。监理单位委派的总监理工程师姓名、职务，职责应当向发包人报送，在施工合同专用条款应当写明总监理工程师的姓名、职务、职责。

（2）发包人派驻代表。发包人派驻施工场地履行合同的代表在施工合同中也称工程师。发包人代表是经发包人单位法定代表人授权，派驻施工现场的负责人，其姓名、职务、职责在专用条款内约定，但职责不得与监理单位委派的总监理工程师职责相互交叉。发生交叉或不明确时，由发包人明确双方职责，并以书面形式通知承包人。

（3）工程师更换，发包人应当于更换前以书面形式通知承包人，后任继续履行合同文件约定的前任的权利和义务，不得更改前任作出的书面承诺。

（4）工程师的职责。工程师在施工合同的履行过程中，应当承担以下职责：

1）工程师可委派工程师代表。在施工过程中，不可能所有的监督和管理工作都由工程师自己完成。工程师可委派工程师代表等具体管理人员，行使自己的部分权利和职责，并可在认为必要时撤回委派，委派和撤回通知均应提前以书面形式通知承包人，负责监理的工程师还应将委派和撤回通知发包人。委派书和撤回通知作为合同附件。工程师代表在工程师授权范围内向承包人发出的任何书面形式的函件，与工程师发出的函件效力相同。

2）工程师发布指令、通知。工程师的指令、通知由其本人签字后，以书面形式交给项目经理，项目经理在回执上签署姓名和收到时间后生效。

3）工程师应当及时完成自己的职责。工程师应按合同约定，及时向承包人提供所需指令、批准并履行其他约定的义务，否则发包人应承担延误造成的追加合同价款，并赔偿承包人有关损失，顺延延误的工期。

4）工程师作出处理决定。在合同履行中，发生影响承发包双方权利或义务的事件时，负责监理的工程师应依据合同在其职权范围内客观公正地进行处理。为保证施工正常进行，承发包双方应尊重工程师的决定。承包人对工程师的处理有异议时，按照合同约定争议处理办法解决。

4. 项目经理的确认和职责

项目经理是由承包单位法定代表人授权的，派驻施工场地的承包单位的总负责人，他代表承包人负责工程施工的组织、实施。

（1）项目经理确认。承包人施工质量、进度的好坏与项目经理的水平、能力、工作热情有很大的关系，一般都应当在投标书中明确，并作为评标的一项内容。项目经理的姓名、职务在专用条款内约定。项目经理一旦确定后，承包人不能随意更换。项目经理更换，承包人应当于更换前以书面形式通知发包人，后任继续履行合同文件约定的前任的权利和义务，不得更改前任作出的书面承诺。发包人可以与承包人协商，建议调换其认为不称职的项目经理。

（2）项目经理的职责。项目经理在施工合同的履行过程中应当完成以下职责：

1）项目经理向发包人提出要求和通知。项目经理有权代表承包人向发包人提出要求和通知。承包人的要求和通知，以书面形式由项目经理签字后送交工程师，工程师在回执上签署姓名和收到时间后生效。

2）组织施工。项目经理按工程师认可的施工组织设计（或施工方案）和依据合同发出的指令、要求组织施工。

5. 施工组织设计和工期

（1）进度计划。承包人应当在专用条款约定的日期，将施工组织设计和工程进度计划提交工程师。群体工程中采取分阶段进行施工的单项工程，承包人则应按照发包人提供图纸及有关资料的时间，按单项工程编制进度计划，分别向工程师提交。工程师接到承包人提交的进度计划后，应当予以确认或者提出修改意见。如果工程师逾期不确认也不提出书面意见的，则视为已经同意。但是，工程师对进度计划予以确认或者提出修改意见，并不免除承包人施工组织设计和工程进度计划本身的缺陷所应承担的责任。

（2）开工及延期开工。承包人应当按协议书约定的开工日期开始施工。承包人不能按时开工，应在不迟于协议书约定的开工日期前7天，以书面形式向工程师提出延期开工的理由和要求。

（3）工期延误。承包人应当按照合同约定完成工程施工，如果由于其自身的原因造成工期延误，应承担违约责任。但是因以下原因造成工期延误，并经工程师确认的，则工期可相应顺延：

1）发包人不能按专用条款的约定提供开工条件。

2）发包人不能按约定日期支付工程预付款、进度款，致使工程不能正常进行。

3）工程师未按合同约定提供所需指令、批准等，致使施工不能正常进行。

4）设计变更和工程量增加。

5）1周内非承包人原因停水、停电、停气造成停工累计超过8小时。

6）不可抗力。

7）专用条款中约定或工程师同意工期顺延的其他情况。

承包人在工期可以顺延的情况发生后 14 天内，就延误的工期向工程师提出书面报告。工程师在收到报告后 14 天内予以确认，逾期不予确认也不提出修改意见，视为同意顺延工期。

6. 质量检查与验收

工程施工中的质量控制是合同履行中的重要环节。施工合同的质量控制涉及许多方面的因素，任何一个方面的缺陷和疏漏，都会使工程质量无法达到预期的标准。

（1）工程质量标准。工程质量应当达到协议书约定的质量标准，质量标准的评定以国家或者行业的质量检验评定标准为依据。达不到约定标准的工程部分，工程师一经发现，应要求承包人拆除和重新施工，承包人应当按照工程师的要求拆除和重新施工，直到符合约定标准。因承包人的原因达不到约定标准，由承包人承担拆除和重新施工费用，工期不予顺延。因工程师指令失误或其他非承包人的原因发生的追加合同价款，由发包人承担。因双方原因达不到约定标准，责任由双方分别承担。

（2）施工过程中的检查和返工。在工程施工过程中，工程师及其委派人员对工程的检查检验，是他们一项日常性工作和重要职能。承包人应认真按照标准、规范和设计要求以及工程师依据合同发出的指令施工，随时接受工程师及其委派人员的检查检验，为检查检验提供便利条件，并按工程师及其委派人员的要求返工、修改，承担由于自身原因导致返工、修改的费用。检查检验不应影响施工正常进行，如影响施工正常进行，检查检验不合格时，影响正常施工的费用由承包人承担。除此之外影响正常施工的追加合同价款由发包人承担，相应顺延工期。

（3）隐蔽工程和中间验收。由于隐蔽工程在施工中一旦完成隐蔽，很难再对其进行质量检查，因此必须在隐蔽前进行检查验收。对于中间验收，合同双方应在专用条款中约定需要进行中间验收的单项工程和部位的名称、验收的时间和要求，以及发包人应提供的便利条件。工程具备隐蔽条件和达到专用条款约定的中间验收部位，承包人进行自检并在隐蔽和中间验收前 48 小时以书面形式通知工程师验收。通知包括隐蔽和中间验收内容、时间和地点。工程师验收合格并在验收记录上签字后，承包人可进行隐蔽和继续施工。验收不合格，承包人在工程师限定的时间内修改后重新验收。

（4）重新检验。无论工程师是否参加验收，当其提出对已经隐蔽的工程重新检验的要求时，承包人应按要求进行剥露或者开孔，并在检验后重新覆盖或者修复。检验合格，发包人承担由此发生的全部追加合同价款，赔偿承包人损失，并相应顺延工期；检验不合格，承包人承担发生的全部费用，工期不予顺延。

（5）试车。对于设备安装工程，应当组织试车。试车内容应与承包人承包的安装范围相一致。

（6）材料设备供应。工程建设的材料设备供应的质量控制，是整个工程质量控制的基础。建筑材料、构配件生产及设备供应单位对其生产或者供应的产品质量负责。而材料设备的需方则应根据买卖合同的规定进行质量验收。

1）发包人供应材料设备的验收。发包人应当向承包人提供其供应材料设备的产品合格证明。发包人应在其所供应的材料设备到货前，以书面形式通知承包人，由承包人派人与发包人共同清点。发包人供应的材料设备经承包人派人参加清点后由承包人妥善保管，发包人支付相应的保管费用。发生损坏丢失，由承包人负责赔偿。发包人不按规定通知承包人清点，发生的损坏丢失由发包人负责。发包人供应的材料设备使用前，由承包人负责检验或者试验费用由发包人负责。不合格的不得使用。

2）承包人采购材料设备的验收。承包人根据专用条款的约定及设计和有关标准要求采购工程需要的材料设备，并提供产品合格证明。承包人在材料设备到货前通知工程师清点。这是工程师的一项重要职责，工程师应当严格按照合同约定、有关标准进行验收。

承包人采购的材料设备与设计或者标准要求不符时，工程师可以拒绝验收，由承包人按照工程师要求的时间运出施工场地，重新采购符合要求的产品，并承担由此发生的费用，由此延误的工期不予顺延。

[案例 3-8]　材料质量纠纷

　　A 房地产开发公司投资开发了一项花园工程。由 B 建筑安装工程总公司负责施工，由 C 建材公司供 D 水泥厂生产的水泥。1995 年 9 月 15 日，建材公司提供 20t 水泥进入工地，B 建筑安装工程总公司送检测试，结论为合格水泥。之后，C 建材公司陆续组织水泥进场，共计 680t。同年 10 月 11 日，B 公司从 C 公司供应的水泥中再次抽样送检，经检验确认为废品水泥。此时水泥已用去 613t，分别浇筑在花园工程 A 楼的 12 层至 15 层。经有关部门检测，第 12～第 15 层的混凝土强度不合设计要求，市建设工程质量监督总站决定对第 12～第 15 层推倒重浇。A 公司于是向人民法院起诉 B 公司、C 公司和 D 厂，要求三被告赔偿经济损失。

[解析]　（1）如施工合同明确约定水泥由甲方供应，则应看乙方（B 建筑安装总公司）是否知道 C 建材公司供应的水泥是分批的。如不知，则 B 无责任，应由 D 水泥厂承担赔偿责任，C 公司承担连带责任。如果乙方知道供应的水泥是分批的，则应由 B、C 公司共同承担连带责任。

　　（2）如施工合同明确约定水泥由乙方供应，则由 B 公司承担赔偿责任。

7. 合同价款与支付

（1）施工合同价款及调整。施工合同价款，是按有关规定和协议条款约定的各种取费标准计算，用以支付承包人按照合同要求完成工程内容的价款总额。合同价款应依据中标通知书中的中标价格和非招标工程的工程预算书确定。合同价款在协议书内约定后，任何一方不得擅自改变。合同价款可以按照固定价格合同、可调价格合同、成本加酬金合同3种方式约定。可调价格合同中价款调整的范围包括：

1）国家法律、法规和政策变化影响合同价款。

2）工程造价管理部门公布的价格调整。

3）一周内非承包人原因停水、停电、停气造成停工累计超过8小时。

4）双方约定的其他调整或增减。

承包人应当在价款可以调整的情况发生后14天内，将调整原因、金额以书面形式通知工程师，工程师确认后作为追加合同价款，与工程款同期支付。工程师收到承包人通知之后14天内不作答复也不提出修改意见，视为该项调整已经同意。

（2）工程预付款。工程预付款主要是用于采购建筑材料。预付额度，建筑工程一般不得超过当年建筑（包括水、电、暖、卫等）工程工作量的30%，大量采用预制构件以及工期在6个月以内的工程，可以适当增加；安装工程一般不得超过当年安装工程量的10%，安装材料用量较大的工程，可以适当增加。双方应当在专用条款内约定发包人向承包人预付工程款的时间和数额，开工后按约定的时间和比例逐次扣回。

（3）工程量的确认。对承包人已完成工程量的核实确认，是发包人支付工程款的前提，其具体的确认程序如下：承包人先向工程师提交已完工程量的报告。工程师接到报告后7天内按设计图纸核实已完工程量（以下称计量），并在计量前24小时通知承包人，承包人为计量提供便利条件并派人参加。

（4）工程款（进度款）支付。发包人应在双方计量确认后14天内，向承包人支付工程款（进度款）。同期用于工程上的发包人供应材料设备的价款，以及按约定时间发包人应按比例扣回的预付款，与工程款（进度款）同期结算。合同价款调整、设计变更调整的合同价款及追加的合同价款，应与工程款（进度款）同期调整支付。

8. 完工验收与结算

（1）完工验收中承发包人双方的具体工作程序和责任。工程具备完工验收条件，承包人按国家工程完工验收有关规定，向发包人提供完整的完工验收资料及完工验收报告。双方约定由承包人提供完工图，应当符合专用条款内约定的提供日期和份数。发包人收到完工验收报告后28天内组织有关部门验收，并在验收后14天内给予认可或提出修改意见。建设工程未经验收或验收不合格，不得交付使用。

（2）完工结算。工程完工验收报告经发包人认可后28天，承包人向发包人递交完工结算报告及完整的结算资料。

（3）质量保修。建设工程办理交工验收手续后，在规定的期限内，因勘察、设计、施工、材料等原因造成的质量缺陷，应当由施工单位负责维修。所谓质量缺陷是指工程不符合国家或行业现行的有关技术标准、设计文件以及合同中对质量的要求。为了保证保修任务的完成，承包人应当向发包人支付保修金，也可由发包人从应付承包人工程款内预留。质量保留金的比例及金额由双方按有关部门规定的比例约定。工程的质量保证期期满后，发包人应当及时结算和返还（如有剩余）质量保修金。发包人应当在质量保证期期满后14天内，将剩余保修金和按约定利率计算的利息返还承包人。

9. 不可抗力

不可抗力（Force Majeure）是指合同当事人不能预见、不能避免并不能克服的客观情况。建设工程施工中的不可抗力包括因战争、动乱、空中飞行物坠落或其他非发包人责任造成的爆炸、火灾，以及专用条款约定的风、雨、雪、洪水、地震等自然灾害。不可抗力事件，对施工合同的履行会造成较大的影响。合同双方当事人在合同中应当明确不可抗力的范围，并在施工合同履行中，加强管理，在可能的范围减少不可抗力事件的发生（如爆炸、火灾等有时就是因为管理不善引起的）。不可抗力事件发生后，承包人应在力所能及的条件下迅速采取措施，尽量减少损失，并在不可抗力事件结束后48小时内向工程师通报受害情况和损失情况，及预计清理和修复的费用。发包人应协助承包人采取措施。不可抗力事件持续发生，承包人应每隔7天向工程师报告一次受害情况，并于不可抗力事件结束后14天内，向工程师提交清理和修复费用的正式报告及有关资料。

因不可抗力事件导致的费用及延误的工期由双方按以下方法分别承担：

（1）工程本身的损害、第三方人员伤亡和财产损失以及运至施工场地用于施工的材料和待安装的设备的损害，由发包人承担。

（2）承发包双方人员伤亡由其所在单位负责，并承担相应费用。

（3）承包人机械设备损坏及停工损失，由承包人承担。

（4）停工期间，承包人应工程师要求留在施工场地的必要的管理人员及保卫人员的费用由发包人承担。

（5）工程所需清理、修复费用，由发包人承担。

（6）延误的工期相应顺延。

因合同一方延迟履行合同后发生不可抗力的，不能免除相应责任。

10. 保险与担保

（1）保险（Insurance）。虽然我国对工程保险（主要是施工过程中的保险）没有强制性的规定，但随着项目法人责任制的推行。工程项目参加保险的情况会越来越多。双方的保险义务分担如下：

1）工程开工前，发包人应当为建设工程和施工场地内发包方人员及第三方人员生命财产办理保险，支付保险费用。发包人可以将上述保险事项委托承包人办理，但费用由发包人承担。

2）承包人必须为从事危险作业的职工办理意外伤害保险，并为施工场地内自有人员生命财产和施工机械设备办理保险，支付保险费用。

3）运至施工场地内用于工程的材料和待安装设备，不论由承发包双方任何一方管理，都应由发包人（或委托承包人）办理保险，并支付保险费用。

4）保险事故发生时，承发包双方有责任尽力采取必要的措施，防止或者减少损失。

（2）担保（Guarantees）。承发包双方为了全面履行合同，应互相提供以下担保：

1）发包人向承包人提供支付担保，按合同约定支付工程价款及履行合同约定的其他义务。

2）承包人向发包人提供履约担保，按合同约定履行自己的各项义务。

11. 施工合同转让、分包与转包

（1）施工合同转让。施工合同转让是指中标的承包人将工程的承包权转让给另一承包人的行为。转让的实质是合同主体的变更，是权利和义务的转让，而不是合同内容的变化。施工承包合同一经转让，原承包人与业主就无合同关系，而改变为新承包人与业主的合同关系。一般说，原承包人是业主经过资格审查、评标后选中，并在相互信任的基础上经过谈判，签订合同的。承包人擅自转让，显然是违约行为。所以，施工合同条款规定，没有业主的事先同意，承包人不得将合同的任何部分转让给第三方。

（2）施工合同分包。施工工程分包是指经合同约定和发包单位认可，分包人从工程承包人承包的工程中承包部分工程的行为。承包人按照有关规定对承包的工程进行分包是允许的。分包合同签订和履行一般要求：

1）分包合同的签订。承包人必须自行完成建设项目（或单项工程、单位工程）的主要部分，其非主要部分或专业性较强的工程可分包给具有相应资质和施工技术力量的建筑安装单位。机构和技术要求相同的群体工程，承包人应自行完成半数以上的单位工程。分包合同签订后，发包人与分包单位之间不存在直接的合同关系。分包单位应对承包人负责，承包人对发包人负责。

2）分包合同的履行。工程分包不能解除承包人任何责任与义务，承包人应在分包场地派驻相应监督管理人员，保证本合同的履行。分包单位的任何违约行为、安全事故或疏忽导致工程损害或给发包人造成其他损失，承包人承担连带责任。分包工程价款由承包人与分包单位结算。发包人未经承包人同意不得以任何名义向分包单位支付各种工程款项。

[案例3-9] 某分包合同纠纷案

2000年10月，A建筑公司通过招标承建了民权县某单位家属楼，后经这家发包单位同意，A公司又将该家属楼的一些附属工程分包给B建筑公司，并就工程质量要求、交付时间等内容分别签订了承包、分包书面合同。一年后，工程按期完成，可经工程质量监督单位检验，发现该家属楼附属工程存在严重的质量问题。发包单位便要求A公司承担责任，A公司却称该附属工程系经发包单位同意后分包给他人与自己无关为由推脱。发包单位于是又找到分包人B公司，B公司亦以种种理由拒绝承担责任。无奈，发包单位于今年3月将总承包人A公司、分包人B公司共同告至法庭，要求二被告对质量不合格的附属工程返工，并赔偿损失1万元。

法院审理认为建筑商A公司与发包单位签订的建筑承包合同及A公司与B公司签订的分包合同均为有效合同，承包人A公司、分包人B公司均应按合同约定全面履行义务。现分包人B公司承建的该家属楼附属工程完工后，经检验发现存在严重的质量问题，实际上就是分包人B公司不按合同约定质量要求施工的违约行为，故B公司应承担返工及赔偿损失的责任。同时总承包人A公司应就整个中标项目向发包单位负责，这其中也包括要承担分包公司违约造成的连带责任。据此，法院依法判决该建筑工程总承包人A公司对分包B公司承建有严重质量问题的附属工程返工重作，并赔偿因此所受损失1万元，分包人B公司承担连带责任。

（资料来源：雷艺君，全国监理工程师执业资格考试复习资料，中国建筑工业出版社，1997）

（3）工程转包。工程转包是指不行使承包的管理职能，不承担技术经济责任，将所承包的工程倒手转给他人承包的行为。承包人不得将其承包的全部工程转包给他人，也不得将其承包的全部工程肢解以分包的名义分别转包给他人。工程转包，不仅违反合同，也违反我国有关法律法规的规定。下列行为均属转包：

1）承包人将承包的工程全部包给其他施工单位，从中提取回扣者。

2）承包人将工程主要部分或群体工程（指结构技术要求相同的）中半数以上的

单位工程包给其他施工单位者。

3）分包单位将承包的工程再次分包给其他施工单位者。

12. 其他

（1）专利技术及特殊工艺。发包人要求使用专用技术或特殊工艺，须负责办理相应的申报手续，承担申报、试验、使用等费用。承包人按发包人要求使用，并负责试验等有关工作。承包人提出使用专利技术或特殊工艺，报工程师认可后实施，此时承包人负责办理申报手续并承担有关费用。擅自使用专利技术侵犯他人专利权，责任者承担全部后果及所发生的费用。

（2）文物和地下障碍物。在施工中发现古墓、古建筑遗址、钱币等文物及化石或其他有考古、地质研究等价值的物品时，承包人应立即保护好现场，并于 4 小时内以书面形式通知工程师，工程师应于收到书面通知后 24 小时内报告当地文物管理部门，承发包双方按文物管理部门要求采取妥善的保护措施。发包人承担由此发生的费用，延误的工期相应顺延。施工中发现影响施工的地下障碍物时，承包人应于 8 小时内以书面形式通知工程师，同时提出处置方案，工程师收到处置方案后 24 小内予以认可或提出修正方案。发包人承担由此发生的费用，延误的工期相应顺延。

* 三、工程变更与施工索赔

（一）工程变更

在工程承发包合同的条件下，工程变更（Variation，Change），即合同工程变更，是指对合同文件，包括相应的工程设计、建设条件，或经监理批准的施工方案，进行的任一方面的改变。其中，设计的原因引起的这种工程变更最为常见。由于建设工程的技术复杂性及多专业相互配合设计，施工图纸虽经多方审核，也难免不出一丝一毫的差错。一项工程在施工过程中所用材料供应、施工方法难易、现场自然条件变化等因素也会影响到原设计意图的实施。因此，任何建设工程施工过程中出现一些图纸变更都是正常的。变更的原因可能来自甲方也可能来自乙方，有时可能来自城市建设管理或上级主管部门。任何合同工程设计变更都必须在政策法规允许的范围内进行，一些重要的设计意图如使用性质、规模、建筑坐标等城市规划及上级批文有关的设计内容，任何方面都无权随意变更。

1. 工程变更的程序及责任

（1）施工中发包人需对原工程设计进行变更，应提前 14 天以书面形式向承包人发出变更通知。变更超过原设计标准或批准的建设规模时，发包人应报规划管理部门和其他有关部门重新审查批准，并由原设计单位提供变更的相应图纸和说明。承包人按照工程师发出的变更通知及有关要求，进行下列需要的变更：

1）更改工程有关部分的标高、基线、位置和尺寸。

2）增减合同中约定的工程量。

3）改变有关工程的施工时间和顺序。

4）其他有关工程变更需要的附加工作。

因变更导致的合同价款的增减及造成承包人的损失，由发包人承担，延误的工期相应顺延。

（2）施工中承包人不得对原工程设计进行变更。承包人在施工中提出的合理化建议涉及到对设计图纸或施工组织设计的更改及对材料的换用，须经工程师同意。未经同意擅自更改或换用时，承包人承担由此发生的费用，并赔偿发包人的有关损失，延误的工期不予顺延。工程师同意采用承包人合理化建议，所发生的费用和获得的收益，按发包人与承包人另行的约定分担或分享。

此外，合同履行中发包人要求变更工程质量标准及发生其他实质性变更，由双方协商解决。

2. 工程变更价款确定

工程设计变更多数会引起工程量变更，工程量变更直接导致工程价款变更。工程变更价款确定方法及规则如下：

（1）承包人在合同工程变更确定后14天内，提出变更工程价款的报告，经工程师确认后调整合同价款；承包人在双方确定变更后14天内不向工程师提出变更工程价款报告时，视为该项变更不涉及合同价款的变更。

变更合同价款的方法有3种：

1）合同中已有适用于变更工程的价格，按合同已有的价格变更合同价款。

2）合同中只有类似于变更工程的价格，可以参照类似价格变更合同价款。

3）合同中没有适用或类似于变更工程的价格，由承包人提出适当的变更价格，经工程师确认后执行。

（2）工程师在收到变更工程价款报告之日起14天内予以确认，工程师无正当理由不确认时，自变更工程价款报告送达之日起l4天后视为变更工程价款报告已被确认。

（3）工程师确认增加的合同工程变更价款作为追加合同价款，与工程款同期支付；工程师不同意承包人提出的工程价款，按有关争议的约定条款处理。

（4）因承包人自身原因导致的合同工程变更，承包人无权要求追加合同价款。

（二）施工索赔

一般而言，索赔（Claims）是指在工程合同实施过程中，当事人一方不履行或未正确履行其义务，或本应由当事人一方承担的风险，而使另一方受到损失，受损失的一方向违约方提出的补偿要求。在施工承包中，施工索赔是指，承包人由于非自身原因，或非自身应承担的风险发生了合同规定之外的额外工作或损失，而向发包人所要求费用和工期方面的补偿。换言之，凡超出原合同规定的行为给承包人带来的损失，无论是时间上的还是经济上的，只要承包人认为不能从原合同规定中获得支付的额外开支，但应得到经济和时间补偿的，均有权向发包人提出索赔。因此索赔是一种合理要求，是应取得的补偿。广义上的索赔概念不仅是承包人向发包人提出，而且还包括发包人向承包人提出，后者也常称反索赔，索赔和反索赔往往并存。

1. 施工索赔的分类

关于施工索赔的分类，目前还没有统一的方法，大致有下列几种分类方法。

（1）按索赔的依据分类。按索赔依据分类是根据工程施工的合同条款，分析承包人的索赔要求是否有合同文字依据，将施工索赔分为：

1）合同内索赔（Contractual Claims）。这种索赔涉及的内容可以在合同内找到依据。如，工程量的计算、变更工程的计量和价格、不同原因引起的延期等。

2）合同外索赔（Non-Contractual Claims），亦称超越合同规定的索赔。这种索赔在合同内找不到直接依据，但承包人可根据合同文件的某些条款的含义，或可从一般的民法、经济法或政府有关部门颁布的其他法规中找到依据。此时，承包人有权提出索赔要求。

3）道义索赔（Ex-Gratia Claims），亦称通融索赔或优惠索赔。这种索赔在合同内或在其他法规中均找不到依据，从法律角度讲没有索赔要求的基础，但承包人确实蒙受损失，他在满足发包人要求方面也做了最大努力，因而他认为自己有提出索赔的道义基础。因此，他对其损失寻求优惠性质的补偿。有的发包人通情达理，出自善良和友好，给承包人以适当补偿。

（2）按索赔所涉及的当事人分类。每一索赔均涉及两方当事人，即要求索赔者和被索赔者。在施工中，按索赔所涉及当事人，可将其分为下列 3 种。

1）承包人与发包人之间的索赔。这是施工中最普遍的索赔形式，所涉及的内容大都和工程量计算、工程变更、工期、质量和价格等方面有关，也有关于违约、暂停施工等的补偿问题。

2）总承包人与分包商之间的索赔。这种索赔的内容范围与承包人和发包人间索赔的内容范围基本相同，但它的形式为分包商向总承包人提出补偿要求，或总承包人向分包商罚款或扣留支付款。这种索赔的依据是总承包人和分包商间的分包合同。

3）发包人或承包人与供货商之间的索赔。这种索赔的依据是供货合同。若供货商违反供货合同，给发包人或承包人造成经济损失时，发包人或承包人有权向供货商提出索赔。

（3）按索赔的目的分类。在施工中，索赔按其目的可分为延长工期索赔和费用索赔。

1）延长工期索赔（Claims for Extension of Time，Claims for EOT），简称工期索赔。这种索赔的目的是承包人要求发包人延长施工期限，使原合同中规定的完工日期顺延，以避免承担拖期损失赔偿的风险。如遇特殊风险、变更工程量或工程内容等，使得承包人不能按合同规定工期完工，为避免追究违约责任，承包人在索赔事件发生后就会提出顺延工期的要求。

2）费用索赔（Claims for Loss and Expense），亦称经济索赔。它是承包人向发包人要求补偿自己额外费用支出的一种方式，以挽回不应由他负担的经济损失。

在施工实践中，大多数情况是承包人既提出工期索赔，又提出费用索赔。按照惯例，两种索赔要独立提出，不得将两种索赔要求写在同一索赔报告中。若某一索赔事件发生后，发包人可能只同意工期索赔，而拒绝经济索赔。若两种要求在同一报告中，通常会被认为理由不充分或索赔要求过高，反而会被拒绝。

2. 施工索赔程序

当合同当事人一方向另一方提出索赔时，要有正当的索赔理由，且有索赔事件发生时的有效证据。施工索赔程序如下：

（1）索赔事件发生28天内，承包人以书面形式向工程师发出索赔意向通知。

（2）承包人在发出索赔意向通知后28天内，向工程师提出补偿经济损失和（或）延长工期的索赔报告及有关资料。

（3）工程师在收到承包人送交的索赔报告和有关资料后，于28天内给予答复，或要求承包人进一步补充索赔理由和证据。

（4）工程师在收到承包人送交的索赔报告和有关资料后28天内未予答复或未对承包人作进一步要求，视为该项索赔已经认可。

（5）当该索赔事件持续进行时，承包人应当阶段性地向工程师发出索赔意向，在索赔事件终了后28天内，向工程师提供索赔的有关资料和最终索赔报告。

承包人未能按合同约定履行自己的各项义务和发生错误给发包人造成损失的，发包人也可按上述程序向承包人提出索赔。

3. 工期索赔

（1）工程延期与工期索赔。工程延期是指按合同有关规定，由于非承包人自身原因所造成的、经工程师书面批准的合同完工期限的延长。工期是指原合同所规定的完工期加上工程延期。在工程施工过程中，往往会发生一些不能预见的干扰事件使施工不能顺利进行，并造成工期延期。对于非承包人自身原因所引起的工程延误，承包人有权提出工期索赔，工程师在与发包人和承包人协商一致后，决定合同工期延长的时间。导致工期延长的原因有：

1）任何形式的额外或附加工程。

2）合同条款所提到的任何延误理由，如：延期交图、工程暂停、延迟提供现场等。

3）异常恶劣的气候条件。

4）由业主造成的任何延误、干扰或阻碍。

5）非承包人的原因或责任的其他不可预见的事件。

（2）工期索赔处理中的几个问题。在具体分析处理工期索赔时，除了必须符合合同条款规定的索赔依据和程序外，还必须注意以下几个问题。

1）仅在总工期发生延误时，才有可能给予补偿。用网络计划技术分析施工进度时，一般而言，发生在关键线路上关键活动工期的延误，会影响到总工期，因此是可以索赔的。而发生在非关键线路上活动工期的延误，当影响不了总工期时，就不能补偿；仅当影响总工期时，其影响部分才有可能得到补偿。

2）可原谅的延误（Excusable Delay），才有可能给予补偿。在工程施工索赔工作中，通常把工期延误分为可原谅延误和不可原谅延误两类。可原谅延误指非承包人的责任，而是由于业主的原因或客观影响引起的工程延误。对这类延误，承包人可以索赔。不可原谅的延误是指由于承包人的原因引起，如施工组织不当，工效不高，设备材料供应不足等的延误，以及由承包人承担风险的工期延误。对于不可原谅的延误，承包人是无权索赔的。

3）共同延误的处理。共同延误是指，在施工过程中，工期是由两种（甚至3种）原因（承包人的原因，业主的原因，客观的原因）同时发生而引起的延误。在共同延误的情况下，要具体分析哪一种情况的延误是有效的。一般遵照的原则是，在共同延误的情况下，应该判别哪一种原因是最先发生的，即找出"初始延误"者，由它对延误负责。在初始延误发生作用的期间，其他并发的延误不承担工期延误的责任。

4. 费用索赔

（1）费用索赔分析原则。进行费用索赔应遵循下述两个原则：

1）所有赔偿金额，都应该是承包人为履行合同所必须支出的费用。

2）按此金额赔偿后，都应该是承包人恢复到假如未发生事件的财务状况，即承包人不致因索赔事件而遭受任何损失，但也不得因索赔事件而获得额外收益。

（2）费用索赔内容构成。费用索赔是施工索赔的主要内容。承包人通过费用损失索赔，要求发包人对索赔事件引起的直接损失和间接损失给予合理的经济补偿。费用项目构成、计算方法与合同报价中基本相同，但具体的费用构成内容却因索赔事件性质不同而有所不同。其内容如下：

1）人工费索赔。人工费索赔包括额外雇用劳务人员、加班工作、工资上涨、人员闲置和劳动生产率降低的工时所花费的费用。对于额外雇佣劳务人员和加班工作，用投标时人工单价乘以工时数即可，对于人员闲置费用，发包人通常认为不应计算闲置人员奖金、福利等报酬，所以折扣余数一般为 0.75，工资上涨是指由于工程变更，使承包人的大量人力资源的使用从前期推到后期，而后期工资水平上调，因此应得到相应的补偿。

2）材料费索赔。材料费索赔主要包括材料消耗量和材料价格的增加而增加的费用。追加额外工作、变更工程性质、改变施工方案等，都可能造成材料用量的增加或使用不同的材料。材料价格增加的原因包括材料价格上涨，手续费增加，运输费用增加可能是运距加长，二次倒运等原因。仓储费增加可能是因为工作延误，使材料储存的时间延长导致费用增加。材料费索赔需要提供准确的数据和充分的证据。

3）施工机械费索赔。机械费索赔包括增加台班数量、机械闲置或工作效率降低、台班费率上涨等费用。通常有以下两种方法：

4）现场管理费索赔。现场管理费包括工地的临时设施费、通信费、办公费、现场管理人员和服务人员的工资等。

5）公司管理费索赔。公司管理费是承包人的上级部门提取的管理费，如公司总部办公楼折旧费，总部职员工资、交通差旅费，通信、广告费等。公司管理费是无法直接计入某具体合同或某项具体工作中，只能按一定比例进行分摊的费用。公司管理费与现场管理费相比，数额较为固定。一般仅在工程延期和工程范围变更时才允许索赔公司管理费。

6）融资成本、利润与机会利润损失的索赔。融资成本又称资金成本，即取得和使用资金所付出的代价。其中最主要的是支付资金供应者利息。由于承包人只有在索赔事件处理完结以后一段时间内才能得到其索赔费用，所以承包人不得不从银行贷款或以自有资金垫付，这就产生了融资成本问题，主要表现在额外贷款利息的支付和自有资金的机会利润损失。利润是完成一定工程量的报酬，因此在工程量增加时可索赔利润。机会利润损失是由于工程延期或合同终止而使承包人失去承揽其他工程的机会而造成的损失。

复 习 思 考 题

1. 采用招标投标的方式订立工程合同应当具备哪些先决条件？
2. 请分析在招标实践中招标人往往并不选择报价最低的投标人中标的原因？

3. 试从风险分配的角度分析不同类型施工合同的区别。

4. 简述索赔费用的组成及计算方法。

5. 简述工期索赔的分类及处理方法。

6. 试分析工程变更与施工索赔的区别与联系。

7. 试分析工程招标策划与工程合同管理的关系。

第四章 工程项目进度管理

基 本 要 求

◆ 掌握建设工期、合同工期、计划/规定工期和项目
活动的概念
◆ 掌握用双代号网络图和时标网络图的编制方法
◆ 掌握双代号网络进度计划活动时间参数的计算
◆ 掌握进度的检查、比较方法
◆ 熟悉工程项目进度计划系统的内容
◆ 熟悉项目活动间逻辑关系和持续时间的定义
◆ 熟悉进度偏差分析和调整的方法
◆ 了解工程进度影响因素
◆ 了解进度计划的编制依据和程序
◆ 了解进度计划优化和计划评审技术

工程项目进度管理是指项目管理者围绕目标工期要求编制计划，付诸实施且在此过程中经常检查计划的实际执行情况，分析进度偏差原因并在此基础上，不断调整或修改原计划，如此循环直至工程竣工交付使用。对一个工程项目而言，其建设进度安排是否合理，在实施过程中又能否按计划执行，这直接关系到工程项目经济效益的发挥。因此，进度管理是工程项目管理中的中心任务之一。

第一节 概 述

一、工程项目进度相关概念

1. 工程项目进度与工期

（1）工程项目进度。进度是指活动或工作进行的速度；工程项目进度，或称工

程进度，指工程项目进行的速度。工程项目进度不能过快或过慢，工程进度慢或拖延工期将导致工程不能按期发挥效益；赶工加快工程进度，则会增加建设成本，工程质量也容易出现问题。因此，工程项目进度应控制在一定范围内，并与工程成本/投资和质量目标协调一致。

（2）工程项目工期。指完成工程项目或其子项目所需要的时间，常用天、周或月表示。

2. 建设工期与合同工期

（1）建设工期。指工程项目或单项工程从正式开工到全部建成投产或交付使用所经历的时间。建设工期一般按日历月计算，有明确的起止年月，并在建设项目的可行性研究报告中有具体规定。建设工期是具体安排建设计划的依据。

（2）合同工期。指完成合同范围工程项目所经历的时间，一般以日历天计。它的开始计算日期为承包人接到监理工程师开工通知令这一天。监理工程师发布开工通知令的日期和工程竣工日期在投标书附件中一般均有详细规定，但合同工期除了该规定的天数外，还应计及：因工程内容或工程量的变化、自然条件不利的变化、业主违约及应由业主承担的风险等不属于承包人责任事件的发生，且经过监理工程师发布变更指令或批准承包人的工期索赔要求，而允许延长的天数。

3. 规定工期与计划工期

（1）规定工期。指在建设工期、合同工期或上一级项目计划工期的规定下，完成项目所规定的时间，其是进一步编制详细进度计划的依据。

（2）计划工期。指进度计划编制者，在规定工期的限制下，根据工程项目实施特点、经济性、安全性等方面要求而确定的工期。如，编制工程项目总进度计划时，一般根据建设工期确定工程总进度计划工期，并要求工程总进度计划工期小于或等于建设工期；承包人在编制合同工程进度计划时，一般根据合同工期确定合同工程进度计划工期，并要求合同工程进度计划工期小于或等于合同工期。

二、影响工程项目进度的因素

工程项目进度管理是一个动态过程，影响因素多，风险大，应认真分析和预测，合理采取措施，在动态管理中实现进度目标。影响工程项目进度的因素来自下列几方面。

（1）业主。业主提出的建设工期目标的合理性、业主在资金及材料等方面的供应进度、业主各项准备工作的进度和业主项目管理的有效性等均影响着建设项目进度。

（2）勘察设计单位。其影响因素包括：勘察设计目标的确定、可投入的力量及其工作效率、各专业设计的配合，以及业主和设计单位的配合等。

（3）承包人。其影响因素包括：施工进度目标的确定、施工组织设计编制、投入的人力及施工设备的规模，以及施工管理水平等。

（4）建设环境。其影响因素包括：建筑市场状况、国家财政经济形势、建设管理体制、当地施工条件（气象、水文、地形、地质、交通、建筑材料供应）等。

上述多方面的因素是客观存在的，但有许多是人为的，是可以预测和控制的，参与工程建设各方要加强对各种影响因素的控制，确保进度管理目标的实现。

三、工程项目进度管理周期

进度管理周期系指工程建设项目进度控制的全过程。一个建设项目要经过可行性研究、设计、施工和竣工验收等阶段。每一阶段均与进度控制密切相关。

可行性研究阶段对项目建议进度进行论证，并具体化，提出实施进度（工期）的建议。它是对工程项目进行评估的时间依据，是对项目进行决策的依据之一。

设计阶段对实施进度作具体规划，实施设计进度控制，并对设计方案和施工进度作出预测，将可行性研究报告的建设工期和实施进度进行对比，对设计文件作出评价。

施工阶段是进度管理的"操作过程"，要严格按计划进度实施，对造成计划偏离的各种干扰因素予以排除，保证进度目标的实现。

四、工程项目进度计划系统

建设工程项目进度计划系统是由多个相互关联的进度计划组成的系统，它是项目进度控制的依据。由于各种进度计划编制所需要的必要资料是在项目进展过程中逐步形成的，因此项目进度计划系统的建立和完善也有一个过程，它是逐步形成的。

（1）由不同项目参与方的计划构成进度计划系统，包括：

1）业主方编制的整个项目实施的进度计划。

2）设计进度计划。

3）施工和设备安装进度计划。

4）采购和供货进度计划等。

（2）由不同深度的计划构成进度计划系统，包括：

1）总进度计划。

2）项目子系统进度计划。

3）项目子系统中的单项工程进度计划等。

（3）由不同功能的计划构成进度计划系统，包括：

1）控制性进度计划。

2）实施性进度计划等。

（4）由不同周期的计划构成进度计划系统，包括：

1）长期进度计划。

2）短期进度计划，包括年度、季度、月度和旬计划等。

在建设工程项目进度计划系统中，各进度计划或各子系统进度计划编制和调整时必须注意其相互间的联系和协调。

第二节　工程项目活动设计

工程项目活动（Activity），亦称工作、工序或子项目，是指为完成工程项目而必须进行的具体的工作。工程项目活动是工程项目进度管理的基本单元，在进度管理中，一般首先要设计项目活动的 3 个属性：范围、逻辑关系和持续时间。设计活动范围，并给以适当编号，以区分不同的活动，确定进度管理的基本单元；设计逻辑关系，以明确活动之间的相互联系；设计资源供应计划，以估计活动持续时间。

一、活动范围设计

1. 项目活动范围设计的依据

设计活动范围主要依据工程项目的结构、工程施工的特性和管理上的需要，具体应包括：

（1）已有的工程项目分解规定。根据工程项目的特性可将其分解为单项工程、单位工程、分部工程和分项工程。这样的分解在建筑、水利水电等行业都已作了一些规定，可将这样的分解视为是工程项目活动范围设计的基础。

（2）工程施工方案和管理的要求。在工程项目分解到分项工程后，可根据施工的特点和管理上的要求，再作进一步的详细分解，得到进度管理的基本单元，即工程项目活动。活动的范围可大可小。如，可将混凝土拌制、混凝土运输、混凝土浇筑和混凝土养护各设计为一项活动，也可将这 4 项活动综合设计为一项混凝土工程。当然，在一些较为宏观的进度计划中，有时也将一分项工程设计为一活动。

2. 活动范围表示

项目活动范围完成后，可将工程项目可分解为从粗到细、分层的树状结构，并可用表的形式表示，形成施工项目活动清单（Activity List），见表 4 - 1。

表 4 - 1   某工程安装间施工项目活动清单

活动号	活 动 名 称	紧前活动	工程量	单位	持续时间（d）
a	柱体浇筑 923.48m 高程	—	4000.0	m^3	90
b	钢梁、预制桥机轨道梁及轨道安装	a	1	项	15
c	2 号桥机安装调试运行开到 1 号机组	b	1	项	45
d	柱体浇筑 923.48 ~ 929.00m 高程	b	290.0	m^3	60
e	墙体砌筑	a	450.0	m^3	90
f	网架施工	d	1	项	45
g	1 号桥机安装调试运行	f	1	项	45
h	屋面板铺设	f	1	项	30
i	屋顶女儿墙933.35m 高程	$FTS_{hi} = 60$ 天	62.6	m^3	30
j	屋面防水	i	1	项	30

注 FTS_{hi} 为活动 h 结束时间与活动 i 开始间的时间间隔。

二、活动逻辑关系设计

为方便工程项目进度管理，有必要设计项目活动间的逻辑关系，然后借助于一定的工具来描述这种逻辑关系，以便进一步对工程进度作分析。

1. 活动逻辑关系描述

活动逻辑关系（Activity Logical Relations）是指活动之间开始投入工作或完成工作的先后关系，其常由活动的工艺关系和组织关系所决定。

（1）工艺关系（Process Relation）。活动之间的先后关系由活动的工艺决定的称为工艺关系。在图 4 - 1 中，槽 1→垫 1→基 1→填 1 为工艺关系。

（2）组织关系（Organizational Relation）。活动之间的先后关系由组织活动的需要（如人力、材料、施工机械调配的需要）决定的称为组织关系。在图 4 - 1 中，槽 1→槽 2，垫 1→垫 2 等为组织关系。

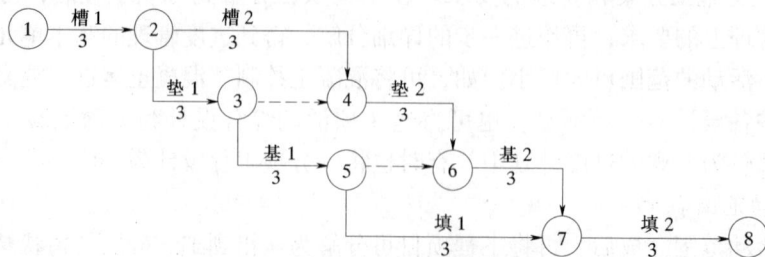

图 4 - 1　某基础工程关系示例图

2. 活动逻辑关系的表现形式

活动逻辑关系一般可表达为平行关系、顺序关系和搭接关系 3 种形式，如图 4-2 所示。在这 3 种关系中，搭接关系是最基本的，平行关系和顺序关系可视为其特例。

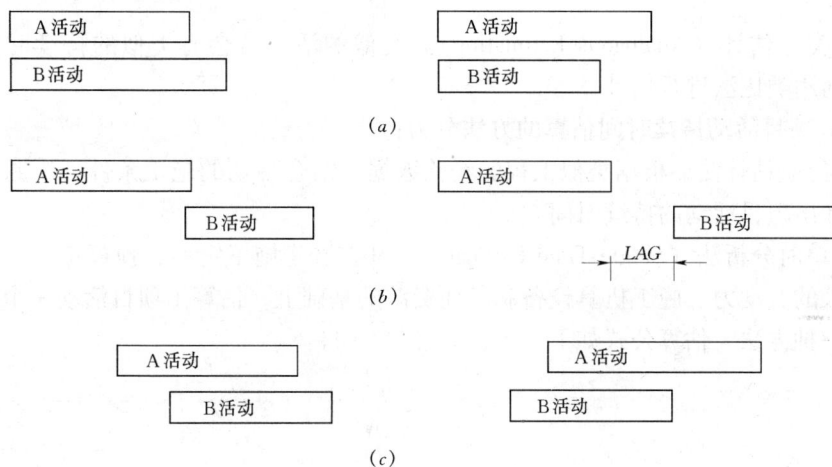

图 4-2　活动逻辑关系一般形式示意图
(a) 平行关系；(b) 顺序关系；(c) 搭接关系

三、活动持续时间设计

设计工程项目活动持续时间，与设计工程项目范围和逻辑关系不同，它是在工程项目范围确定的基础上，首先根据经验初步估计活动持续时间；其次设计完成项目所投入的各种资源的品种、数量，然后分析估算活动持续时间。

1. 项目活动时间设计的依据

活动持续时间估算的依据一般包括：

(1) 项目活动清单。

(2) 资源配置（Resource Requirements）。资源包括人力、材料、施工机械和资金等，大多数情况下，活动持续时间受到资源分配的影响。

(3) 资源效率（Resource Capabilities）。大多数活动持续时间受到所配置的资源的效率的影响。如，熟练工完成某项活动的时间一般要比普通工少。

2. 项目活动持续时间设计的途径和方法

(1) 项目活动持续时间估计的途径可采用下列 3 条，或者是他们的综合。

1）利用历史数据（Historical Results）。历史数据包括：工程定额（Quota）、项目档案（Project Files）、规程规范，以及企业所积累的一些数据。

2）专家判断估计（Expert Judgment）。影响活动持续时间的因素很多，对其的估计也有一定的难度。因此，可请专家提供帮助，由他们根据历史资料和积累的经验进行估计。

3）类比估计（Analogous Estimating）。类似的活动常会有类似的持续时间，因此，可利用类比法进行估计。

（2）项目活动持续时间估算的方法分为：

1）经验估计法。根据类似工程的经验数据，结合现场的施工条件、资源供应情况，估计出项目活动的持续时间。

2）单时分析法（Single-Time-Estimate）。其在选定施工定额、预算定额、施工方法、投入的劳动力、施工机具设备和其他资源的基础上，估算出项目活动一个肯定的时间的一种方法。估算公式如下：

$$t_{i-j} = \frac{Q}{SRN} \tag{4-1}$$

式中：t_{i-j}为完成活动$i-j$的持续时间；Q为活动的工作量；S为产量定额；R为投入活动$i-j$的人数或施工机械台班；N为工作的班次。

单时分析法，一般适用于影响活动的因素少、影响程度比较确定，并且具有相当的历史资料的情况。

3）三时分析法（Three-Time-Estimate）。当各活动的影响因素较多，其不确定性较大，且又缺乏时间消耗的历史资料时，就难估算出一个肯定的单一的时间值，而只能由概率理论，估算在一定资源投入条件下，项目活动持续时间的期望值（Expectation）和方差（Variance）。三时分析法首先估算出下列3个时间值：

①最乐观时间（Most Optimistic Time）a；

②最可能时间（Most Probable Time）m；

③最悲观时间（Most Pessimistic Time）b。

然后，假设项目活动持续时间服从β分布，并用下列公式估算项目活动$i-j$持续时间的期望值D_{i-j}和方差σ^2_{i-j}。

$$D_{i-j} = \frac{a + 4m + b}{6} \tag{4-2}$$

$$\sigma^2_{i-j} = \left(\frac{b-a}{6}\right)^2 \tag{4-3}$$

第三节　工程项目进度计划编制

工程项目进度计划（Project Schedule）是在项目分解结构的基础上对项目活动做出的一系列时间安排。可表示活动预计开始和完成的时间以及工程项目的工期，同时还可以：

（1）引导项目其他类型的计划工作。

（2）协调资源。

（3）使资源在需要时可以被利用。

（4）预测在不同时间上所需的资金和资源的级别以便赋予项目不同的优先级。

（5）满足严格的完工时间约束。

进度问题在项目生命周期中引起的冲突最多。在项目管理中对进度的考虑一般要优于费用考虑，因而进度计划在项目管理中非常重要，是成功实现项目目标的关键。

一、进度计划编制依据

不同类型的施工进度计划，其依据稍有差别。编制施工进度计划，常应以下列信息为依据。

（1）施工承包合同。施工承包合同中有关工期、质量、资金的要求是确定施工进度计划的基本依据。

（2）设计文件及施工详图供图速度。设计文件明确了工程规模、结构形式及具体的要求，是编制进度的依据。此外，施工详图是施工的依据，施工详图的供图速度必须与施工进度计划相适应。

（3）施工方案。施工方案设计与施工进度计划编制是互为影响的，施工方案设计应考虑到施工进度的要求；而编制施工进度计划又应考虑到施工方法、施工机械的选择等因素的影响。

（4）有关法规、技术规范或标准。例如施工技术规范、施工定额等。

（5）施工企业的生产经营计划。一般施工进度计划应服从施工企业经营方针的指导，满足生产经营计划的要求。

（6）承包人的管理水平和设备状况。包括承包人及分包商的项目管理水平、人员素质与技术水平、施工机械的配套与管理等资料。

（7）有关施工条件。包括：①施工现场的气象、水文、地质情况；②建设地区建筑材料、劳动力供应情况；③供水、电的方式及能力等状况；④工地场内外交通状况；⑤征地、拆迁及移民安置情况；⑥业主、监理工程师和设计单位管理项目的方法和措施。

二、进度计划编制程序

当应用网络计划编制工程项目进度计划时，其编制程序包括 4 个阶段 10 个步骤，见表 4 - 2。

表 4 - 2   工程项目进度编制程序

编 制 阶 段	编 制 步 骤
Ⅰ. 计划编制准备阶段	1. 调查研究，收集相关资料
	2. 确定网络进度计划目标，即进度计划工期
Ⅱ. 绘制网络图阶段	3. 进行项目分解，确定活动范围
	4. 分析活动逻辑关系
	5. 绘制网络图
Ⅲ. 计算时间参数及确定关键线路阶段	6. 设计活动资源配置，计算活动持续时间
	7. 计算网络计划时间参数
	8. 确定关键线路和关键工期
Ⅳ. 网络计划优化阶段	9. 优化网络计划
	10. 整理优化后网络计划

1. 计划准备阶段

（1）调查研究，确定相关资料。调查研究的目的是为了掌握充分、准确的资料，从而为确定合理的进度计划工期、编制科学的进度计划提供可靠的依据。调查的内容包括：项目可行性研究报告、初步设计相关文件或工程合同，以及设计资料、有关标准和定额、资源需求和供应情况、有关历史和统计资料等。

（2）确定工期目标。工期目标，也即时间目标，是指有关主管部门要求的工期或合同中规定的工期。工期目标的确定应以设计和施工工期定额为依据，同时充分考虑项目的难易程度、现场的施工条件、资源和成本的约束等。

2. 绘制网络图阶段

（1）项目分解，确定活动范围。将项目由粗到细分解是编制计划的前提。对于控制性计划，项目分解应粗一些，而实施性计划，项目分解应细一些。

（2）分析逻辑关系。分析活动之间的逻辑关系时，既要考虑工艺上的关系，又要考虑组组织安排和资源调配的需要。对于施工进度计划而言，安排逻辑关系的主要依据有施工方案、资源供应情况以及施工经验等。

（3）绘制网络图。根据已确定的逻辑关系按网络图的绘制规则绘制网络图。根据需要和习惯，既可绘制双代号网络，又可绘制单代号网络图。

3. 计算时间参数和网络计划的优化阶段

时间参数的计算和网络计划的优化具体见下面有关内容。

三、进度计划编制方法

工程项目进度计划的表示方法有很多，常用的有横道图和网络图两种表示方法。

（一）横道图法

横道图又称甘特图（Gantt），是美国人甘特于 20 世纪 20 年代提出。由于其直观、易于编制和理解，因而被广泛用于工程项目进度计划与控制中。

横道图表示进度计划，一般包括两个部分，即左侧的数据区域（主要有活动名称、持续时间、单位、工程量等）和右侧的横道线区域。图 4-3 即为用横道图表示的某桥梁工程的施工进度计划。该计划明确表示出工程项目的划分、活动的开工时间和完工时间、持续时间以及项目的工期等信息。

序号	工作名称	持续时间(d)	进度（d）										
			5	10	15	20	25	30	35	40	45	50	55
1	施工准备	5	—										
2	预制梁	20		—	—	—							
3	运输梁	2					—						
4	东侧桥台基础	10		—	—								
5	东侧桥台	8				—							
6	东桥台后填土	5					—						
7	西侧桥台基础	25		—	—	—	—	—					
8	西侧桥台	8								—			
9	西桥台后填土	5									—		
10	架梁	7								←	—		
11	与路基连接	5										—	

图 4-3　用横道图表示的某桥梁工程的施工进度计划

利用横道图编制工程项目进度计划，存在以下缺点：

1）不能明确表达出活动之间的逻辑关系。在计划执行过程中，当某项活动的进度提前或拖延时，横道图不便于分析这种提前或拖后对后续活动和项目工期的影响。

2）不能明确反映出项目的关键活动和关键线路，因而不便于进度控制人员抓住影响工期的主要矛盾。

3）不便于进行工期、资源和费用优化。

鉴于上述不足，横道图一般适用于简单、粗略的进度计划编制，或作为网络计划分析结果的输出形式。

（二）网络图法

网络计划技术的种类与模式很多，但以每项活动的持续时间和逻辑关系划分，可归纳为四种不同类型：①针对活动持续时间肯定和逻辑关系肯定的关键线路法（CPM）；②针对活动持续时间非肯定和逻辑关系肯定的计划评审技术（PERT）；③针对活动持续时间肯定和逻辑关系非肯定的决策关键线路法；④针对活动持续时间非肯定和逻辑关系非肯定的图示评审技术、随机网络计划技术、风险型随机网络。其中，CPM 在工程项目中应用最广泛，而 CPM 中又有两种常用的工具：双代号网络图（Activity‑on‑Arrow Network）和单代号网络图（Activity‑on‑Node Network）。下面主要介绍双代号网络图及其衍生图：双代号时标网络图。

1. 双代号网络图

双代号网络图又称箭线式网络图，它是以箭线或其两端节点的编号表示活动的网络图。双代号网络图中，每一条箭线表示一项活动，如图4-4所示。箭线的箭尾节点表示该活动的开始，箭线的箭头节点表示该活动的结束。在非时标网络图中，箭线的长度不反映活动持续时间的长短。箭线宜画成水平直线，也可画成折线或斜线。水平直线投影的方向应自左向右，表示活动的进行方向。双代号网络图的节点应用圆圈表示，并在圆圈内编号。节点编号顺序应从小到大，可不连续，但严禁重复。

（1）双代号网络图三要素。

1）活动。在双代号网络图中一项活动用一条箭线和两个圆圈表示，如图4-4所示。活动名称写在箭线上面，活动的持续时间写在箭线下面；箭尾表示活动的开始，箭头表示活动的结束；圆圈中的两代码也可用以代表活动的名称。在图4-5中的挖土、打桩等活动均用箭线表示。在无时间坐标的网络图中，箭线的长度与完成活动持续时间无关。箭线一般画成直线，也可画成折线或曲线。双代号网络图中的活动分二类：一类是既需消耗时间，又需消耗资源的活动，例如图4-5中的挖土、打桩；另一类活动，它既不消耗时间，也不需要消耗资源的活动，称为虚活动（Dummy Activity）。虚活动是为了反映各活动间的逻

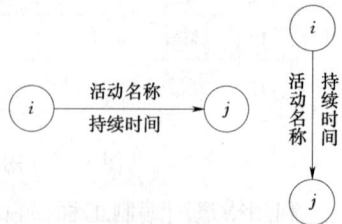

图4-4　活动表示图

辑关系而引入的，并用虚箭线表示。如图4－5中，在打桩前就有一虚箭线，其表示要在挖土和桩预制及养护均完成后，才能开始打桩。

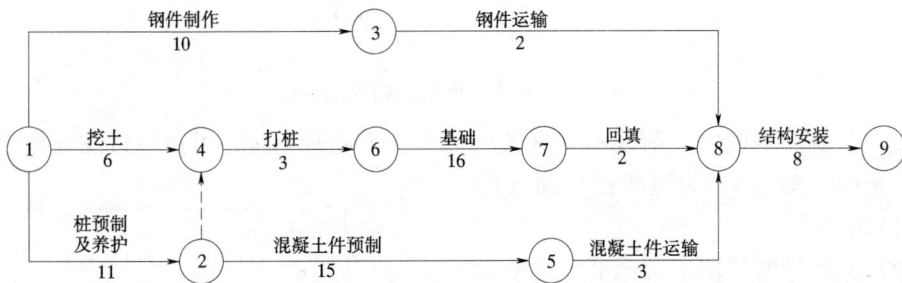

图4－5　双代号网络图图

2）节点（Node），又称事项或事件（Event）。它表示一项活动的开始或结束的瞬间，起承上启下的衔接作用，而不需要消耗时间和资源。节点在网络图中一般用圆圈表示，并赋以编号，如图4－5所示。箭线出发的节点称为开始节点，箭线进入的节点称为结束节点。在一个网络图中，除整个网络计划的起始节点和终止节点外，其余任何一个节点均有双重作用，即，既是前面活动的结束节点，又是后面活动的开始节点。

3）线路（Path），又称路线。从网络图的起始节点出发，沿箭线方向连续不断地通过一系列节点和箭线，到达网络图的终止节点有若干条通路，这每一条通路都称为一条线路。线路上各活动持续时间之和称为该线路持续时间。网络图中线路持续时间最长的线路称为关键路线（Critical Path）。关键路线的持续时间称进度网络计算工期。同时，位于关键线路上的活动称为关键活动（Critical Activity）。

（2）双代号网络图的绘制规则。在绘制双代号网络图时，一般应遵循以下基本规则：

1）双代号网络图必须正确表达已定的逻辑关系。

2）双代号网络图中，严禁出现循环回路。

3）双代号网络图中，在节点之间严禁出现带双向箭头或无箭头的连线。图4－6中的活动2－4和4－5的表示是错误的。

4）双代号网络图中，严禁出现没有箭头节点或没有箭尾节点的箭线。图4－7中，图（a）出现了没有箭尾节点的箭线；图（b）中出现了没有箭头节点的箭线，都是不允许的。没有箭头节点的箭线，不能表示它所代表的活动在何处完成；没有箭尾节点的箭线，不能表示它所代表的活动在何时开始。

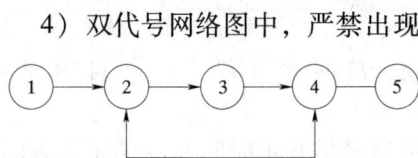

图4－6　双代号网络图
错误的活动箭线画法

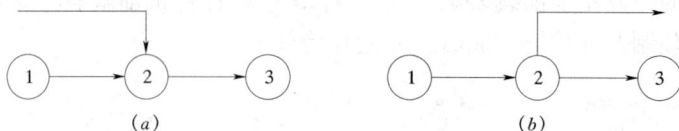

图4-7 双代号网络图错误的画法

5）绘制网络图时，箭线不宜交叉；当交叉不可避免时，可用过桥法或指向法。图4-8中，图（a）为过桥法；图（b）为指向法。

6）双代号网络图中应只有一个起始节点和一个终点节点，而其他所有节点均应是中间节点，即既有箭头指向它，也有箭尾离开它。

7）一条箭线箭头节点的编号应大于箭尾节点的编号。编号时号码应当从小到大，箭头节点编号必须在其前面的所有箭尾节点都已编号之后进行。图4-9（a）为正确编号，图4-9（b）为错误编号。

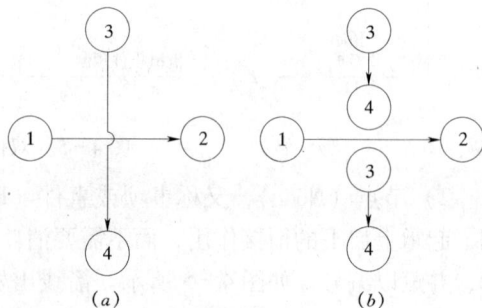

图4-8 双代号网络图箭线交叉的表示方法

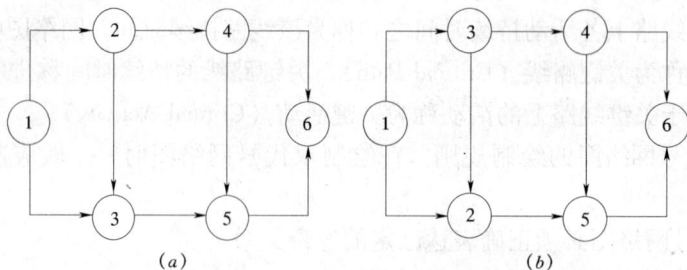

图4-9 网络图的节点的编号

（3）双代号网络计划时间参数的计算。除活动的持续时间（D_{i-j}）外，网络计划中每项活动有6个时间参数：最早开始时间（ES_{i-j}）、最早完成时间（EF_{i-j}）、最迟完成时间（LF_{i-j}）、最迟开始时间（LS_{i-j}）、总时差（TF_{i-j}）和自由时差（FF_{i-j}）。

1）计算活动的最早时间。活动的最早时间包括最早开工时间和最早完工时间。最早开工时间是指本活动有可能开始的最早时刻，最早完工时间是指本活动有可能完成的最早时刻。活动的最早时间的计算应从网络计划的起始节点开始，顺着箭线方向依次进行。其计算步骤如下：

①以网络计划起始节点（$i = 1$）为开始节点的活动，当未规定其最早开始时间时，一般假设其最早开始时间为零，即 $ES_{1-j} = 0$。

②其他活动的最早开始时间 ES_{i-j} 应等于其紧前活动最早开始时间 ES_{h-i} 与紧前活动持续时间 D_{h-i} 之和的最大值，即：

$$ES_{i-j} = \max\{EF_{h-i}\} = \max\{ES_{h-i} + D_{h-i}\}, (h < i < j) \tag{4-4}$$

③活动的最早完成时间 EF_{i-j} 按式（4-5）进行计算：

$$EF_{i-j} = ES_{i-j} + D_{i-j} \tag{4-5}$$

2）网络计划的计算工期 T_c。T_c 是根据网络计划中各活动的持续时间及各活动的逻辑关系计算而得到的完成该计划所需的最短时间。T_c 应等于以网络计划终点节点（$j = n$）为完成节点的所有活动的最早完成时间的最大值，即：

$$T_c = \max\{EF_{i-n}\} \tag{4-6}$$

3）确定网络计划的计划工期 T_p。T_p 是指根据计划要求或规定要求（如合同的要求）所确定的工期，一般情况下 $T_p = T_c$。

4）计算活动的最迟时间。

活动的最迟时间包括最迟开始时间和最迟完成时间。活动的最迟开始时间是指在本活动必须开始的最迟时刻；活动的最迟完成时间是指本活动必须完成的最迟时刻。

活动的最迟时间的计算，首先要明确计划工期；其次从网络计划的终节点 n 开始，逆箭线方向依次进行，具体计算步骤如下：

①以网络计划终节点 n 为完成节点的活动，其最迟完成时间 LF_{i-n} 等于网络计划的计划工期，即：

$$LF_{i-n} = T_p, (i < n) \tag{4-7}$$

②其他活动的最迟完成时间 LF_{i-j} 应等于其紧后活动最迟完成时间与其紧后活动持续时间之差的最小值，即：

$$LF_{i-j} = \min\{LS_{j-k}\} = \min\{LF_{j-k} - D_{j-k}\}, (i < j < k) \tag{4-8}$$

③活动的最迟开始时间 LS_{i-j} 按式（4-9）计算：

$$LS_{i-j} = LF_{i-j} - D_{i-j} \tag{4-9}$$

5）计算活动的总时差 TF_{i-j}。活动的总时差是指在不影响计划工期的前提下，本活动可以利用的最大的机动时间。TF_{i-j} 等于该活动最迟完成时间与最早完成时间之差，或该活动最迟开始时间与最早开始时间之差，即：

$$TF_{i-j} = LF_{i-j} - EF_{i-j} = LS_{i-j} - ES_{i-j} \tag{4-10}$$

6）计算活动的自由时差。活动的自由时差是指在不影响其紧后活动最早开始时间的前提下，本活动可以利用的最大的机动时间。活动自由时差 FF_{i-j} 的计算应按以下两种情况分别考虑：

①对于有紧后活动的活动，其自由时差等于本活动之紧后活动最早开始时间减本活动最早完成时间所得之差的最小值，即：

$$FF_{i-j} = \min\{ES_{j-k} - EF_{i-j}\}, (i < j < k) \tag{4-11}$$

或 $$FF_{i-j} = \min\{ES_{j-k} - ES_{i-j} - D_{i-j}\}, (i < j < k) \tag{4-12}$$

②对于没有紧后活动的活动，其自由时差等于计算工期减本活动最早完成时间，即

$$FF_{i-j} = T_c - EF_{i-j} \tag{4-13}$$

要注意的是，活动自由时差的计算，完全可放在活动最早时间计算之后进行。

7）确定关键活动和关键线路。在网络计划中，总时差最小的活动为关键活动，特别地，当网络计划的计划工期等于计算工期时，总时差为零的活动就是关键活动。将这些关键活动自左而右首尾相连而形成的线路就是关键线路。关键活动和关键线路在网络图上一般用粗线或双线或彩色线标注其箭线。图4-10将活动时间参数的计算结果和关键线路标注在图上，这称六时标注分析法，简称六时标注法。

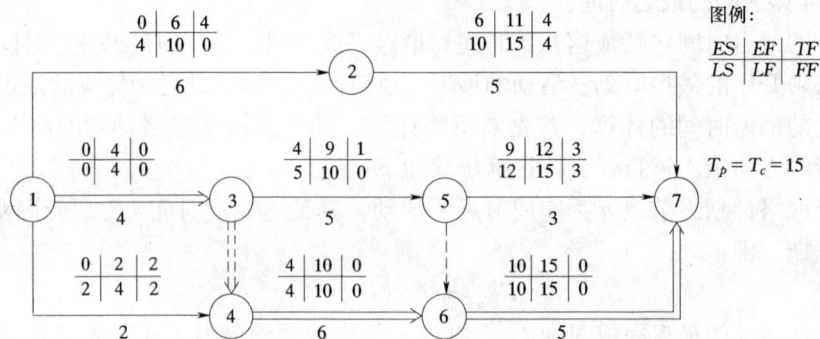

图4-10 图上作业法计算网络时间参数示例

2. 双代号时标网络图

（1）双代号时标网络图。

双代号时标网络法（Time - Coordinate Network，或 Time Scale Network），简称时标网络，是以时间坐标为尺度表示活动的进度网络，见图4-11。双代号时标网络将双代号网络图和横道图结合了起来，既可表示活动的逻辑关系，又可表示活动的持续时间。

双代号时标网络图绘制在时标计划表上。时标计划表的时间单位可根据需要在编制时标网络计划之前确定，可以是小时、天、周、旬、月或季等。时间可标注在时标计划表顶部，也可以标注在底部，必要时还可以在顶部和底部同时标注。

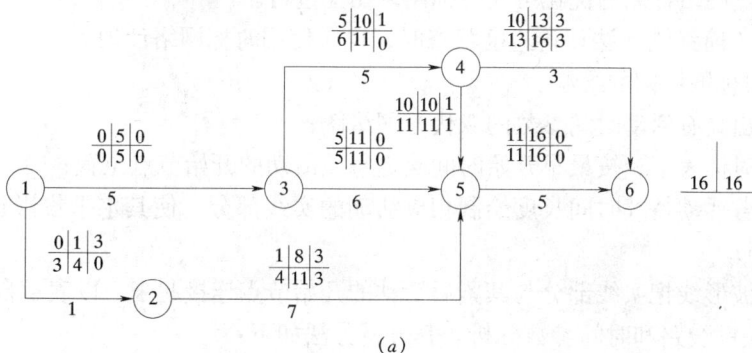

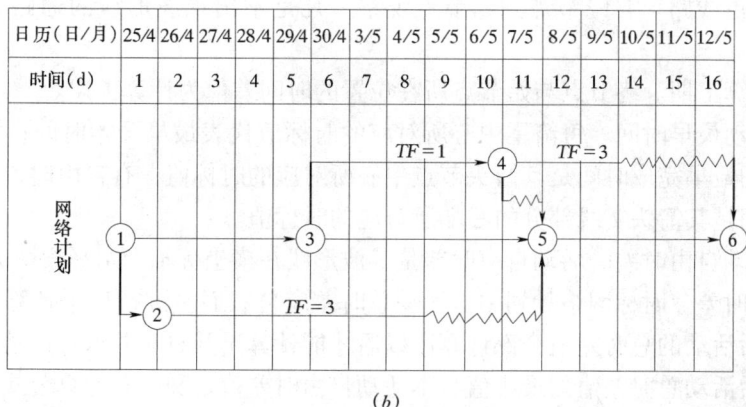

图 4-11　时标网络图

(a) 双代号网络计划及时间参数；(b) 双代号时标网络计划

在时标网络计划中，以实箭线表示活动，实箭线的水平投影长度表示活动的持续时间；以虚箭线表示虚活动；以波形线表示自由时差。

(2) 时标网络计划的特点。时标网络计划与无时标网络计划相比，有以下特点：

1) 主要时间参数一目了然，只有图上没有直接表示出来的时间参数，才需要进行计算。故使用时标网络计划可大大节省计算量。

2) 由于箭线的长短受时标的制约；故绘图比较麻烦，另外修改活动持续时间必须重新绘图。

(3) 时标网络计划的用途。由于时标网络计划具有上述优点，故时标网络计划在我国应用面较广。时标网络计划主要适用于以下几种情况：

1) 活动较少、工艺过程较为简单的工程项目进度计划，能边绘制、边计算和边调整。

2）初始网络计划的优化可在时标网络图上进行。

3）用"前锋线"法评价进度状态时，也应使用时标网络计划。

（4）时标网络图的绘制。

1）画出具有活动时间参数的双代号网络图；

2）在时标表上，按最早开始时间确定每项活动的开始节点位置；

3）按各活动持续时间长度绘制相应活动的实线部分，使其水平投影长度等于活动持续时间；

4）用波形线把实线部分与其紧后活动的开始节点连接起来，以表示自由时差。

（5）关键线路和时间参数分析。其分析方法如下：

1）关键线路。自终节点到始节点观察，凡是不出现波形线的通路，即为关键线路。

2）计算工期。终节点与始节点所在位置的时间差值为计算工期。

3）活动最早时间。每箭尾中心所对应的时标值代表最早开始时间；没有自由时差的活动的最早完成时间是其箭头节点中心所对应的时标值；有自由时差的活动的最早完成时间是其箭头实线部分的右端所对应的时标值。

4）活动自由时差。活动自由时差是其波形线在横坐标轴上水平投影的长度。

5）总时差。时标网络计划中，活动总时差应自右而左进行逐个计算。一项活动只有其紧后活动的总时差值全部计算出以后才能计算出其总时差值。活动总时差值等于其诸紧后活动总时差值的最小值与本活动自由时差值之和。其计算公式是：

①以终点节点（$j=n$）为完成节点的活动的总时差 TF_{i-n} 按网络计划的计划工期 T_p 计算确定，即

$$TF_{i-n} = T_p - EF_{i-n} \qquad (4-14)$$

②其他活动的总时差 TF_{i-j} 应为

$$TF_{i-j} = \min(TF_{j-k} + FF_{i-j}),(i < j < k) \qquad (4-15)$$

TF_{i-j} 计算完成后，如果有必要，可将其标注在相应的波形线或实箭线之上。

6）活动最迟时间的计算。由于已知最早开始时间 ES_{i-j} 和最早结束时间 EF_{i-j}，又知道了活动总时差 TF_{i-j}，故其活动最迟时间可用以下公式计算：

$$LS_{i-j} = ES_{i-j} + TF_{i-j} \qquad (4-16)$$

$$LF_{i-j} = EF_{i-j} + TF_{i-j} \qquad (4-17)$$

［案例4-1］ 时标网络计划时间的计算

以图4-12为例，计算时标网络计划的时间参数。

时间(d)	1	2	3	4	5	6	7	8	9	10	11	12	13	14	15	16	17	18

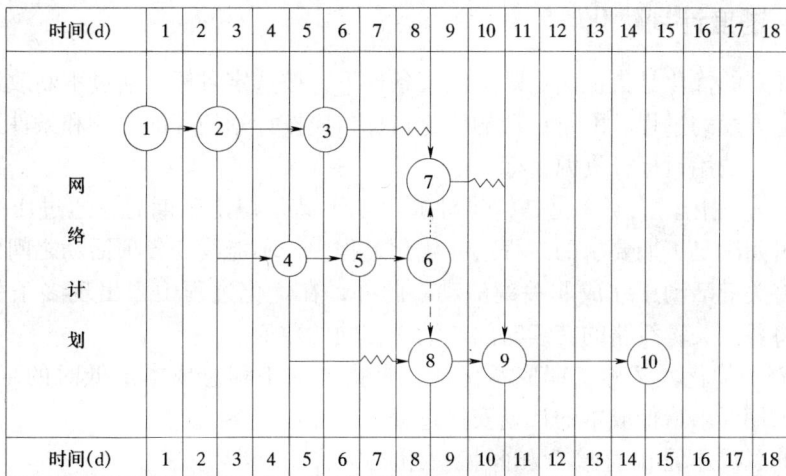

图 4-12　时标网络计划

（1）计算工期的确定。网络计划的计算工期等于终点节点⑩与起点节点①所在位置的时标值之差。$T_c = 14 - 0 = 14$ 天。

（2）最早时间的确定。时标网络计划中，每条箭线开始节点对应的时标值代表活动的最早开始时间，实线部分右端或完成节点对应的时标值代表活动的最早完成时间。如图中箭线 3-7 的最早开始时间为第 5 天，最早完成时间为第 7 天。箭线 4-8 的最早开始时间为第 4 天，最早完成时间为第 6 天。

（3）活动自由时差的确定。活动自由时差等于其箭线上波形线的水平长度值。如图中箭线 3-7 的自由时差为 1 天。

（4）活动总时差的计算。总时差应自右向左逐个计算。图中活动 9-10 的总时差按式（4-14）计算为 $TF_{9-10} = 14 - 14 = 0$ 天；活动 8-9 的总时差按式（4-15）计算 $TF_{8-9} = 0 + 0 = 0$ 天；活动 4-8 的总时差按式（4-15）计算 $TF_{4-8} = 0 + 2 = 2$ 天；依此类推，可计算出全部活动的总时差。

（5）计算最迟时间。按式（4-16）和式（4-17）计算最迟开始时间和最迟完成时间，可得：

$LS_{4-8} = TF_{4-8} + ES_{4-8} = 2 + 4 = 6$ 天；$LF_{4-8} = TF_{4-8} + EF_{4-8} = 2 + 6 = 8$ 天；依此类推，可计算出全部活动的最迟开始时间和最迟完成时间。

（6）关键线路的确定。图 4-12 中，①—②—④—⑤—⑥—⑧—⑨—⑩线路自始至终不出现波形线，为关键线路。

*四、进度计划优化

网络计划的优化是指在满足既定约束条件下，按选定目标，通过不断改进网络计划寻求满意方案的过程。网络计划的优化目标，应按计划任务的需要和条件选定，包括工期目标、费用目标、资源目标。

（1）工期优化。工期优化是指当计算工期不满足规定工期时，通过压缩关键活动的持续时间满足工期要求的过程。在优化过程中，不能改变各项活动之间的逻辑关系，不能将关键活动压缩成非关键活动。此外，在优化过程中当出现多条关键线路时，必须将各条关键线路的持续时间压缩成相同的数值。

（2）费用优化。又称工期成本优化，是指寻求工程总成本最低时的工期安排，或按要求工期寻求最低成本的计划安排过程。

工程的总成本是由直接费和间接费组成的，而直接费是由人工费、材料费、机械使用费、其他直接费及现场经费等组成，间接费包括施工组织管理的全部费用。一般来说，直接费会随着工期的缩短而增加，间接费会随着工期的缩短而减少，故两者叠加，必有一个总成本最低所对应的工期，这就是费用优化所要寻求的目标。工程费用与工期的关系如图4-13所示。

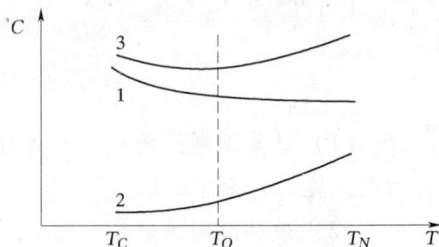

图4-13　工期—费用曲线

1—直接费；2—间接费；3—总费用

T_C—最短工期；T_N—正常工期；T_O—最优工期

（3）资源优化。资源是指为完成一项计划任务所需投入的人力、材料、施工设备和资金等。完成一项工程任务所需要的资源量基本是不变的，不会通过资源优化将其减少。资源优化的目的是通过改变活动的开始时间和完成时间，使资源按照时间的分布符合优化目标。

在通常情况下，网络计划的资源优化分为两种，即"资源有限，工期最短"的优化和"工期固定，资源均衡"的优化。前者是通过调整计划安排，在满足资源限制条件下，使工期的延长值达到最少的过程；而后者是通过调整计划安排，在工期保持不变的条件下，使资源需用量尽可能均衡的过程。

*五、进度计划评审

1. 计划评审技术（PERT）主要假定

PERT是一种常用的活动逻辑关系肯定而活动历时非肯定型的网络计划技术。其主要假定包括：

（1）每项活动是随机独立的，且服从正态分布。

（2）在这种网络图中，仅有一条线路占主导地位。

（3）在这种网络图中，关键线路持续时间服从正态分布。

2. PERT 应用步骤

（1）绘制网络图，与 CPM 中的网络图相同。

（2）活动历时的随机分析。

（3）计算节点的最早预计发生时间的期望值。

（4）计算节点的最迟允许发生时间的期望值。

（5）计算节点的机动时间（或称时差）。

（6）计算各个节点，或整个工程按计划完成的概率。

（7）确定关键路线。

3. 活动 $i-j$ 期望持续时间 D_{i-j} 和方差 σ^2_{i-j} 计算

用式（4-2）和式（4-3）计算 D_{i-j} 和 σ^2_{i-j}。

当各项活动采用了期望值 D_{i-j} 后，就相当于将非肯定型的网络计划化为肯定型的网络计划了。这就可以采用与前述 CPM 相同的方法进行 PERT 网络计划的时间参数计算了。

第四节　工程项目进度控制

一、进度控制基本原理

工程项目进度控制是指在执行计划的过程中，通过检查实际进度情况，并将其与计划进度相比较，若出现偏差，便分析产生的原因和对工期的影响程度，进而提出必要的调整措施纠正偏差的过程。

工程项目进度控制的最终目的是确保工程项目按预定时间完成或交付使用。

1. 项目进度计划的确定

项目开始和项目实施过程中，应逐步地由宏观到微观，由粗到细编制深度不同的总进度计划、各子系统和子项目进度计划等。

2. 工程项目进度检查

项目开工后，每隔一段时间（月）都要对进度计划的执行情况进行检查，包括工程形象进度的检查、图纸供应与施工进展是否匹配、材料和设备供应情况等的检查。

3. 进度的计划值和实际值的比较

在项目的实施过程中，外部环境和条件的变化均会对工程进度产生影响，从而造成实际进度偏离计划进度，如果这种偏差得不到及时纠正，势必影响总进度目标的实现。因此，应定期收集反映实际进度的有关数据，并进行加工处理，形成与计划进度有可比性的数据，然后将计划进度与实际进度进行比较，确定工程的实际状况与计划之间的差距。

4. 进度纠偏

当实际进度与计划进度存在偏差时，首先要分析偏差产生的原因，接着要分析这种偏差对工期以及后续活动的影响，最后制定纠偏措施。进度的纠偏措施主要有：

（1）组织措施。如调整项目组织结构、任务分工、管理职能分工以及活动流程等。

（2）技术措施。如改进施工方法、改变施工机械等。

（3）经济措施。如及时支付进度款、对提前工期予以奖励等。

（4）合同措施。如严格控制合同变更、公正处理索赔等。

二、进度检查、比较方法

在工程项目的实施过程中，应定期地对进度计划的执行情况进行跟踪检查，以便发现问题后能及时采取措施加以解决。进度检查系统过程如图4-14所示。其中，实际进度与计划进度的比较是其主要环节。常用的方法有横道图检查法、S形曲线检查法和前锋线检查法。

1. 横道图检查法

利用横道图进行进度检查时，可将每天、每周或每月实际进度情况定期记录在横道图上，用以直观地比较计划进度与实际进度，评价实际进度是超前、落后，还是按计划进行。若通过检查发现实际进度落后了，则应采取必要措施，改变落后状况；若发现实际进度远比计划进度提前，可适当降低单位时间的资源用量，使实际进度接近计划进度。这样常可降低相应的成本费用。

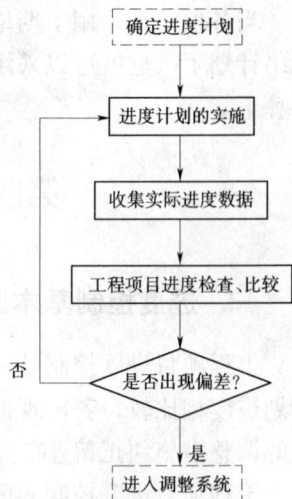

图4-14　工程进度检查、比较系统过程

[案例4-2]　用横道图法检查工程进度

某工程项目的计划进度和实际进度如图4-15所示。现在项目已开始7周，实际状况为：A已经在0~4周中完成；B已于第5周初开始，累计完成工程量为33%；C第6周开始，已累计完成工程量75%；其他工作尚未开始。则可将实际的开始（结束）时间标在计划的横道图下面，用两种图例，以作对比。

可通过比较同一时刻实际累计完成工作量的百分比和计划累计完成工作量的百分比，判断活动实际进度和计划进度的关系。若计划累计完成工作量的百分比大于实际累计完成工作量的百分比，表示进度拖后，拖欠的工作量为两者之差。若计划累计完成工作量的百分比小于实际累计完成工作量的百分比，表示进度提前，提前的工作量为两者之差。

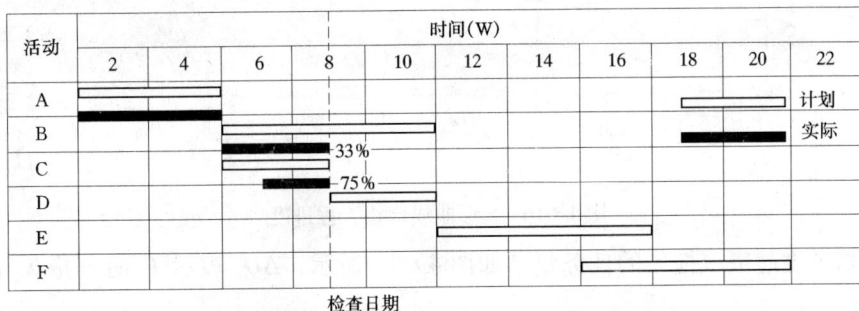

图 4-15　横道图法检查工程进度

图 4-15 中，至评价日期，工作 B 的计划累计完成工作量的百分比为 50%，大于实际累计完成工作量的百分比 33%，工作 B 进度拖后；工作 C 的计划累计完成工作量的百分比为 100%，大于实际累计完成工作量的百分比 75%，工作 C 进度拖后。

2. S 形曲线检查法

S 形曲线是一条反应累计完成工作量百分比随时间变化规律的曲线，由于其形状形似英文字母"S"而得名。工程项目实施过程中，每隔一段时间将实际累计完成工作量百分比随时间变化的曲线绘制在原计划 S 形曲线图上，如图 4-16 所示。通过比较实际进度 S 曲线和计划进度 S 曲线，可以获得如下信息：

（1）工程项目整体实际进展状况。如果工程实际进展点落在计划 S 曲线左侧，表明此时实际进度比计划进度超前；如果工程实际进展点落在 S 曲线右侧，表明此时实际进度拖后；如果工程实际进展点正好落在 S 曲线上，则表示此时实际进度与计划进度一致。

（2）工程项目实际进度超前或拖后的时间。在 S 曲线比较图中可以直接读出实际进度比计划进度超前或拖后的时间。如图 4-16 所示，ΔT_b 表示 T_b 时刻实际进度拖后的时间。

（3）工程实际超额或拖欠的任务量。在 S 曲线比较图中也可以直接读出实际进

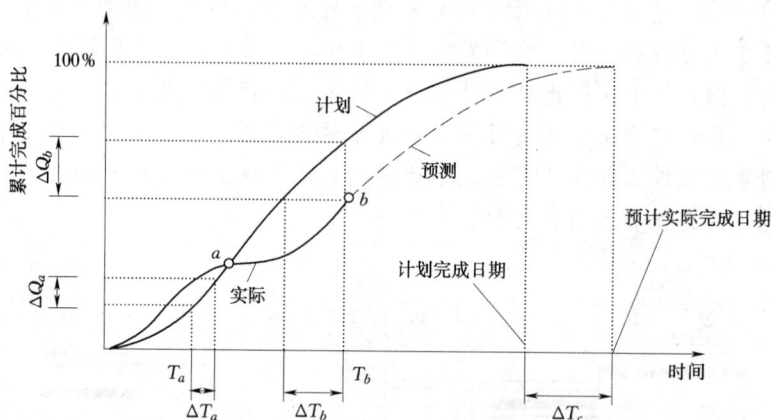

图4-16 S形曲线检查工程进度

度比计划进度超额或拖欠的任务量。如图4-16所示，ΔQ_b 表示 T_b 时刻拖欠完成的任务量。

（4）后期工程进度预测。如果后期工程按原计划速度进行，则可做出后期工程计划S曲线如图4-16中虚线所示，从而可以确定工期拖延预测值 ΔT_c。

3. 前锋线检查法

前锋线检查法是一种有效的进度动态管理的方法。前锋线又称实际进度前锋线，它是网络计划执行中的某一时刻正在进行的各活动的实际进度前锋的连线。前锋线一般是在时间坐标网络图上标示的，从时间坐标轴开始，自上而下依次连接各线路的实际进度前锋，即形成一条波折线，这条波折线就是前锋线，如图4-17中的波折线。

画前锋线的关键是标定各活动的实际进度前锋位置。其标定方法有两种：

（1）按已完成的工程实物量比例来标定。时间坐标网络图上箭线的长度与相应活动的历时对应，也与其工程实物量成比例。检查时刻某活动的工程实物量完成了几分之几，其前锋点自左至右标在箭线长度的几分之几的位置。

（2）按尚需时间来标定。有时活动的历时是难于按工程实物量来换算的，只能根据经验或用其他办法来估算。要标定该活动在某时刻的实际进度前锋，就用估算办法估算出从该时刻起到完成该活动还需要的时间，从箭线的末端反过来自右到左进行标定。

图4-17是一份时间坐标网络计划用前锋线进行检查的示例图。该图有2条前锋线，分别记录了第30天和第70天检查的结果。

实际进度前锋线的功能包括两个方面：分析当前进度和预测未来的进度。

（1）分析当前进度。以表示检查时刻的日期为基准，前锋线可以看成描述实际

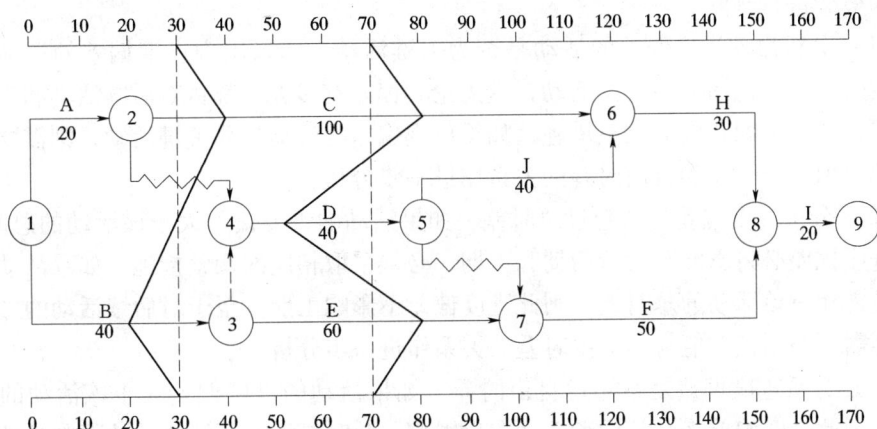

图 4-17 前锋线法示例图

进度的波折线。处于波峰上的线路，其进度相对于相邻线路超前，处于波谷上的线路，其进度相对于相邻线路落后。在基准线前面的线路比原计划超前，在基准线后面的线路比原计划落后。画出前锋线，整个工程在该检查时刻的实际进度状况便可一目了然。按一定时间间隔检查进度计划，并画出每次检查时的实际进度前锋线，可形象地描述实际进度与计划进度的差异。检查时间间隔愈短，描述愈精确。

（2）预测未来进度。通过对当前时刻和过去时刻两条前锋线的分析比较，可在一定范围对工程未来的进度变化趋势作出预测。可引进度比概念进行定量预测。

前后两条前锋线间某线路上截取的线段长度 ΔX 与这两条前锋线之间的时间间隔 ΔT 之比叫进度比，用 B 表示。进度比 B 的数学计算式为：

$$B = \frac{\Delta X}{\Delta T} \qquad (4-18)$$

B 的大小反映了该线路的实际进展速度的大小。某线路的实际进展速度与原计划相比是快、是慢或相等时，B 相应地大于 1、小于 1 或等于 1。根据 B 的大小，就有可能对该线路未来的进度作出定量的分析。

三、进度计划调整

1. 进度偏差分析

在工程项目实施过程中，当通过实际进度与计划进度的比较，发现有进度偏差时，需要分析该偏差对后续活动及工期的影响，从而采取相应的调整措施对原进度计划进行调整，以确保工期目标的顺利实现。进度偏差的大小及其所处的位置不同，对后续活动和工期的影响程度是不同的，分析时需要利用网络计划中活动总时差和自由时差的概念进行判断。

（1）分析出现进度偏差的活动是否为关键活动。如果出现进度偏差的活动位于关键线路上，即该活动为关键活动，则无论其偏差有多大，都将对后续活动和工期产生影响，必须采取相应的调整措施；如果出现偏差的活动是非关键活动，则需要根据进度偏差值与总时差和自由时差的关系作进一步分析。

（2）分析进度偏差是否超过总时差。如果活动的进度偏差大于该活动的总时差，则此进度偏差必将影响其后续活动和工期，必须采取相应的调整措施；如果活动的进度偏差未超过该活动的总时差，则此进度偏差不影响工期。至于对后续活动的影响程度，还需要根据偏差值与其自由时差的关系作进一步分析。

（3）分析进度偏差是否超过自由时差。如果活动的进度偏差大于该活动的自由时差，则此进度偏差将对其后续活动产生影响，此时应根据后续活动的限制条件确定调整方法；如果活动的进度偏差未超过该活动的自由时差，则此进度偏差不影响后续活动，因此，原进度计划可以不作调整。

进度偏差的分析判断过程如图 4-18 所示。进度控制人员可以根据进度偏差的影响程度，制订相应的纠偏措施进行调整，以获得符合实际进度情况和计划目标的新进度计划。

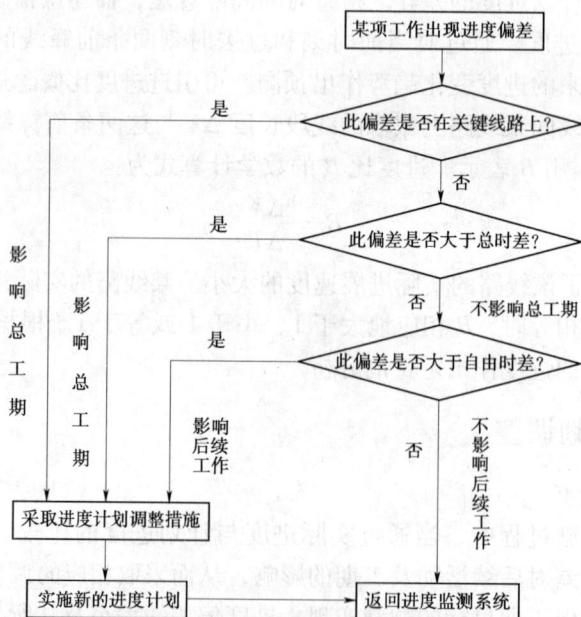

图 4-18　进度偏差对后续活动和工期的影响分析流程图

2. 进度偏差调整

当实际进度偏差影响到后续活动、工期而需要调整进度计划时，其调整方法主要有两种。

（1）改变某些活动间的逻辑关系。当工程项目实施中产生的进度偏差影响到工期，且有关活动的逻辑关系允许改变时，可以改变关键线路和超过计划工期的非关键线路上的有关活动之间的逻辑关系，达到缩短工期的目的。例如，将顺序进行的活动改为平行作业、搭接作业以及分段组织流水作业等，都可以有效地缩短工期。

[案例 4-3]　**某工程项目基础通过改变逻辑关系调整进度偏差**

某工程项目基础工程包括挖基槽、做垫层、砌基础、回填土 4 个施工过程，各施工过程的持续时间分别为 21 天、15 天、18 天和 9 天，如果采取顺序作业方式进行施工，则其工期为 63 天。为缩短该基础工程工期，如果在工作面及资源供应允许的条件下，将基础工程划分为工程量大致相等的 3 个施工段组织流水作业，试绘制该基础工程流水作业网络计划，并确定其计算工期。

该基础工程流水作业网络计划如图 4-19 所示。通过组织流水作业，使得该基础工程的计算工期由 63 天缩短为 35 天。

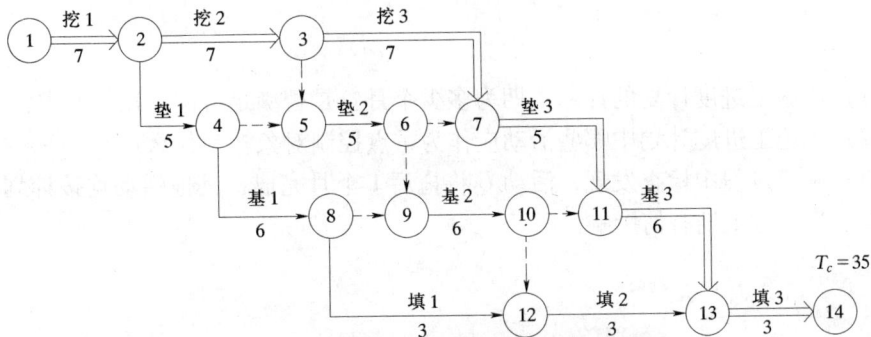

图 4-19　某基础工程流水施工网络计划

（2）缩短某些活动的持续时间。这种方法是不改变工程项目中各项活动之间的逻辑关系，而通过采取增加资源投入、提高劳动效率等措施来缩短某些活动的持续时间，使工程进度加快，以保证按计划工期完成该工程项目。这些被压缩持续时间的活动是位于关键线路和超过计划工期的非关键线路上的活动。同时，这些活动又是其持续时间可被压缩的活动。这种调整方法通常可以在网络图上直接进行。

复 习 思 考 题

1. 何谓工程项目进度控制？影响进度的因素有哪些？

2. 工程项目进度计划体系包括哪些内容？

3. 工程项目进度计划有哪些常用的表示方法？各有什么特点？

4. 工程项目进度计划的编制程序？

5. 如何分析进度偏差对工期及后续活动的影响？

6. 某建设工程项目，合同工期 12 个月。承包人向监理机构呈交的施工进度计划如下图所示（图中活动持续时间单位为月）。

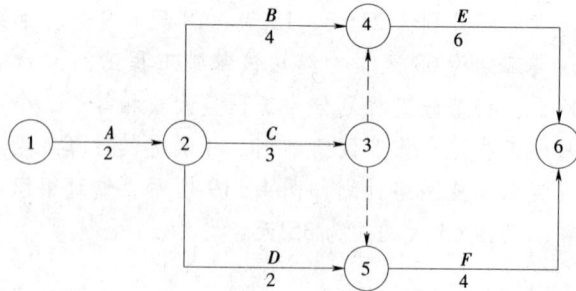

（网络图：活动 A(2) 从节点①到②；B(4) 从②到④；C(3) 从②到③；D(2) 从②到⑤；E(6) 从④到⑥；F(4) 从⑤到⑥；③到④为虚工作；③到⑤为虚工作。）

（1）该施工进度计划的计算工期为多少个月？是否满足合同工期的要求？

（2）该施工进度计划中哪些活动应作为重点控制对象？为什么？

（3）施工过程中检查发现，活动 C 将拖后 1 个月完成，其他活动均按计划进行，活动 C 的拖后对工期有何影响？

第五章　工程项目质量管理

基　本　要　求

◆ 掌握质量和工程项目质量的概念

◆ 掌握工程项目质量计划的概念

◆ 掌握工程项目质量控制的概念

◆ 熟悉工程项目质量管理的特点

◆ 熟悉工程项目质量检验的概念

◆ 了解工程项目设计阶段质量计划编制的依据和施工
　阶段质量计划的内容

◆ 了解工程项目质量控制体系和全面质量控制的内容

◆ 了解工程项目设计阶段质量控制的要点和施工阶段
　施工工序质量控制的内容

◆ 了解工程项目质量检验的分类

◆ 了解 ISO 9000 族标准的构成

"百年大计，质量第一"，这说明了工程质量的重要性。确保工程质量，是工程项目建设管理永恒的主题。工程项目质量管理作为工程项目管理的重要组成部分之一，需要管理者给予足够的重视。

第一节　工程项目质量及其管理

一、质量

质量（Quality）是指产品、体系或过程的一组固有特性满足顾客和其他相关方面要求的能力。它可使用形容词，如差、好或优秀来修饰（ISO 9000：2000）。

上述定义中，过程（Process）指使用资源将输入转化为输出的活动的系统，产品（Product）则是过程的结果；体系（System）又称系统，指相互关联或相互作用的一组要素；顾客（Customer）指接受产品的组织或个人；相关方（Interested Party）指与组织的业绩或成就有利益关系的个人或团体，例如顾客、所有者、员工、供方、银行、行业协会、合作伙伴和社会等；要求（Requirement）指明示的、习惯上隐含的或必须履行的需求或期望。

二、工程项目质量

1. 工程项目质量的概念

工程项目质量（Project Quality）是指工程产品满足规定要求和需要的能力。所谓规定要求，通常是指规程规范、技术标准和合同所规定的要求；所谓需要，一般是指用户的需要。这种规定要求和需要经常包括以下几个方面：

（1）适用性。包括建筑物平面、空间布置合理；操作、维修方便；有利生产、方便生活等。

（2）可靠性。包括满足强度、刚度、稳定性要求；满足耐久性要求，如耐磨、耐腐蚀、抗渗、抗冻；使用有效和安全等。

（3）经济性。包括工程项目投资效益高；运行和维修费用低等。

（4）任何工程项目都是由分项工程/单元工程组成的。而每一分项工程的施工则是通过一道道工序来完成的。因此，工程质量是在工序活动中创造的，而每道工序又是由若干操作所组成。所以从质量控制角度出发，工程质量应包括工程产品质量、工序质量和工作质量。

工序是指施工人员在某一工作面上，借助于某些工具或施工机械对一个或若干个劳动对象所完成的一切连续活动的综合。工序质量包括这些活动条件的质量和活动效果的质量。操作人员、施工机具、建筑材料、施工方法/工艺和施工环境是影响工序质量的因素。

工作质量是指为保证工程产品质量，作业和管理等各项活动的完善程度。它既包括承包商为保证工程质量所做的组织管理工作和生产全过程各项工作的水平和完善程度，又包括监理工程师为保证工程产品质量所进行的监督、管理等各项工作的水平和完善程度。

工程产品质量、工序质量和工作质量虽是三个不同的概念，包括不同的内容，但三者却是十分密切的。产品质量和工序质量取决于施工操作和管理活动等各方面的工作质量。因此，保证工作质量是保证工序质量和工程产品质量的基础。

2. 工程项目质量的特点

（1）影响因素多。建设工程质量受到多种因素的影响，如决策、设计、材料、机具设备、施工方法、施工工艺、技术措施、人员素质、工期、工程造价等，这些因素直接或间接地影响工程项目质量。

（2）质量波动大。由于建筑生产的单件性、流动性，工程质量容易产生较大波动。同时由于影响工程质量的偶然性因素和系统性因素比较多，其中任何一个因素发生变动，都会使工程质量产生波动。为此，要严防出现系统性因素的质量变异，要把质量波动控制在偶然性因素范围内。

（3）质量隐蔽性。建设工程在施工过程中，分项工程交接多、中间产品多、隐蔽工程多，因此质量存在隐蔽性。若在施工中不及时进行质量检查，而事后只能从表面上检查，就很难发现内在的质量问题，这样就容易产生判断错误。

（4）终检的局限性。工程项目的终检（竣工验收）无法进行工程内在质量的检验，发现隐蔽的质量缺陷。因此，工程项目的终检存在一定的局限性。这就要求工程质量控制应以预防为主，重视事先、事中控制，防患于未然。

（5）评价方法的特殊性。工程质量的检查评定及验收是按检验批、分项工程、分部工程、单位工程进行的。检验批的质量是分项工程乃至整个工程质量检验的基础，检验批质量是否合格主要取决于主控项目和一般项目抽样检验的结果。隐蔽工程在隐蔽前要检查合格后验收，涉及结构安全的试块、试件以及有关材料，应按规定进行见证取样检测，涉及结构安全和使用功能的重要分部工程要进行抽样检测。这种评价方法体现了"验评分离、强化验收、完善手段、过程控制"的指导思想。

三、质量管理

1. 质量管理

工程项目质量管理（Quality Management）是指在质量方面指导和控制组织的协调活动。质量管理方面的指导和控制活动通常包括制定质量方针和质量目标，以及质量策划、质量控制、质量保证和质量改进。这些活动构成质量管理的"闭环"。

有效的质量管理应该根据工程、产品或服务的诸多特点，依靠系统的质量管理原则、方法及过程展开。

2. 质量管理原则

为实现工程或产品质量目标，应遵循以下 8 项质量管理原则（Quality Management Principles）。

（1）以顾客为中心（Customer Focus）。组织依存于其顾客，因此，组织应理解顾客当前的和未来的需求，满足顾客要求并争取超出期望。项目组织是通过完成项目的建设来满足业主（顾客）需求的。因此项目组织应保证工程项目能满足业主的要求。

（2）领导作用（Leadership）。领导者将本组织的宗旨、方向和内部环境统一起来，并创造一种使员工能够充分参与实现组织目标的良好环境。项目组织能否通过质量管理体系的建立和实施来贯彻质量方针，实现质量目标，关键在于领导。成功的项目质量管理需要领导者高度的质量意识和持续改进的精神。

（3）全员参与（Involvement of People）。各级人员是组织之本，只有他们的充分参与，才能使其才干为组织带来最大的收益。项目组织最重要的资源之一就是全体员工。成功的项目离不开项目组织全体员工对本职工作的敬业和对其他项目工作、质量活动的积极参与。

（4）过程方法（Process Approach）。将相关的资源和活动作为过程进行管理，可以更高效地得到期望的结果。

（5）管理的系统方法（System Approach to Management）。针对设定的目标，识别、理解并管理一个由相互关联的过程所组成的体系，有助于提高组织的有效性和效率。项目组织应建立并实施工程项目质量管理体系，即制定质量方针和质量目标，然后通过建立、实施和控制由过程网络构成的质量管理体系来实现这些方针和目标。

（6）持续改进（Continual Improvement）。持续改进是组织的一个永恒目标。

（7）基于事实的决策方法（Factual Approach to Management）。对数据和信息的逻辑分析或直觉判断是有效决策的基础，即项目组织应收集各种以事实为根据的信息和数据，采用科学的分析方法，得出工程项目质量活动发展的趋势，及时地发现问题、解决问题并预防问题的发生。同时项目管理者的决策（例如质量方针的制定和质量分析，质量体系的建立）必须掌握可靠的信息和数据，并对其进行科学系统地分析，从而保证项目质量管理体系的正常运行和项目各方的利益。

（8）互利的供方关系（Mutually Beneficial Supplier Relationships）。通过互利的关系，可以增强组织及其供方创造价值的能力。

3. 质量管理过程模式

质量管理过程模式（Quality Management Process Model）是一个范围广泛的概念，包括任何接受输入和将其输出的活动和操作。一个工程项目包括诸多的活动和操作，而且通常是从一个过程的输出直接到下一个过程的输入。因此项目组织必须明确和管理繁多的网络过程，尤其应该注意项目组织内各过程系统之间的相互影响。

图 5-1 是一个完整的质量管理过程模式，表明了过程之间的相互关系：①管理者应从管理职责中明确要求；②在资源管理中确定并应用必要的资源；③在实现产品

和/或服务中建立并实施过程；④对结果进行测量、分析和改进；⑤通过管理、评审、反馈到管理职责更改，实现质量的改善和提高。

图5-1同样是一个实现产品和/或服务的例子。项目组织在明确输入要求的过程中不可忽视顾客及其他相关团体的重要性，从而为所有需要的过程实施过程管理以实现所需的产品和/或服务，并验证过程输出。最后通过测量顾客及其他相关团体的满意度，来评估确认工程项目是否满足顾客的需求。

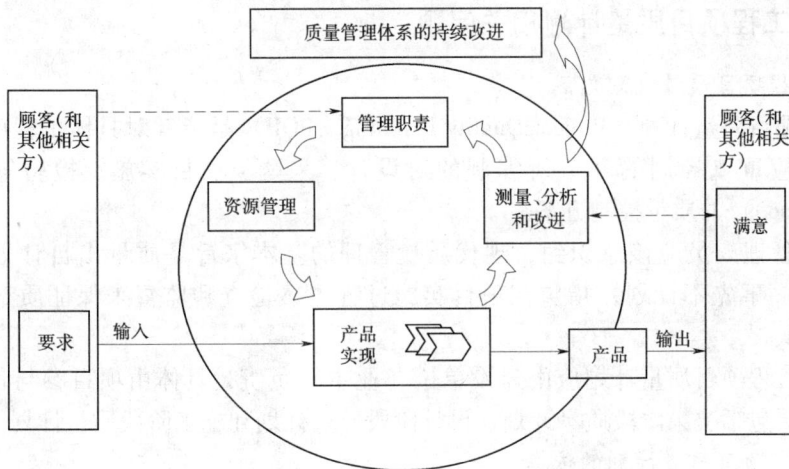

图5-1　质量管理过程模式

4. 质量管理的要点

（1）质量管理是综合管理，而不是专业管理。

（2）质量管理的主要活动包括：建立质量方针和目标，以及质量策划、质量控制、质量保证和质量改进。

（3）质量管理是经营哲学。

（4）质量管理应从最简单的事情抓起。

质量管理已经历了检验质量管理→统计质量管理→全面质量控制→全面质量管理几个阶段。检验质量管理强调把关作用；统计质量管理强调用数理统计技术进行生产过程控制；全面质量控制强调全面、全员、全过程的控制；全面质量管理强调全面参与管理和持续质量改进。

四、工程项目质量管理

工程项目质量管理包括了承包方和发包方的质量管理。发包方质量管理的主要任务是确定工程项目的质量标准、编制质量计划、进行质量监督和验收等；承包方的质量管理与一般产品生产方的质量管理类似，主要活动包括建立质量方针和目标、进行质量策划和质量控制，以及质量保证和质量的持续改进。

第二节　工程项目质量计划

一、工程项目质量计划相关问题

1. 工程项目质量计划内涵

工程项目质量计划（Project Quality Planning，PQP）是指针对具体工程项目的要求，以及应重点控制的环节所编制的对设计、采购、项目实施、检验等质量环（Quality Loop）的质量控制方案。

项目管理人员应该意识到，现代质量管理的基本宗旨是质量出自计划，而非出自检查。事先不计划，指望在项目实施过程中靠检查和监督来保证质量是不可行的。

整个工程项目质量计划应由建设单位（业主）负责，具体由项目参与各方分别编制。主要包括决策阶段质量计划、设计阶段质量计划和施工阶段质量计划。

2. 制定项目质量计划的依据

（1）质量方针（Quality Policy）。质量方针是组织（如公司、集团、研究机构等）的最高管理者正式发布的该组织总的质量宗旨和方向。它体现了该组织成员的质量意识和质量追求，是组织内部的行为准则，也体现了客户的期望和对客户的承诺。组织的质量方针可以被该组织的项目团队随时采用并运用于项目。如果组织缺少正式的质量方针或该项目由多个组织参与（如合资项目），则项目管理班子需要为该项目单独制定一个质量方针。例如某项目的质量方针是"为下一道工序提供的可交付成果无可挑剔"。

（2）质量目标（Quality Objective）。项目质量目标是落实质量方针的具体要求，并与质量方针一致。质量目标包括满足项目或产品要求所需的内容，并应是可测量的。质量目标应当以组织内人员都能对其实现作出贡献的方式加以沟通，质量目标的展开职责应当予以规定。

（3）标准和规则。标准是一个公认组织批准的文件，是为了能够普遍和重复使用，而为产品、过程或服务提供的准则、指导方针或特征，它们不是强制执行的。标准中若明确有强制性条文，则强制性条文是需要强制执行的。规则是规定产品、过程或服务特征的文件，包括适用的行政管理条例，是强制执行的。项目管理人员在制定质量计划时必须考虑到特定领域中可能影响到项目的标准和规则。尤其随着标准的广泛使用，标准事实上可能在不同层次上强制执行。显然，制定一个质量计划所依据的标准包括了通用的 ISO 9000 系列标准。随着国际交流与合作的增加，ISO 9000 已成为广泛接受的强制标准。当前 ISO 14000 和 ISO 18000 也已经成为推广的质量标准。

（4）工程项目综合说明。工程项目综合说明描述工程项目的特点和工程运行管理的要求；工程建设过程中的主要技术问题，以及影响工程项目质量、工期和费用的因素等。

（5）工程项目的建设环境，包括项目组织的内部和外部的环境。

（6）类似工程项目建设管理的经验教训。

（7）工程项目风险。

（8）其他过程的输出。除以上所说依据外，其他知识领域的过程结果也可能成为质量计划的编制依据。如采购计划中可能包括了承包人的质量要求，而该质量要求应该在总体质量管理计划中有所反映。

3. 项目质量计划的要求

（1）计划结果要与 PQMS（产品质量管理系统）的其他要求协调一致。

（2）计划结果应满足质量目标，并形成适合操作的文件。

（3）计划引起的更改应在受控状态下进行，在更改期内仍应保持 PQMS 的完整性。

（4）计划应紧紧围绕设定、实现质量目标进行。

（5）计划结果应确保 PQMS 总要求的实现。

4. 项目质量计划的结果

（1）质量管理计划。项目质量计划是实施项目的组织的质量体系在该项目上的具体体现，故项目的质量计划编制应与组织质量体系的要求相一致。在组织已建立了质量体系的基础上，应参照质量手册的有关内容编制质量计划，通常可根据客户要求从组织的质量手册、质量程序文件中选择、引用或对其进行补充。质量计划应指出如何将这些通用的程序文件与具体项目所特有的要求结合起来，以实现规定的质量目标。当组织尚未建立明确的质量体系时，质量计划可以是一个独立的文件，根据客户要求和组织的具体情况编制。

项目质量计划应该说明项目管理班子执行其质量政策的方式，并随着项目的进展做必要的调整和完善。质量计划可以是正式的或非正式的，非常详细的或简要概括的，这取决于项目的要求。质量计划的格式和详细程度与项目的复杂性及项目管理班子的管理水平相适应。质量计划阐述的内容主要有：

1）目的。应明确规定质量计划的目的，一般包括（但不限于）下列内容：所适用的项目；应达到的质量目标；质量计划的有效期。

2）职责。质量计划应对组织中的主要人员的职责做出明确的规定，以便所有活动均有计划地实施和控制，并使活动的进程处于监控之下。

3）资源管理。质量计划应规定达到项目质量目标所需的资源，包括人力资源、基础设施和工作环境。基础设施包括建筑物、工作场所和相关设施、过程设备（硬件和软件）及支持性服务（如通讯或运输）。

4）项目实现的控制。质量计划应确定与项目实现有关的过程及采用的控制程序，包括对与顾客有关的过程、设计和开发、采购、生产和服务提供监视和测量装置的控制。

5）测量、分析和改进。质量计划应规定为证实项目或产品符合要求所需的监视、测量、分析和改进过程。

（2）实施说明。实施说明以非常专业的术语说明了各种问题的实际内容及其在质量控制过程中是如何测量的。例如，项目团队在规定满足计划进度要求的基础上，必须指出每一个活动是否必须按时开始，还是只需按时完成；是否对单个活动进行测量还是仅仅对某些可交付成果进行测量；如果是后者，还需指明是哪些可交付成果。在某些应用领域，实施说明也称为度量标准。

（3）检查表。检查表是用以核实一系列必须采取的步骤是否已经得到实施的结构化工具。检查表通常由详细的条目组成，可以简单或复杂，常采用命令式的（做这个！）或询问式的（你做完了吗？）短语。许多组织采用标准的检查表以保证频繁执行的任务的一致性。在某些应用领域，检查表来自于专业协会或商业服务组织。

（4）其他过程的输入。质量计划可为其他领域的进一步活动确定需求。

二、设计阶段质量计划

项目设计阶段质量计划是通过工程设计使决策阶段制定的工程项目质量目标具体化，指出达到规定的质量目标的途径和具体方法。

1. 设计阶段质量计划内容

（1）分析业主对工程的功能要求特点（业主需在设计合同中将自己对工程的功能要求表述清楚且准确）。

（2）明确设计方选择方案。

（3）履行设计合同所必须达到的工程质量总目标及其分解目标。

（4）质量管理组织机构、人员及资源配置计划。

（5）为确保工程质量所采取的设计技术或手段。

（6）多方案比较与设计优化计划。

（7）设计质量控制点的设置和设计成果审查计划。

2. 设计阶段质量计划的编制

在编制设计阶段质量计划时，应按上述内容，依据如下步骤编制质量计划。

（1）通过进一步明确工程的功能要求，确定设计阶段工程的质量要求。工程质量（功能、技术）要求是为工程使用的总目标服务的。通常按如下过程确定工程质量要求：

1）业主在平衡项目进度、造价与质量三者之间制约关系的基础上对项目的质量目标与要求作出总体性、原则性的规定和决策。

2）由业主市场、销售部门提出产品数量、生产技术和质量要求。如，选择最新的但又应是成熟的生产工艺（防止风险），同时确定建筑工程及生产设备的质量标准及使用年限。

3）业主在确定项目范围时，应明确项目产品的特性、系统的标准、生产规格，并形成文件，产品特性尽可能用可以测量的指标表示，以此作为设计的依据。

（2）起草好设计任务书。通过设计任务书提出具体工程要求、技术说明、安全说明等，最终形成工程的质量要求文本。

（3）设计方的选择计划。设计方的选择对设计质量有根本性的影响，然而许多业主方和项目管理者在项目初期没有引起足够的重视，有时为了方便、省钱或其他原因（例如关系）将工程委托给不合格，甚至不具设计资质或设计资质达不到要求的设计方，结果造成很大经济损失，甚至引发责任事故。

（4）要求中标的设计方根据设计合同描述的工程质量总目标进行细化和分解。工程项目总质量目标，只有通过技术设计才能使之具体化、细化。在项目设计阶段，必须根据设计合同确定的质量目标进行分解。

（5）设计质量管理组织机构、人员及资源配置计划。设计方在承接工程设计任务后，应根据合同对工程质量和其他目标的要求，组建工程项目设计班子，配备相应的资源。

（6）选择为确保工程质量所采取的设计技术或手段。在现代工程中各种专业设计都有相应的技术规范，这些规范作为通用规范，是设计的依据。由于通用规范经常有标准的生产工艺、标准的成品（半成品），供应者、施工者都熟悉，所以能降低施工和供应的费用。按照工程的特点、环境的特点还必须进行工程的特殊技术设计，作出图纸和特殊的（专用）规范，以及各方面详细的技术说明文件。

（7）多方案比较与设计优化计划。由于设计方对项目的经济性不承担责任，所以常常从自身效益的角度出发尽快出方案、出图，不希望也不愿意作多方案的对比分析。为了进行多方案的论证和优化，可以采取如下措施：

1）采用设计招标，可以对比多家设计方案，选择中标承包人。这样确定一个设计方就等于选择了一个好的方案。但这需要投入时间和经费。

2）采取奖励措施。鼓励设计方进行设计方案优化，将由优化所降低的费用取一部分作为奖励。

3）请高级工程咨询机构或专家对设计方案进行评价，最后选择优化的方案。

多方案的论证不仅对项目的质量有很大的影响，而且对项目投资的节约、经济性有很大的影响。

（8）设计成果审查计划。由于设计工作的特殊性，对一些大型的、技术复杂的工程，业主和项目管理者常常不具备相关的知识和技能，所以常常必须委托设计监理或聘请专家咨询，对设计进度和质量、设计成果进行审查。每一阶段都必须控制设计深度，并按规定组织设计评审，按法规要求对设计文件进行审批，以保证设计成果质量达到业主要求。

三、施工阶段质量计划

项目施工阶段是将质量目标和设计阶段质量计划付诸实施的过程。该阶段的施工质量计划由施工承包企业负责编制。

1. 施工质量计划概念

按照 GB/T 19000 质量管理体系标准，质量计划是质量管理体系文件的组成内容。在合同环境下质量计划是企业向顾客表明质量管理方针、目标及其具体实现的方法、手段和措施，体现企业对质量责任的承诺和实施的具体步骤。

施工质量计划的编制主体是施工承包企业。在总承包的情况下，分包企业的施工质量计划是总包施工质量计划的组成部分。总包有责任对分包施工质量计划的编制进行指导和审核，并承担施工质量的连带责任。

根据建筑工程生产施工的特点，目前我国工程项目施工的质量计划常用施工组织设计或施工项目管理实施规划的文件形式进行编制。

在已经建立质量管理体系的情况下，质量计划的内容必须全面体现和落实企业质量管理体系文件的要求（也可引用质量体系文件中的相关条文），同时结合本工程的特点，在质量计划中编写专项管理要求。

2. 施工质量计划内容

（1）工程特点及施工条件分析（合同条件，法规条件和现场条件）。

（2）履行施工承包合同所必须达到的工程质量总目标及其分解目标。

（3）质量管理组织机构、人员及资源配置计划。

（4）为确保工程质量所采取的施工技术方案、施工程序。

（5）材料设备质量管理及控制措施。

（6）工程检测项目计划及方法等。

（7）施工质量控制点的设置。

3. 施工质量计划的审批

施工质量计划编制完毕，应经企业技术领导审核批准，并按施工承包合同的约定提交工程监理或工程项目建设方批准确认后执行。

[案例5-1]　某工程混凝土、砂浆试块制作计划

某工程混凝土、砂浆试块制作计划见表5-1。

表5-1　　　　　　　某工程混凝土、砂浆试块制作计划表

试块名称		强度等级	试块组数量	备注
实验楼	垫层	C30	2	
	基础	C30	6	
	地圈梁	C30	6	
	柱、梁、板	C30	5（每层）	
基础砌筑砂浆		M5	2	水泥砂浆
墙体砂浆		M5	5（每层）	混合砂浆

[案例5-2]　某工程施工过程质量控制流程计划图

某工程施工过程质量控制流程计划见图5-2。

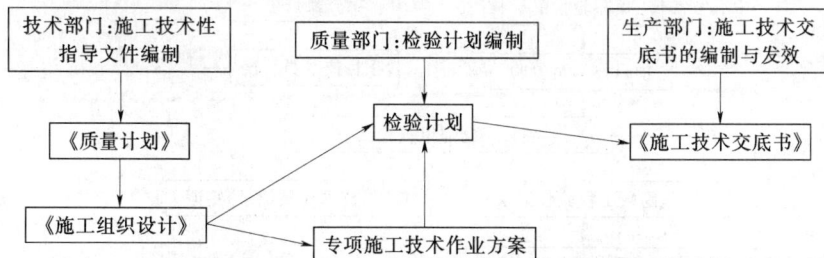

图5-2（一）　施工过程质量控制流程图

施工操作过程控制：

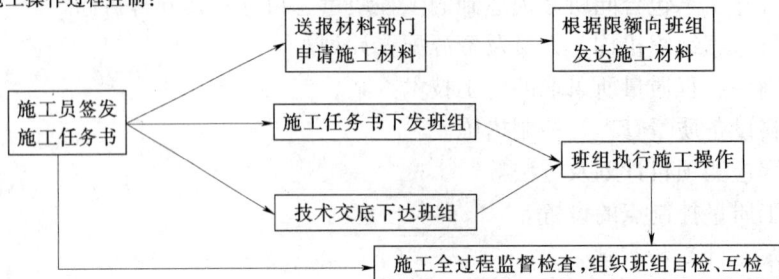

质量验收过程控制：

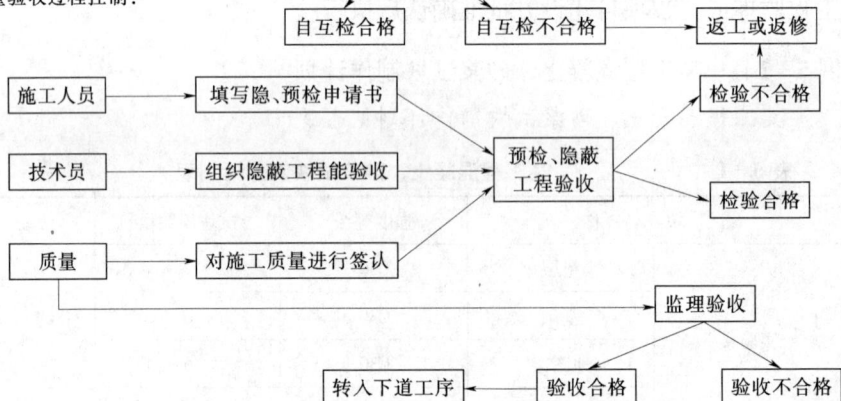

图 5－2（二）　施工过程质量控制流程图

[**案例 5－3**]　某工程隐蔽工程验收与技术复核计划流程图

某工程隐蔽工程验收与技术复核计划流程见图 5－3。

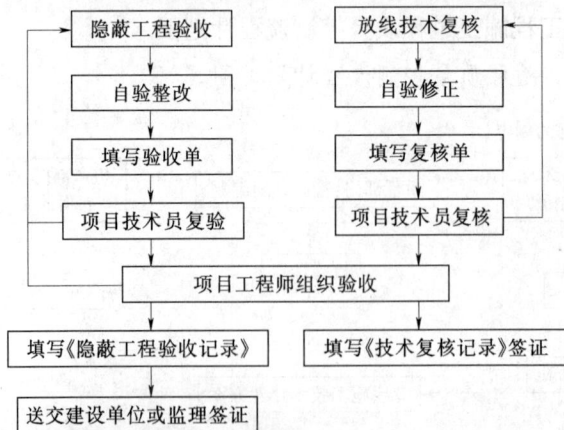

图 5－3　隐蔽工程验收与技术复核计划流程图

[案例 5-4] 某工程隐蔽工程验收计划

某工程隐蔽工程验收计划见表 5-2。

表 5-2 隐蔽工程验收计划表

序 号	验收项目	验收单位	备 注
1	建筑物定放线	规划部门、建设单位	
2	基础钢筋	建设单位	
3	基础结构	主管部门、质监站	设计、建设单位参加
4	各层砌体	建设单位	
5	各层钢筋	建设单位	设计、建设单位参加
6	各层模板	建设单位	
7	各层埋件、预留洞口	建设单位	
8	各层防雷引下线	建设单位	
9	各层管线预埋	建设单位	
10	各层砌体拉结筋	建设单位	
11	门窗框锚固	建设单位	
12	中间结构验收	主管部门、质监站	设计、建设单位参加
13	屋面防水层	建设单位	
14	排水管道	建设单位	

注 以上项目验收均必须邀请监理人员参加。

[案例 5-5] 某工程技术复核计划

某工程技术复核计划见表 5-3。

表 5-3 分项工程技术复核计划

序号	复核项目	复核人	序号	复核项目	复核人
1	水准点高程引测	公司技质科、甲方代表	7	基础柱、梁钢筋配料单	钢筋工长
2	定位轴线	公司技质科、甲方代表	8	基础柱、梁钢筋	施工员
3	基坑标高	项目工程师	9	商品混凝土配合比	项目工程师
4	基础轴线	项目工程师	10	砂浆配合比	项目工程师
5	基础钢筋配料单	钢筋工长	11	各层轴线、标高	项目工程师
6	基础钢筋	施工员	12	各层皮数杆	项目工程师

序号	复核项目	复核人	序号	复核项目	复核人
13	各层钢筋配料单	钢筋工长	20	门窗框安装锚固	施工员
14	各层钢筋	施工员	21	脚手架	公司安全科
15	各层模板	施工员	22	塔吊井架安装	公司安全科
16	各层砌体	施工员	23	排水管坡度	安装施工员
17	综合布线	专业队、项目工程师	24	上水管灌水通球试验	项目工程师
18	屋面保护层	施工员	25	电气绝缘测试	项目工程师
19	屋面防水施工	项目工程师	26	防雷接地电阻测试	项目工程师

第三节　工程项目质量控制

一、工程项目质量控制相关问题

工程项目质量控制（Project Quality Control）是在质量计划的基础上，致力于满足工程项目质量要求的一系列落实、检查、纠偏等活动。

工程项目质量控制的目的是使各项质量活动及结果达到质量要求，其控制的过程、活动、技术与方法等均必须始终围绕这一目的展开。

工程项目质量控制的核心思想是预防为主。要充分运用作业技术，并在质量环上开展各项活动，及时发现并排除工程项目质量形成的各个阶段存在的问题及原因，使每个过程及环节始终处于受控状态。

工程项目质量控制包括下列三个环节：

（1）确定标准。制定工程质量控制计划和标准是工程质量控制第一步。没有标准，也就不存在控制，凡重复性的事物和概念均可标准化。

（2）实施和反馈。工程建设中，按质量计划和标准执行，并在实施中进行监视和检验。此时，就需要一个信息反馈系统，一旦出现质量问题，需及时反馈，以便及时采取措施。

（3）纠偏。即发现工程项目质量问题后进行纠正的过程。只有建立一个灵敏的、高效的纠偏系统，才能及时对质量偏差进行纠正，使各项质量活动及结果始终处于受控状态。

二、全面质量控制

全面质量控制（TQC）首先由美国质量管理专家朱兰（J. M. Juran）和费根堡姆

（A. V. Feigenbanm）等人提出。TQC 是从系统理论出发，将企业或工程项目作为整体，依靠全体人员，综合运用现代管理方法和科学技术，建立一套完善的质量保证体系，控制生产过程中影响质量的各种因素，经济地开发和生产出用户满意产品的管理活动的总称。美国质量管理专家戴明把全面质量控制的基本方法概括为 4 个阶段、8 个步骤。

第一个工作阶段是计划阶段，也叫 P 阶段（Plan），主要是在调查问题的基础上制定计划。计划的内容包括确立目标、活动等，制定完成任务的具体方法。这个阶段包括 8 个步骤中的 4 个步骤：①查找问题；②进行排列；③分析问题产生的原因；④制定对策和措施。

第二个工作阶段是实施阶段，也叫 D 阶段（Do），就是按照制定的计划和措施去实施，即执行计划。这个阶段是 8 个步骤中的第五个步骤，即，⑤执行措施。

第三个工作阶段是检查阶段，也叫 C 阶段（Check），就是检查生产（设计或施工）是否按计划执行，其效果如何。这个阶段是 8 个步骤中的第六个步骤，即，⑥检查采取措施后的效果。

第四个工作阶段是处理阶段，也叫 A 阶段（Action），就是总结经验和清理遗留问题。这个阶段包括 8 个步骤中的最后两个步骤：⑦建立巩固措施，即把检查结果中成功的做法和经验加以标准化、制度化，并使之巩固下来；⑧确定遗留问题，并将其转入下一个循环，即对本次循环中没有解决的问题或不完善之处列出来，作为下一次循环中应处理的内容。

上述 4 个阶段工作形成循环，即 PDCA 循环，又称"戴明环"，不断重复，使工作不断改进，质量不断提高，如图 5-4 所示。同时还应该看到，各级质量管理都有一个 PDCA 循环，可形成一个大环套小环，一环扣一环，互相制约，互为补充的有机整体。如图 5-4 所示。一般说，上一级循环是下一级循环的依据；下一级循环是上一级循环的落实和具体化。

全面质量控制有下列基本观点：

（1）全面的质量观点。即把工程项目质量广义化，要求用良好的工作质量保证工序质量，用高标准的工序质量来保证工程产品质量。

（2）为用户服务的观点。对工程项目设计施工，不但业主是用户，而且设计施工中的下道工序是上道工序的用户，质量管理的目标就是要使用户满意。

（3）预防为主的观点。在设计施工过程中，要跟踪影响质量的因素，针对问题，采取措施，使生产过程质量始终处于控制状态，把质量问题消灭在萌芽状态。

（4）以数据说话的观点。即广泛应用数理统计方法，依靠数据做出判断，采取措施。

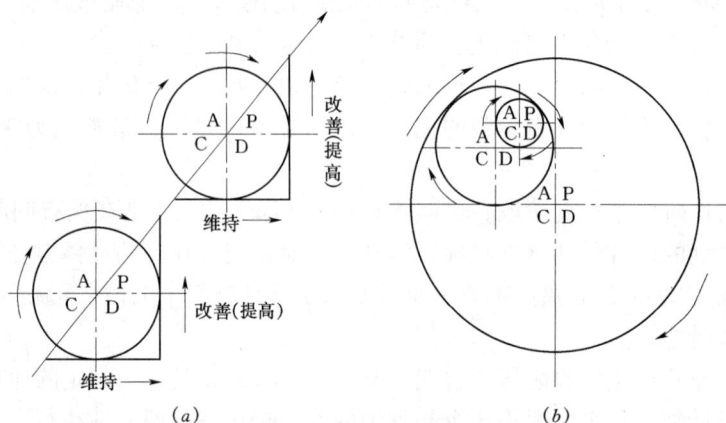

图 5-4 PDCA 循环示意图
（a）循环一次，改善一次，提高一步；（b）大环套小环，大小一起转

（5）全方位控制的观点。就是依靠参与设计施工和监理的全体人员，运用各种管理手段，对设计施工的全过程进行控制。

（6）一切按 PDCA 循环办事，通过实践不断提高的观点。要求整个工程项目的管理工作都按 PDCA 办，即按计划、实施、检查和处理的循环进行。

与传统的质量管理方式相比，全面质量控制主要有2个特点：一是传统的质量管理方式是以事后检验把关为主，而全面质量管理要求以预防为主；二是传统的质量管理方式是管结果，控制结果，而全面质量控制则重在管影响质量的因素，对影响因素进行全面控制。

三、工程项目质量控制体系

工程项目施工质量控制过程既有施工承包方的质量控制职能，也有业主方、设计方、监理方、供应方及政府的工程质量监督部门的控制职能，他们具有各自不同的地位、责任和作用。施工承包方和供应方在施工阶段是质量自控主体，他们不能因为监控主体的存在和监控责任的实施而减轻或免除其质量责任。业主、监理、设计方及政府的工程质量监督部门，在施工阶段是依据法律和合同对自控主体的质量行为和效果实施监督控制。自控主体和监控主体在施工全过程相互依存、各司其职，共同推动着施工质量控制过程的发展和最终工程质量目标的实现。

工程项目质量控制体系一般包括控制的组织体系、对象体系和过程体系。

1. 工程项目质量控制组织体系

相对于工程项目的进度、费用控制而言，工程项目质量控制是一项既复杂，又十分具体的重要工作。在合同环境下，其组织体系包括承包商的质量保证体系和业主/监理工程师的质量控制体系两个方面。

（1）承包商的质量保证体系一般由下列子体系组成：

1）思想保证子体系。要求参与施工的全体人员树立"质量第一、用户第一"及"下道工序是用户"、"服务对象是用户"等观点。

2）组织保证子体系。要求设置质量管理机构和相应的专职质量管理人员，专门负责项目施工的质量管理；要求设置质量管理试验室，并配有相应的检验人员；在基层施工队或班组，要建有质量管理小组，并配有兼职质量管理人员，形成质量管理的网络。

3）工作保证子体系。包括施工准备质量保证子体系和施工现场质量保证子体系（还可进一步分为建筑工程质量保证子体系和安装工程质量保证子体系等）。

（2）业主在确定工程项目质量目标的基础上，具体的质量控制工作交由监理工程师承担。对于监理工程师的质量控制体系，一般要求：

1）合理设置质量控制机构。

2）科学配备质量控制人员。

3）明确各类监理人员在质量控制方面的职责。

承包商的质量保证体系和监理工程师的质量控制体系相辅相成，构成了施工质量控制的组织体系，正是这一组织体系的正常运转，才得以保证工程项目质量目标的实现。

2. 工程项目质量控制对象体系

工程项目的施工阶段，其质量控制对象包括两方面：一是对影响因素的控制；二是对施工结果的质量控制，即对工程产品质量的控制。

影响工程质量的因素概括为：操作人员、建筑材料、施工机械、施工方法或工艺和施工环境等。这五个方面是首先要进行控制的对象。对它们控制的主要内容有：

（1）劳动主体质量的控制。劳动主体的质量包括参与工程各类人员的生产技能、文化素养、生理体能、心理行为等方面的个体素质及经过合理组织充分发挥其潜在能力的群体素质。因此，企业应择优录用、加强思想教育及技能方面的教育培训；合理组织、严格考核，并辅以必要的激励机制，使企业员工的潜在能力得到最好的组合和充分的发挥。

（2）劳动对象的控制。原材料、半成品、设备是构成工程实体的基础，其质量是工程项目实体质量的组成部分。故加强原材料、半成品及设备的质量控制，不仅是提高工程质量的必要条件，也是实现工程项目投资目标和进度目标的前提。

（3）施工工艺的控制。施工工艺的先进合理是直接影响工程质量、工程进度及工程造价的关键因素，施工工艺的合理可靠还直接影响到工程施工安全。因此在工程项目质量控制系统中，制订和采用先进合理的施工工艺是工程质量控制的重要环节。对施工方案的质量控制主要包括以下内容：

1）全面正确地分析工程特征、技术关键及环境条件等资料，明确质量目标、验收标准、控制的重点和难点。

2）制订合理有效的施工技术方案和组织方案，前者包括施工工艺、施工方法；后者包括施工区段划分、施工流向及劳动组织等。

3）合理选用施工机械设备和施工临时设施，合理布置施工总平面图和各阶段施工平面图。

4）选用和设计保证质量和安全的模具、脚手架等施工设备。

5）编制工程所采用的新技术、新工艺、新材料的专项技术方案和质量管理方案。

6）为确保工程质量，尚应针对工程具体情况，编写气象地质等环境不利因素对施工的影响及其应对措施。

（4）施工设备的控制。

1）对施工所用的机械设备，包括起重设备、各项加工机械、专项技术设备、检查测量仪表设备及人货两用电梯等，应根据工程需要从设备选型、主要性能参数及使用操作要求等方面加以控制。

2）对施工方案中选用的模板、脚手架等施工设备，除按适用的标准定型选用外，一般需按设计及施工要求进行专项设计，设计方案、制作质量及其验收应作为重点进行控制。

3）按现行施工管理制度要求，工程所用的施工机械、模板、脚手架，特别是危险性较大的现场安装的起重机械设备，不仅要对其设计安装方案进行审批，而且安装完毕交付使用前必须经专业管理部门的验收，合格后方可使用。同时，在使用过程中尚需落实相应的管理制度，以确保其安全正常使用。

（5）施工环境的控制。环境因素主要包括地质水文状况，气象变化及其他不可抗力因素，以及施工现场的通风、照明、安全卫生防护设施等劳动作业环境。环境因素对工程施工的影响一般难以避免。要消除其对施工质量的不利影响，一般采取预测预防的控制方法。

3. 工程项目施工质量控制过程体系

施工是形成工程实体的动态过程，施工质量控制是一个由选择施工人员和施工方案、投入材料的质量控制开始，直到完成工程检查验收为止的全过程的控制体系。这个过程大致可分成三个阶段。

（1）施工前质量控制。施工前质量控制是指开始施工前进行的质量控制，具体内容有：

1）施工人员和分包商的资质审核。施工人员的资质审核主要指对承包商的施工项目经理和主要技术人员的审核，要求进场的这些人员与投标文件中填报的相一致。若招标文件中允许选择分包商，则承包商所选择的分包商需经监理工程师认可，方能进场施工。

2）对工程所需原材料、构配件的质量进行检查与控制。有些原材料、半成品、构配件应事先提交样品，经认可后方能采购订货。凡进场材料均应有产品合格证或技术说明书，同时还应按有关规定进行抽检。没有合格证或抽检不合格者，不得用于工程。

3）对工程设备，应按审批同意后的设计图纸组织采购或订货。这些设备到货后，均应进行检查和验收。

4）审核承包商提出的施工组织设计和施工技术措施。

5）检查施工现场的水平坐标、高程水准点。对重要工程，一般监理工程师向承包商提供坐标点和水准点，并要求承包商复核，最后监理工程师对复核结果进行审核。

6）要求承包商建立完善的质量保证体系。包括完善的计量及质量检测技术和手段。

7）组织设计交底和图纸审核。对有些工程部位应下达质量要求标准。

8）对工程质量有重大影响的施工机械设备，应审核承包商提交的有关技术性能报告，不符合质量要求者，不能在施工中使用。

9）把好开工关。对现场各项施工准备检查满意后，监理工程师才发布开工令。对停工的项目，监理工程师在发布复工令前，不得恢复施工。

（2）施工中质量控制。施工中质量控制是指在施工过程中进行的质量控制，具体内容有：

1）完善工序质量控制，把影响工序质量的因素纳入管理状态。建立质量控制点，及时检查和分析质量统计分析资料和质量控制图表。

2）严格工序间交接检查。主要工序作业需按有关验收规定检查验收。如基础工程中，对开挖的基槽、基坑、未经地质验收和量测的标高、尺寸，不得浇筑垫层混凝土。钢筋混凝土工程中，安装模板后，未经检查验收，不得架立钢筋；钢筋架设后，未经检查验收，不得浇筑混凝土等。

3）重要工程部位或专业工程应进行试验或技术复核。

4）对完成的分项、分部工程，按相应的质量评定标准和办法进行检查、验收。

5）审核设计变更和图纸修改。

6）组织定期或不定期的现场会议，分析、通报工程质量状况，协调有关单位间的业务关系。

（3）施工后期质量控制。施工后期质量控制是指在完成施工过程后的质量控制，具体内容有：

1）按规定的质量评定标准和办法，对完成工程进行质量检验评定。

2）审核有关质量检验报告及技术文件。

3）整理有关工程项目的竣工验收资料，并编目、建档。

4）按合同要求，组织工程验收。

四、设计阶段质量控制

建设工程设计是指根据建设工程的要求，对建设工程所需的技术、经济、资源、环境等条件进行综合分析、论证，编制建设工程设计文件的活动。

设计质量，就是在严格遵守技术标准、法规的基础上，正确处理和协调经济、资源、技术、环境条件的制约，使设计项目能更好地满足业主所需要的功能和使用价值，能充分发挥项目投资的经济效益。

1. 设计阶段质量控制依据

（1）有关工程建设及质量管理方面的法律、法规，城市规划。

（2）有关工程建设的技术标准。

（3）项目批准文件。

（4）体现建设单位建设意图的勘察、设计规划大纲、纲要和合同文件。

（5）反映项目建设过程中和建成后所需的有关技术、资源、经济、社会协作等方面的协议、数据和资料。

2. 设计阶段质量控制的内容

（1）正确贯彻执行国家建设法律法规和各项技术标准，其内容主要是：

1）有关城市规划、建设批准用地、环境保护、三废治理及建筑工程质量监督等方面的法律、行政法规及各地方政府、专业管理机构发布的法规规定。

2）有关工程技术标准、设计规范、规程、工程质量检验评定标准、有关工程造价方面的规定文件等。其中特别注意对国家及地方强制性规范的执行。

3）经批准的工程项目的可行性研究、立项批准文件及设计纲要等文件。

4）勘察单位提供的勘察成果文件。

（2）保证设计方案的技术经济合理性、先进性和实用性，满足业主提出的各项功能要求，控制工程造价，达到项目技术计划的要求。

（3）设计文件应符合国家规定的设计深度要求，并注明工程合理使用年限。设计文件中选用的建筑材料、构配件和设备，应当注明规格、型号、性能等技术指标，其质量必须符合国家规定的标准。

（4）设计图纸必须按规定具有国家批准的出图印章及建筑师、结构工程师的执业印章，并按规定经过有效审图程序。

3. 设计阶段质量控制要点

（1）设计方资质控制。设计方资质考核要点：

1）检查设计方的资质证书类别和等级及所规定的适用业务范围与拟建工程的类型、规模、地点、行业特性及要求的勘察、设计任务是否相符，资质证书所规定的有效期是否已过期，其资质年检结论是否合格。

2）检查设计方的营业执照，重点是有效期和年检情况。

3）对参与拟建工程的主要技术人员的执业资格进行检查，对专职技术骨干比例进行考察，重点检查其注册证书有效性，签字权的级别是否与拟建工程相符。

4）对设计方实际的建设业绩、人员素质、管理水平、资金情况、技术装备进行实地考察，特别是对其近期完成的与拟建工程类型、规模、特点相似或相近的工程勘察、设计任务进行查访，了解其服务意识和工作质量。

5）对设计方的管理水平，重点考查是否达到了与其资质等级相应的要求水平。

（2）严格设计的阶段审批，组织设计评审。无论是国内还是国外，设计分有几个阶段，逐渐由总体到详细。每一阶段都必须控制设计深度，并按规定组织设计评审，按法规要求对设计文件进行审批，保证各阶段设计符合项目策划阶段提出的质量要求，提交的施工图满足施工的要求，工程造价符合投资计划的要求，并作为继续深入设计的依据。

（3）加强设计过程的监督检查。由于设计工作的特殊性，对一些大型的，技术复杂的工程，业主和项目管理者常常不具备相关的知识和技能，所以常常必须委托设计监理或聘请专家咨询，对设计进度和质量、设计成果进行审查。对设计工作质量进行检查是一项十分细致且技术性很强的工作。在设计阶段发现问题和错误并纠正是最有效、最经济的，影响也最小。

（4）设计方加强内部管理，确保设计质量。设计方为了保证设计质量应建立质量管理体系，必要时应进行质量体系认证。在具体设计时，应根据建设单位对设计功能、等级等方面的要求，根据国家有关建设法规、标准的要求及建设项目环境条件等方面的情况，控制设计输入，做好建筑设计、专业设计、总体设计等不同工种的协调，以保证设计成果的质量。

（5）明确设计方的经济责任。目前，由于设计方对工程项目的经济性不承担责任，所以常常从自身效益的角度出发尽快出方案、出图，不希望也不愿意做多方案的对比分析，这对项目的经济效益是不利的。

（6）控制设计变更质量。落实设计变更审核，控制设计变更质量，确保设计变更不导致设计质量的下降，并按规定在工程竣工验收阶段，在对全部变更文件、设计图纸校对及施工质量检查的基础上，出具质量检查报告，确认设计质量及工程质量满足设计要求。

五、施工阶段质量控制

工程施工阶段是工程实体最终形成的阶段，也是最终形成工程产品质量和工程使用价值的重要阶段。因此，施工阶段的质量控制是工程项目质量控制的重点。

工程施工阶段的质量控制是一个由对投入的资源和条件的质量控制，进而对生产过程及各环节质量进行控制，到对所完成的工程产出品的质量检验与控制为止的全过程系统控制。施工阶段的质量控制包括施工准备控制、施工过程控制和竣工验收控制3个部分。其中，工程施工过程由一系列相互关联、相互制约的施工工序所组成，它们的质量是施工质量的基础。下面将主要对施工工序质量控制进行介绍。

1. 施工工序质量控制内容

（1）确定工序质量控制计划。整个项目施工前，要求对施工质量控制做出计划，但这种计划一般较粗。在每一分部分项工程施工前还应制定详细工序质量计划，明确控制的重点和难点。对某些重要的控制点还应具体计划作业程序和有关参数的控制范围。同时，通常要求每道工序完成后，对工序质量进行检查，仅当工序质量经检验认为合格后，才能进行下道工序的施工。

（2）控制工序活动条件。工序活动条件的控制，是工序质量控制的重要内容。工序活动条件包括：人、机、工艺或方法、材料和环境。虽在开工前对这些基本的生产活动条件已进行了控制，但由于在工序活动中有的条件还会发生变化，其基本性能可能达不到要求的标准，这经常是生产过程产生质量不稳定的原因之一。因此必须主动对工序活动条件质量进行控制，这是保证工序质量的重要措施之一。在工序活动条件控制中，要抓住主要因素进行控制，以便达到较好的控制效果。

（3）工序分析。工序分析，概括地说，就是要找出对工序的关键或重要的质量特征性能起着支配性作用的那些因素的全部活动。对这些支配因素，要制订成标准，加以重点控制。不进行工序分析，就找不到那些支配的因素，就难以进行工序质量控制，也就不能保证工程质量。

2. 施工工序质量控制过程

施工工序是施工中人、机、材料、工艺或方法综合作用的单元，工序质量控制包括对工序活动和工序活动效果的控制，这两种控制反复进行，从而达到对施工工序质量的控制。施工工序质量控制的步骤包括：

（1）工序活动前的控制。即在操作前，要求人、机、材料、方法或工艺和施工环境能满足要求。

（2）检验。采用必要的检测工具或手段，对工序活动的效果进行质量检验。

（3）效果分析。对检验数据进行分析，找出其变化规律。

（4）判断。根据工序质量标准和分析数据，对整个工序的质量进行评价，判断该工序是否达到质量标准，即是否正常。

（5）因素分析。若工序质量正常，控制过程的一个循环结束；若工序质量异常，则进行工序分析，寻找影响工序质量的因素，尤其要找出其中的主要影响因素。

（6）主要影响因素控制。找出主要影响因素后，对其进行调整，使其符合规定要求。

（7）重复检验。重复（2）～（4）步骤，检查调整效果。

（8）重复循环。过一时段间隔或完成一定工程量后，重复（1）～（7）步骤实施控制。

3. 设置质量控制点

质量控制点是指在施工中某些需要重点控制的施工项目、部位或环节。设置质量控制点，对其重点进行控制，是提高工序质量的重要途径。这一过程的内容有：

（1）选择质量控制点。质量控制点的选择，应根据工程项目特点，结合施工工艺的难易程度和承包商的操作水平，进行全面分析后确定。下列情况应考虑设置质量控制点。

1）对工序质量有重要影响的内容、薄弱环节和隐蔽工程。例如预应力结构的张拉工序，钢筋混凝土结构中的钢筋架立。

2）对下道工序的施工质量起重要影响的内容或工序。

3）施工中质量不稳定或不合格率较高的内容或工序。

4）承包商对施工质量没有把握的内容或工序。

（2）设计质量控制措施。确定质量控制点后，应对每个质量控制点的控制措施进行设计，其步骤及内容如下：

1）列出质量控制点明细表。

2）设计控制点施工流程图。

3）应用因素分析方法进行工序分析，找出工序质量的支配性影响因素。

4）制定工序质量表，对各支配性因素规定出明确的控制范围和控制要求。

5）编制保证质量的作业指导书。

（3）实施质量控制点的控制。实施质量控制点质量控制的步骤包括：

1）进行控制措施交底。将质量控制点的控制措施向作业班组交底，使操作人员明确操作要点。

2）对工序活动条件进行检查验收。

3）按作业指导书进行操作。

4）认真记录，检查结果。

5）运用数理统计方法不断分析、改进与提高质量（实施 PDCA 循环），以保证质量控制点验收合格。

[案例 5-6]　施工工序质量控制

水工建筑混凝土施工工序一般包括：材料配合比选择、计量、混凝土拌制、运输、浇筑和养护等，其质量控制内容如下：

1. 选择配合比的质量控制

选择混凝土配合比，除应符合水工混凝土应有的抗压、抗渗、抗冻、抗裂等要求外，还要满足施工和易性的要求，并采取措施合理降低水泥用量。对于大体积建筑物的内部混凝土，还应注意其胶凝材料用量的控制。

混凝土的水灰比应以骨料在饱和面干状态下的混凝土单位用水量对单位胶凝材料用量的比值为准，单位胶凝材料用量为每 m^3 混凝土中水泥与混合材料重量的总和。

粗骨料级配及砂率的选择，应考虑骨料生产的平衡、混凝土和易性及最小单位用水量等要求，综合分析确定。

2. 计量工序控制

在计量工序中，每盘混凝土各组成材料计量结果的偏差应符合表 5-4 的规定。

表 5-4　　　　　　　　　　混凝土组成材料计量允许偏差

组成材料	允许偏差（%）	
	水工混凝土施工	一般混凝土施工
水泥、掺合料	±1	±2
粗、细骨料	±2	±3
水、外加剂	±1	±2

每一工作班正式称量前，应对计量设备进行零点校核。生产过程中应测定骨料的含水率，每一工作班不应少于一次。当含水率有明显变化时，应增加测定次数，依据检测结果及时调整用水量和骨料含量。

计量器具应定期鉴定，经中修、大修或迁移至新的地点后，也应进行鉴定。

3. 搅拌工序控制

在搅拌工序中，应控制其均匀性，不得有离析和泌水现象。混凝土搅拌的最短时间应符合《水工混凝土施工规范》的规定。至于混凝土搅拌时间，每一工作班至少抽查两次。

混凝土搅拌完后，对其拌合物的稠度应在搅拌地点和浇筑地点分别取样检测，每一工作班不应少于一次。拌合物的质量指标应符合有关设计或规范要求。

应经常对拌和设备进行下列项目检验：

1）拌合物的均匀性；

2）各种条件下适宜的拌和时间；

3）衡器的准确性；

4）拌和机及叶片的磨损情况。

若发现问题，应立即进行处理。

4. 运输工序控制

选择的混凝土运输设备和运输能力应与拌和、浇筑能力、仓面具体情况及钢筋、模板吊运的需要相适应，以保证混凝土运输的质量。

在运输工序中，应控制混凝土运至浇筑地点后，不离析、不分层、组成成分不发生变化，并能保证施工所需的稠度。

运送混凝土的容器或管道，应不吸水，不漏浆，并保证卸料及输送通畅。混凝土运输时间不宜超过表5-5的规定。

表5-5 混凝土运输时间

气　温　（℃）	混凝土运输时间（min）
20～30	30
10～20	45
5～10	60

注 本表数值未考虑外加剂、混合材料及其他特殊施工措施的影响。

混凝土运送至浇筑地点。如混凝土拌合物出现离析或分层现象，应对混凝土拌合物进行二次搅拌。混凝土运至指定卸料地点时，应检测其稠度。所测稠度应符合设计施工要求。

因故停歇过久，混凝土产生初凝时，应作废料处理。在任何情况下，严禁中途加水后运入仓内。

5. 浇筑质量控制

建筑物地基必须验收合格后，方可进行混凝土浇筑的准备工作。

浇筑混凝土前，应检查和控制模板、钢筋、保护层和预埋件等的尺寸、规格、数量和位置，其偏差应符合施工规范的要求。

混凝土的浇筑应按一定的厚度、次序、方向，分层进行。混凝土的浇筑层厚度，应根据拌和能力、运输距离、浇筑速度、气温及振捣器的性能等因素确定。

在浇筑施工中，应控制混凝土的均匀性和密实性。

混凝土拌合物运至浇筑地点后，应立即入仓浇筑。在浇筑中，若混凝土拌合物均匀性和稠度发生较大变化，应及时处理。柱、墙、底板等结构竖向浇筑高度超过3m时，应采用串筒、溜管或振动溜管浇筑混凝土。

混凝土应振捣成型，根据施工对象及混凝土拌合物性质应适当选择振捣器。

6. 养护控制

在养护工序中，应控制混凝土处在有利于硬化及强度增长的温度和湿度环境中，使硬化后的混凝土具有必要的强度和耐久性。

大体积混凝土的养护，应使温差控制在设计要求的范围内，当无设计要求时，温差不宜超过25℃。冬季浇筑混凝土，应养护到具有抗冻能力的临界强度后，方可撤除养护措施。

第四节　工程项目质量检验与验收

一、工程项目质量检验

所谓质量检验，就是依据一个既定的质量标准，采用一定的方法和手段来评价工程或产品质量特性的工作。质量检验的主要工作是对工程或产品的质量特征性能进行量度。

1. 质量检验的目的

质量检验的目的主要包括两个方面：一是决定工程产品（或原材料）的质量特性是否符合规定的要求；二是判断工序是否正常。具体就施工阶段而言，质量检验的目的包括：

（1）判断工程产品、建筑原材料质量是否符合规定要求或设计标准。

（2）判定工序是否正常，测定工序能力，进而对工序实行质量控制。

（3）评定工程产品质量的等级。如通过对水电站水轮发电机组安装质量检验，得到检验数据，将其和质量评定等级标准比较，进而评定出机组安装质量的等级。

（4）评定质量检验人员（包括操作者自我检查）的工作准确性程度。

2. 质量检验的作用与任务

质量检验是工程质量形成过程中不可缺少的环节，是工程建设中的重要工序，是工程质量控制的一项重要工作。在工程的设计施工中，搞好质量检验工作，不但可以对工程的原材料或原始数据、施工中构配件质量、中间工序质量以及分项工程质量是否满足要求做出正确的判断，而且还能收集到有关工程质量与操作质量的动态信息，为制定和改进质量措施，以及为改进质量管理工作提供可靠的依据，从而使整个工程的质量处于控制之中。

质量检验对保证工程项目质量有下列三方面作用。

（1）把关作用或叫保证作用。把关就是通过对工程实体的检查或测试，防止不符合技术质量标准的工程或产品流入下道工序或用户，把住质量关。对于不合格的工程或产品，要进行返工、修整或重新设计，使之达到规范要求之后才可进入下道工序或交付用户。要严格做到不合格的原材料、半成品不使用到工程上，不合格的工程不交工（或不合格的图纸不交付施工）。

（2）预防作用。就是采用先进的检查方法和手段，把发生或可能发生的质量问题解决在设计、施工过程之中，防止最终出现不合格的工程。"以预防为主"进行质量控制是全面质量管理的一个重要思想。

（3）报告作用或称反馈作用。就是把在工程质量检验中所收集到的数据、情况做好记录，进行汇总分析，综合评价，然后向有关部门报告，即把质量信息反馈给这些部门。如果从反馈来的质量信息中发现存在质量问题，设计、施工的有关部门应迅速采取果断有效的措施加以处置，以确保工程或产品质量的稳定和提高。

3. 质量检验的必备条件

（1）要具有一定的检验技术力量。要根据工程实际需要，配齐各类质量检验人员。在这些质量检验人员中，应配有一定比例的、具有一定理论水平和实践经验或经专业考核获取检验资格的骨干人员。

（2）要建立一套严密的科学管理制度。包括：质量检验人员岗位责任制、检验工程质量责任制、检验人员技术考核和培训、检验设备管理制度、检验资料管理制度、检验报告编写及管理等。

（3）要具有满足资质要求的质量检验机构。该质量检验机构可在工程现场设立，也可采用委托方式就近构建。

（4）要配备符合标准并满足检验工作要求的检验手段。包括除去感激性检验外的其他检验所需要的量具、测具、工具、无损检测设备和理化试验设备等。

（5）要有适宜的检验条件。包括：工作条件、技术条件和评价条件。

4. 质量检验的内容

（1）将质量标准具体化。标准具体化就是把技术法规和标准（或设计要求）、工艺规程等转换成体现质量标准的数量界线，并在质量检验中正确执行。

（2）对工程或产品的质量特征性能进行检测量度。它包括检查人员的感官度量，机械器具的测量和仪表仪器的测试或化验分析等。通过检测量度，提出工程或产品质量特性报告。

（3）将检测量度出来的质量特性值同该工程或产品的质量要求（技术标准或设计要求）相比较。

（4）根据上述比较结果，做出切合工程实际的判断。判断工程或产品的质量是否符合规定等级，判断亦称评定。判断要用事实和数据说话，以标准、规范为准绳，防止主观性，避免片面性。

（5）根据判断的结果进行处理。对合格的工程或产品给予通过。对设计过程中没有通过的设计（产品），要反馈给有关部门，要求重新进行设计；对施工过程中没有通过的施工工序，要反馈给有关施工人员，给予调整、修复或返工处理。

（6）记录所获取的各种检验数据。记录要贯穿于整个质量检验的过程之中，要求把检验出来的质量特性值完整、准确、及时地记录下来，为工程产品质量评定提供依据。

5. 质量检验的分类

质量检验按其检验方法、检验形式和检验内容等分类，有多种多样，而同种分类方法又可分为若干方式。不同的检验方式，反映的检验精度有所不同。因此，为准确、高效地对工程或产品质量进行检测，必须根据不同的对象适当地选择合理的检验方式。选择检验方式的基本原则是准确高效。要尽可能准确地反映出实际情况，保证检验质量；要尽可能方便设计和施工，减少检验工作量，节省检验费用，缩短检验时间。对于建筑安装工程，质量检验通常的分类如下。

（1）按检查内容分类，质量检验类型有：

1）外形检查。就是运用比较简单的检测工具和设备，通过实测实量，对原材料、半成品、成品或分项工程的外形尺寸等进行检查。

2）物理性能检查。即对工程或产品的组成部件、部位或产品的物理性能进行检查，如对原材料、半成品、成品、构件、设备、容器等进行耐压、抗渗、抗热、绝缘等性能的检查；又如对混凝土和砂浆试块、结构构件等的抗压、抗弯、抗拉、抗剪等力学性能的检验。

3）化学性能检验。主要是分析化验材料等的化学成分。如对水泥、钢材、沥青等原材料进行化学成分分析检验等。

（2）按生产流程分类，质量检验的类型有：

1）工前检验。就是在工程进行施工前所必须做的一些检验。如施工前的技术复核（图纸的自审与会审等）和对原材料、构件、外协作件等进行质量检验等。

2）中间检验。它是在工程或产品的质量形成过程中的检验。如在施工中间对中间产品或上道工序进行的质量检验，对隐蔽工程进行的质量检验等。

3）竣工检验。即工程产品形成后的检验，如分项工程、分部工程和单位工程竣工后进行的质量评定检查、试车检查、交工和验收检查等。

（3）按检验工作深度分类，质量检验的类型有：

1）全数检验。即对被检验的对象进行逐个、逐项（指有检验内容的项目或分项工程）检验，如对工程的重要部位、关键设备、关键工序等进行的全面检查。

2）抽样检验。就是从某一工程或某一工序的某检验项目中抽取一部分作为检查对象所进行的检查，用抽样检查的结果代表该工程或工序的全貌。

3）免检。即不需要检验就认为合格。

*二、工程施工质量验收

工程施工质量验收是工程项目质量控制的重要节环。不同类型工程其施工质量验收办法略有差异，此处主要结合建筑工程质量验收作介绍。

建筑工程施工质量验收分为：检验批质量验收、分项工程质量验收、分部工程质量验收、单位工程质量验收。

1. 建筑工程施工质量验收的划分原则

（1）单位工程的划分应按下列原则确定：

1）具备独立施工条件并能形成独立使用功能的建筑物及构筑物为一个单位工程。

2）建筑规模较大的单位工程，可将其能形成独立使用功能的部分作为一个子单位工程。

（2）分部工程的划分应按下列原则确定：

1）分部工程的划分应按专业性质、建筑部位确定。

2）当分部工程较大或较复杂时，可按材料种类、施工特点、施工程序、专业系统及类别等划分为若干子分部工程。

（3）分项工程应按主要工种、材料、施工工艺、设备类别等进行划分。分项工程可由一个或若干检验批组成，检验批可根据施工及质量控制和专业验收需要按楼层、施工段、变形缝等进行划分。室外工程可根据专业类别和工程规模划分单位（子单位）工程。

2. 建筑工程施工质量验收

（1）检验批合格质量应符合下列规定：

1）主控项目和一般项目的质量经抽样检验合格。

2）具有完整的施工操作依据、质量检查记录。

（2）分项工程质量验收合格应符合下列规定：

1）分项工程所含的检验批均应符合合格质量的规定。

2）分项工程所含的检验批的质量验收记录应完整。

（3）分部（子分部）工程质量验收合格应符合下列规定：

1）分部（子分部）工程所含分项工程的质量均应验收合格。

2）质量控制资料应完整。

3）地基与基础、主体结构和设备安装等分部工程有关安全及功能的检验和抽样检测结果应符合有关规定。

4）观感质量验收应符合要求。

（4）单位（子单位）工程质量验收合格应符合下列规定：

1）单位（子单位）工程所含分部（子分部）工程的质量均应验收合格。

2）质量控制资料应完整。

3）单位（子单位）工程所含分部工程有关安全和功能的检测资料应完整。

4）主要功能项目的抽查结果应符合相关专业质量验收规范的规定。

5）观感质量验收应符合要求。

（5）建筑工程质量验收记录应符合《建筑工程质量验收统一标准》的要求。

（6）当建筑工程质量不符合要求时，应按下列规定进行处理。

（7）通过返修或加固处理仍不能满足安全使用要求的分部工程、单位（子单位）工程，严禁验收。

3. 建筑工程施工质量验收程序和组织

（1）检验批及分项工程应由监理工程师（建设单位项目技术负责人）组织施工单位项目专业质量（技术）负责人等进行验收。

（2）分部工程应由总监理工程师（建设单位项目负责人）组织施工单位项目负责人和技术、质量负责人等进行验收；地基与基础、主体结构分部工程的勘察、设计方工程项目负责人和施工单位技术、质量部门负责人也应参加相关分部工程验收。

（3）单位工程完工后，施工单位应自行组织有关人员进行检查评定，并向建设单位提交工程验收报告。

（4）建设单位收到工程验收报告后，应由建设单位（项目）负责人组织施工

（含分包单位）、设计、监理等单位（项目）负责人进行单位（子单位）工程验收。

（5）单位工程有分包单位施工时，分包单位对所承包的工程项目应按本标准规定的程序检查评定，总包单位应派人参加。分包工程完成后，应将工程有关资料交总包单位。

（6）当参加验收各方对工程质量验收意见不一致时，可请当地建设行政主管部门或工程质量监督机构协调处理。

（7）单位工程质量验收合格后，建设单位应在规定时间内将工程竣工验收报告和有关文件，报建设行政管理部门备案。

4. 施工质量不符合要求时的处理

（1）经返工或更换设备的工程，应该重新检查验收；

（2）经有资质的检测单位检测鉴定，能达到设计要求的工程，应予以验收；

（3）经返修或加固处理的工程，虽局部尺寸等不符合设计要求，但仍然能满足使用要求，可按技术处理方案和协商文件进行验收；

（4）经返修和加固处理后仍不能满足使用要求的工程严禁验收。

[案例5-7] 施工质量保修

某建筑公司与某学校签订一宗建设工程施工合同，明确承包方（建筑公司）保质、保量、保工期完成发包方（学校）的教学楼施工任务。工程竣工后，承包方向发包方提交了竣工报告，发包方为不影响学生上课，还没有组织验收便直接使用了。使用中，校方发现教学楼存在质量问题，要求承包方修理。承包方则认为工程未经验收，发包方提前使用出现质量问题，承包商不再承担责任。

问：（1）依据有关法律、法规，该质量问题的责任由谁承担？

（2）工程未经验收业主提前使用，可否视为工程已交付，承包方不再承担？

（3）发生上述问题后，承包方的保修责任应如何履行？

（4）上述纠纷，业主和承包方可以通过何种方式解决？

答：（1）根据《建筑法》规定，该质量问题的责任应由业主承担责任。

（2）可视为业主已接收该项工程，但不能免除承包方负责保修的责任。

（3）承包方保修责任，应依据建设工程保修规定履行。

（4）业主和承包方可通过协商、调解解决，或按合同条款规定提出仲裁或诉讼。

[案例5-8] 施工质量事故处理

某建筑工程项目，在基础混凝土的施工过程中，发现施工质量存在强度不足问题。

问：（1）简述工程质量事故处理的程序和基本要求。

（2）简述工程施工阶段隐蔽工程验收的主要项目及内容。

答：（1）事故处理程序：

1）进行事故调查：了解事故情况（发生时间、性质和现状），并确定是否需要采取临时措施。

2）分析调查结果，找出事故的主要原因。

3）确定是否需要处理。若需处理，要求承包商提出处理的措施或方案。

4）事故处理：监督事故处理措施或方案的措施。

5）检查处理结果是否达到要求。

事故处理的基本要求：安全可靠，不留隐患；处理技术可行，经济合理，施工方便，满足使用功能。

（2）隐蔽工程验收的主要项目及内容见表5-6。

表5-6   隐蔽工程验收的主要内容

序号	项　目	内　　容
1	基础工程	地质、土质情况，标高尺寸、基础断面尺寸，桩的位置、数量
2	钢筋混凝土工程	钢筋品种、规格、数量、位置、焊接、接头、预埋件，材料代用
3	防水工程	屋面、地下室、水下结构的防水做法、防水措施质量
4	其他	其他完工后无法检查的工程、主要部位和有特殊要求的隐蔽工程

第五节　ISO 9000　简介

一、ISO 9000 族标准的产生和发展

国际标准化组织（ISO）为满足国际经济交往中质量保证活动的客观需要，在总结各国质量保证制度、经验的基础上，经过近10年的工作于1987年3月发布了ISO 9000 族标准。由于这套标准具有科学性、系统性、实践性和指导性，具有对世界范围质量管理和质量保证的规范、统一、基础和指导作用。所以，一经问世就受到许多国家和地区的关注，在工业/经济部门赢得普遍认可，并被迅速采用。目前全世界已有 140 多个国家、地区采用了这套标准；在许多国家认证检验机构中，把取得 ISO 9000 体系认证作为获得质量标志的一个条件；在许多大公司中，把贯彻执行 ISO

9000 族标准列入他们的质量计划或合同、订单；已有不少中小组织贸易中货物质量与价格条件等量齐观，他们相信这才是竞争的实质；已有许多国家的官方机构，在合同上要求供方组织按 ISO 9000 族标准进行体系认证；已有一些国家的政府部门正着手编制国家的质量计划，并认为这会增强本国组织的活力和竞争力。ISO 9000 族的标准不仅在世界工业领域得到广泛应用，这种广泛性还表现在服务、工程管理、财务、旅游、保险、医院、学校、环保等行业，甚至美国的白宫和 ISO 中央秘书处也已应用 ISO 9000 族标准来提高自己的工作质量。

在国际上大量应用的过程中，ISO 9000 族标准也暴露出一些问题。ISO/TC176 委员会在认真总结各国 ISO 9000 族标准应用情况的基础上，对 ISO 9000 族标准进行了两次修订，1994 年有限修订一次，后于 2000 年又进行了彻底修订，形成了 2000 版。之后随着国际贸易的迅速发展，为了适应产品和资本流动的国际化趋势，寻求消除国际贸易中技术壁垒的措施，ISO 族标准又进行了几次修订。2005 年发布了 ISO 9000：2005 修订本，2008 年 10 月 31 日发布了 ISO 9001：2008 修订本，并将于 2009 年 8 月正式发布 ISO 9004：2009 修订本。预计国际标准化组织在 2013 年会再次评估 ISO 9001 和 ISO 9004 这两款标准，到时可能会针对这两款标准有重大修改。

二、ISO 9000 族标准的构成

ISO 9000 族标准包括：4 个核心标准（ISO 9000、ISO 9001、ISO 9004、ISO 9011），一个支持标准（ISO 10012），6 个技术报告［ISO 10006、ISO 10007、ISO 10013、ISO 10014、ISO 10015、ISO/TR10017（Technical Report）］，3 个小册子和 1 个技术规范。

目前，ISO 9000 族标准包括以下一组密切相关的质量管理体系核心标准：

（1）ISO 9000：2005《质量管理体系结构基础和术语》，表述质量管理体系基础知识，并规定质量管理体系术语。

（2）ISO 9001：2008《质量管理体系——要求》，规定质量管理体系要求，用于证实组织具有提供满足顾客和适用法规要求的产品的能力，目的在于增加顾客满意度。

（3）ISO 9004：2009《可持续性管理——质量管理方法》，本标准关注改进一个组织的总体业绩与效率并为组织可持续性管理提供指南。该标准的目的是促进组织业绩长期可持续性的成功并使顾客及其他相关方满意。

上述标准共同构成了一组密切相关的质量管理体系标准，有助于在国内和国际贸易中促进相互理解。

三、ISO 9000 族标准内容简介

1. ISO 9000：2005 的适应范围和内容

（1）ISO 9000：2005 适用范围。

1）通过对实施质量体系寻求优势的组织。

2）对能满足产品要求的供求优势的组织。

3）产品的使用者。

4）就质量管理方面所使用的术语需要达成共识的人们（如：供方、顾客、行政执法机构）。

5）评价组织原质量管理体系或依据 ISO 9001 的要求审核其符合性的内部或外部人员和机构（如：审核员、行政执法机构、认证机构）。

6）对组织质量管理体系提出建议的内部或外部人员和机构。

（2）ISO 9000：2005 内容。该标准保留了 ISO 9000：2000 提出的质量管理的 8 项原则，表述质量管理体系 12 项基础并规定质量管理体系有关术语。2005 版与 2000 版比较，没有大的变化，主要是对一些术语增加了一些定义和解释性内容，包括：技术专家、要求、能力、合同、审核员、审核组、审核计划和审核范围。

2. ISO 9001：2008 的适用范围、内容及与其他管理体系的相容性

（1）ISO 9001：2008 的适用范围。ISO 9001：2008 在标准的适用范围上并未对 2000 版进行修订。它规定了质量管理体系要求可供组织内部使用，也可用于认证或合同目的，其规定的所有要求都适用的。但由于组织所提供产品的性质、顾客要求或适用的法规要求的原因，在既不影响组织提供满足顾客和适用法规要求的产品的能力，也不免除组织的相应责任的那些质量管理体系要求的前提下，某些要求可以剪裁，若超过了允许的剪裁范围，即使满足法规要求，也不再符合 ISO 9001：2008 标准。

（2）ISO 9001：2008 的内容。

ISO 9001：2008 采用 ISO 9000：2005 给出的术语和定义。规定了质量管理体系要求，这是对产品技术要求的补充，组织可依此通过满足顾客和适用的法规要求，而达到顾客满意，该标准也常用于内部和外部（包括认证机构），评价组织满足顾客和法规要求的能力。

ISO 9001：2008 和 ISO 9001：2000 相比，标准的目的、范围及应用范围未作变动，变更主要是对易发生或已发生误解部分作进一步澄清或增加注解以进一步说明。标准正文部分涉及 40 余处变更，修改部分较少，只对部分条款进行了修正，如在术语与定义中取消了供应链（供方—组织—顾客）；增加了外包过程的控制，外包并不

能减少组织需承担的责任；管理者代表要求是组织内的下属员工或合同制的全日制员工；增加了测量用计算机软件使用的要求；增加了审核记录的保存范围等。变更后的内容更为明确，更多关注了服务业（如需要确认的过程），更符合目前组织管理的现状（如将信息系统明确纳入资源），就标准的灵活性和操作指导性等方面都有进一步的考虑（如顾客满意测量等）。

（3）与其他管理体系的相容性。ISO 9001：2008 标准在编制时与 ISO 14001：2004 相互趋近，以增强两类标准的相容性。本标准不包括针对其他管理体系的要求，例如环境管理、职业卫生与安全管理、财务管理或风险管理有关的特定要求。然而本标准使组织能够将自身的质量管理体系与相关的管理体系要求结合或整合。组织为了建立符合本标准要求的质量管理体系，可能会改变现行的管理体系。

3. ISO 9004：2009 的适用范围、内容及与 ISO 9001：2008 的关系

（1）ISO 9004：2009 的适用范围。ISO 9004：2009 对于希望超越 ISO 9001 要求，通过业绩持续改进，追求成熟的组织的最高管理者推荐了指南。在组织有意愿并在合同条件下，ISO 9004：2009 可用于认证或成熟度评估。

（2）ISO 9004：2009 的内容。ISO 9004：2009 较以前各版 ISO 9004 标准的目的和思路作了创新的变更，特别关注改进一个组织的总体业绩与效率。本标准为组织可持续性管理提供指南，将源于 ISO 9000：2005 八项管理原则的组织成熟度描述为：初学型组织、前摄型组织、弹性组织、创新型组织、可持续组织五种类型。将其应用于整个组织长期可持续的成功，而不仅是某些部分的业绩改进。ISO 9004：2009 标准基本采纳了目前各国卓越绩效模式的思路和内容。本版标准定位为 ISO 9001 标准应用的补充文件，追求组织的可持续性，强调的侧重点有所差异，如本标准与卓越绩效评价准则相比，对顾客和市场描述不多，这是因为 ISO 9001 标准已有很多顾客导向的内容，同时可持续性强调利益的平衡。本标准对学习、创新等十分强调，因为可持续性着眼组织的中长期发展。

（3）ISO 9004：2009 与 ISO 9001：2008 的关系。ISO 9001：2008 和 ISO 9004：2009 是质量管理体系标准主导的两类模式：

一类为 ISO 9001：2008 为代表的质量管理体系要求标准（含各行质量管理体系要求标准，如：ISO/TS 16949、ISO 22000 等），其特点是对质量管理体系具体活动提出通用或专业性要求，思路是"以最少的一致要求提供产品符合性保证和信任"，其评价手段是符合性评价。

另一类则是以 ISO 9004：2009 标准及各类卓越绩效评价准则为代表的指南标准，其特点是应用质量管理的原则，为提升组织整体绩效及可持续性提供公认有效途径的信息，评价手段是成熟度量度。其典型作用是帮助已按 ISO 9001 或其他管理体系标

准建立管理体系的组织，在推进组织整体持续发展方面发挥作用。

复 习 思 考 题

1. 业主方在工程项目施工阶段的质量计划制定过程中需要做些什么？

2. 工程项目质量控制中承包商的质量保证体系与业主/监理工程师的质量控制体系有什么不同？

3. 设计过程中的质量控制相比与其他阶段的质量控制有何特点？

4. 为何业主对工程项目施工过程中的质量控制主要委托专业监理机构来完成？

5. 为何监理工程师的质量检验必须建立在施工承包商的"三检"基础上？

第六章 工程项目投资管理

基 本 要 求

◆ 掌握工程项目投资与工程项目投资管理的概念
◆ 掌握我国现行工程项目投资构成
◆ 掌握清单计价与定额计价的区别
◆ 掌握投资控制的重点
◆ 掌握设计阶段与施工阶段投资控制方法
◆ 熟悉工程估价的不同表现形式
◆ 了解决策阶段和招标阶段投资控制方法
◆ 了解定额计价与清单计价的原理

第一节 概   述

一、相关概念

1. 投资

投资（Investing）一般是指经济主体为获取经济效益（或社会效益）而垫付货币或其他资源用于某些事业的经济活动过程。

2. 工程项目投资

工程项目投资（Project Investment）是指某经济实体（或政府）为获取工程项目将来的收益而垫付资金用于工程项目的经济活动，其所垫付资金就是工程项目投资。一般认为工程项目投资是指工程项目建设阶段所需要的全部费用总和，也就是，工程项目投资为工程项目建设阶段有计划地进行固定资产再生产和形成最低量流动资金的一次费用的总和。工程项目投资是一个从资金形成资产，通过管理资产，提高资产效益，最后资产转为资金的动态增值循环过程，是一个从资金流到物流，再到资金流的动态过程。

与工程项目投资相关的术语较多，如工程项目费用、工程造价、工程项目成本、施工成本等。上述概念，意思较为接近，但有时有差异，应用也没有得到统一。工程项目费用建设各方均在用；对投资者、业主方来说一般用工程项目投资；对承包方而言，则常用工程项目成本或施工成本。

3. 工程项目投资管理

工程项目投资管理，就是通过对工程项目投资的计划、实施、控制，以及纠正偏差的总称。工程项目投资管理任务，指在投资决策阶段进行科学的分析，制定合理的投资目标和投资计划；在设计阶段、招标阶段、施工阶段和竣工验收等阶段进行实时的动态跟踪、偏差分析与调整补救，力争把工程项目投资的实际发生值控制在计划的范围内。工程项目投资管理在整个工程项目管理中占有重要地位，对工程项目投资效益有重要影响。

4. 工程造价

工程造价的直意即为工程的建造价格。在市场经济条件下，在建筑工程领域，工程造价有两种含义：

（1）工程造价是指建设一项工程预期开支或实际开支的全部固定资产的投资费用。显然，这一含义是从投资者（业主）这一角度出发的。从这一意义上说，工程项目造价就是工程项目固定资产投资。

（2）工程造价是指工程价格，即为建成一项工程，预计或实际在土地市场、设备市场、技术劳务市场，以及承包市场等交易活动中所形成的建筑安装工程的价格和建设工程总价。通常又将工程造价认定为是工程承发包价格。

在水利工程建设领域，水利工程造价也称工程净投资，是指在工程项目总投资中扣除回收金额、应核销投资以及与工程无直接关系的转出投资后的余额。

5. 工程施工成本

工程施工成本是指承包商按照承包合同的要求，完成合同项目所需投入的人力、物力的货币表现形式。工程施工成本较工程承发包价格（合同价格）低时，则承包人就获利。

二、工程项目投资构成

1. 我国现行工程项目投资构成

在我国现行的规定中，一般认为，建设工程项目总投资的构成包括：建筑安装工程费、设备及工器具购置费、工程建设其他费、预备费和建设期贷款利息。具体的构成内容如图6-1所示。

建设项目总投资
- 固定资产投资
  - 建筑安装工程费用：直接费、间接费、利润、税金
  - 设备及工器具购置费：设备购置费、工、器具及生产家具购置费
  - 工程建设其他费用：土地使用费、与项目有关的其他费用、与未来企业生产有关的费用
  - 预备费：基本预备费、涨价预备费
  - 建设期贷款利息
- 流动资产投资

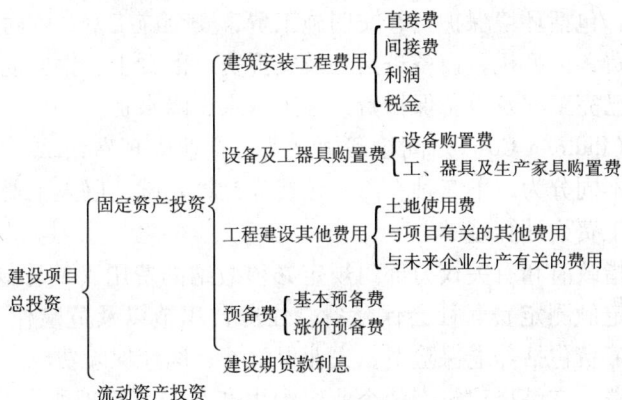

图 6-1 我国现行建设工程项目总投资构成图

（1）建筑安装工程费。我国现行建筑安装工程费用组成按建设部、财政部［关于印发《建筑安装工程费用项目组成》的通知（建标［2003］206号）］的规定，具体构成主要有四部分，即直接费、间接费、利润和税金，其组成结构如图6-2所示。

1）直接费（Direct Cost）。直接费由直接工程费与措施费两项组成。

①直接工程费。是指施工过程中耗费的构成工程实体的各项费用，包括人工费、材料费、施工机械使用费。

◆ 人工费（Labor Cost）。它是指直接从事建筑安装工程施工的生产工人开支的各项费用，内容包括：基本工资、工资性补贴、生产工人辅助工资、职工福利、生产工人劳动保护费。

建筑安装工程费
- 直接费
  - 直接工程费：人工费、材料费、施工机械使用费
  - 措施费
- 间接费：规费、企业管理费
- 利润
- 税金：营业税、城乡维护建设税、教育费附加

图 6-2 我国建筑安装工程费用构成图

◆ 材料费（Material Cost）。它是指施工过程中耗费的构成工程实体的原材料、辅助材料、构配件、零件、半成品的费用，内容包括：材料原价（或供应价格）、材料运杂费、运输损耗费、采购及保管费、检验试验费。

◆ 施工机械使用费（Expenses of Using Construction Machinery）。它是指使用施工机械作业所发生的机械使用费以及机械安拆和场外运费，内容包括：折旧费、大修理费、经常修理费、安拆费及场外运费、人工费、燃料动力费、养路费及车船使用税。施工机械使用费按台班或台时计算。

②措施费。是指为完成工程项目施工，发生于该工程施工前和施工过程中非工程

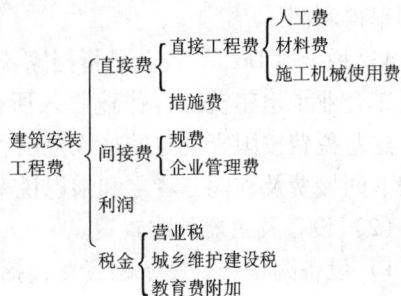

实体项目的费用，包括环境保护费，文明施工费，安全施工费，临时设施费，夜间施工费，二次搬运费，大型机械设备进出场及安拆费，混凝土、钢筋混凝土模板及支架费，脚手架费，已完工程及设备保护费，施工排水、降水费。

2）间接费（Indirect Cost）。间接费由规费、企业管理费组成。间接费的计算方法按取费基数的不同分为以下三种：以直接费为计算基础，以人工费和机械费合计为计算基础；以人工费为计算基础。

①规费。是指政府和有关权力部门规定必须缴纳的费用（简称规费）。包括：工程排污费、工程定额测定费、社会保障费、住房公积金以及危险作业意外伤害保险费。其中社会保障费包括养老保险费、失业保险费、医疗保险费。

②企业管理费。它是指建筑安装企业组织生产和经营管理所需费用，内容包括：管理人员工资、办公费、差旅交通费、固定资产使用费、工具用具使用费、劳动保险费、工会经费、职工教育经费、财产保险费、财务费、税金及其他。

3）利润（Profit）。是指施工企业完成所承包工程获得的盈利。依据不同投资来源或工程类别实施差别利率。承包商在做工程估价时，其利润称施工利润。施工利润率的大小一般由施工企业考虑多种因素自行确定。一般是用直接费和间接费之和乘以利润率得利润。

4）税金（Tax）。税金是指国家税法规定的应计入建筑安装工程造价内（或国家对施工企业承担建筑工程作业收入所征收）的营业税、城市维护建设税和教育费附加。这些税费按国家规定的征收范围和税率计算。在编制工程概预算时，税费是以直接费、间接费及利润三者之和乘以税率。

（2）设备及工器具购置费。

1）设备购置费。设备购置费包括设备原价、运杂费、成套设备服务费、采购及保管费等。

①设备原价。对国产设备，以出厂价为原价；对于进口设备，以到岸价和进口征收的税收、手续费、商检、港口费之和为原价。对于大型设备，分块运到工地的拼装费用也应包括在设备原价内。

②运杂费。指设备由厂家运至工地安装现场所发生的一切费用，主要包括调车费、装卸费、包装绑扎费，以及其他可能发生的杂费。

③采购及保管费。指设备采购、保管过程中发生的各种费用。

2）工器具及生产家具购置费。是指新建项目为保证初期正常生产所必须购置的第一套不够固定资产标准的设备、仪器、工卡模具、器具、生产家具等的费用。

（3）工程建设其他费。工程建设其他费是指应列入建设投资中支付，并列入工程概算，除建筑安装工程费用和设备及工器具购置费以外的一些费用。一般包括：土地使用费、与项目建设有关的其他费用、与未来企业生产经营有关的其他费用。

1）土地使用费。土地使用费是指按国家有关规定获得建设用地所应支付的费用。其表现形式为：通过划拨方式取得土地使用权而支付的土地征用及迁移补偿费，或通过土地使用权出让方式取得土地使用权而支付的土地使用权出让金。

2）与项目建设有关的其他费用。是指业主单位在工程项目立项、筹建、建设和联合试运转、竣工验收交付使用及后评价等全过程管理所需的费用。包括建设单位开办费、建设单位经费、勘察设计费、研究试验费、建设单位临时设施费、工程监理费、工程保险费、引进技术和进口设备其他费用以及工程承包费等。

3）与未来企业生产经营有关的其他费用。包括联合试运转费、生产准备费、办公和生活家具购置费。

（4）预备费。预备费是指在设计阶段难以预料而在施工过程中又可能发生的、在规定范围内的工程费用，以及工程建设期内发生的价差。预备费包括基本预备费和涨价预备费两项。

1）基本预备费。指在初步设计文件及设计概算内难以事先预料，而在工程建设期间可能发生的工程费用。基本预备费是按建筑安装工程费、设备及工器具购置费、工程建设其他费三者之和为基数，乘以基本预备费率进行计算。

基本预备费率的取值应执行国家及部门的有关规定。在项目建议书和可行性研究阶段，基本预备费率一般取 10%～15%；在初步设计阶段，基本预备费率一般取 7%～10%。

2）涨价预备费。指工程建设过程中，因人工、材料、施工机械使用费和工程设备价格上涨而导致费用增加的部分。

（5）建设期贷款利息。建设期贷款利息包括向国内银行和其他非银行金融机构贷款、出口信贷、外国政府贷款、国际商业银行贷款以及在境内外发行的债券等在建设期间内应偿还的借款利息。该项利息，按规定应列入建设项目投资之内。建设期贷款利息实行复利计算。

2. 世界银行的工程项目费用构成

1978 年，世界银行、国际咨询工程师联合会对项目的总建设成本（相当于我们的工程造价）作了统一规定，其详细内容如下。

（1）项目直接建设成本。项目直接建设成本包括以下内容：

1）土地征购费。

2）场外设施费用，如道路、码头、桥梁、机场、输电线路等设施费用。

3）场地费用，指用于场地准备、厂区道路、铁路、围栏、场内设施等的建设费用。

4）工艺设备费，指主要设备、辅助设备及零配件的购置费用，包括海运包装费用、交货港离岸价，但不包括税金。

5）设备安装费，指设备供应商的监理费用，本国劳动及工资费用，辅助材料、施工设备，消耗品和工具等费用，以及安装承包商的管理费和利润等。

6）管道系统费用，指与系统的材料及劳动相关的全部费用。

7）电气设备费，其内容与4）相似。

8）电气安装费，指设备供应商的监理费用，本国劳务与工资费用，辅助材料、电缆、管道和工具费用，以及营造承包商的管理费和利润。

9）仪器仪表费，指所有自动仪表、控制板、配线和辅助材料的费用以及供应商的监理费用、外国或本国劳务工资费用、承包商的管理费和利润。

10）机械的绝缘和油漆费，指与机械及管道的绝缘和油漆相关的全部费用。

11）工艺建筑费，指原材料、劳务费以及与基础、建筑结构、屋顶、内外装修、公共设施有关的全部费用。

12）服务性建筑费用，其内容与11）相似。

13）工厂普通公共设施费，包括材料和劳务费以及与供水、燃料供应、通风、蒸汽发生及分配、下水道、污物处理等公共设施有关的费用。

14）车辆费。指工艺操作必需的机动设备零件费用，包括海运包装费用以及交货港的离岸价，但不包括税金。

15）其他当地费用。指那些不能归类于以上任何一个项目，不能计入项目间接成本，但在建设期间又是必不可少的当地费用。如临时设备、临时公共设施及场地的维持费，营地设施及其管理，建筑保险和债券，杂项开支等费用。

（2）项目间接建设成本。项目间接建设成本包括：

1）项目管理费，包括：

①总部人员的薪金和福利费，以及用于初步和详细工程设计、采购、时间和成本控制，行政和其他一般管理的费用。

②施工管理现场人员的薪金、福利费和用于施工现场监督、质量保证、现场采购、时间及成本控制、行政及其他施工管理机构的费用。

③零星杂项费用，如返工、旅行、生活津贴、业务支出等。

④各种酬金。

2）开工试车费。指工厂投料试车必需的劳务和材料费用（项目直接成本包括项目完工后的试车和空运转费用）。

3）业主的行政性费用。指业主的项目管理人员费用及支出（其中某些费用必须排除在外，并在"估算基础"中详细说明）。

4）生产前费用。指前期研究、勘测、建矿等费用（其中某些费用必须排除在外，并在"估算基础"中详细说明）。

5）运费和保险费。指海运、国内运输、许可证及佣金、海洋保险、综合保险等费用。

6）地方税。指地方关税、地方税及对特殊项目征收的税金。

（3）应急费（Contingency Cost）。

1）未明确项目的准备金。此项准备金用于在估算时不可能明确的潜在项目，包括那些在做成本估算时因为缺乏完整、准确和详细的资料而不能完全预见和不能注明的项目，并且这些项目是必须完成的，或它们的费用是必定要发生的。在每一个组成部分中均单独以一定的百分比确定，并作为估算的一个项目单独列出。此项准备金不是为了支付工作范围以外可能增加的项目，不是用以应付天灾、非正常经济情况及罢工等情况，也不是用来补偿估算的任何误差，而是用来支付那些几乎可以肯定要发生的费用。因此，它是估算不可少的一个组成部分。

2）不可预见准备金。此项准备金（在未明确项目准备金之外）用于估算达到了一定的完整性并符合技术标准的基础上，由于物质、社会和经济的变化，导致估算增加的情况。此种情况可能发生，也可能不发生。因此，不可预见准备金只是一种储备，可能不动用。

（4）建设成本上升费用。通常，估算中使用的构成工资率、材料和设备价格基础的截止日期就是"估算日期"。必须对该日期或已知成本基础进行调整，以补偿直至工程结束时的未知价格增长。工程的各个主要组成部分（国内劳务和相关成本、本国材料、外国材料、本国设备、外国设备、项目管理机构）的细目划分决定以后，便可确定每一个主要组成部分的增长率。这个增长率是一项判断因素。它以已发表的国内和国际成本指数、公司记录等为依据，并与实际供应商进行核对，然后根据确定的增长率和从工程进度表中获得的每项活动的中点值，计算出每项主要组成部分的成本上升值。

第二节　工程估价与工程投资计划编制

一、工程估价

1. 工程估价的内涵

工程估价就是对工程项目投资或工程造价的估算，即要确定在具体的建设条件或环境下完成某工程项目所必需的资源费用的近似值。由于工程造价具有单件计价、多次计价、动态计价、组合计价和市场定价等特点，工程估价的内容、方法及表现形式也就有很多种。业主或其委托的咨询单位编制的工程估算、设计单位编制的工程概算、咨询单位编制的标底、承包商及分包商提出的报价，都是工程估价的不同表现形式。

2. 工程估价的方法

目前我国工程估价的方法主要有：建设工程定额计价法、工程量清单计价法。

（1）定额计价法。定额计价法是确定工程造价的传统方法，这是一种与计划经济时代相适应的工程造价管理模式。在该模式下，造价工程师依据工程设计文件、施工组织设计、工程量计算规则等计算工程量，再根据国家颁布的统一的估算指标、概算指标，以及概算、预算和有关的费用定额等，最终计算出工程产品的价格。定额计价法的基本原理如图6-3所示。

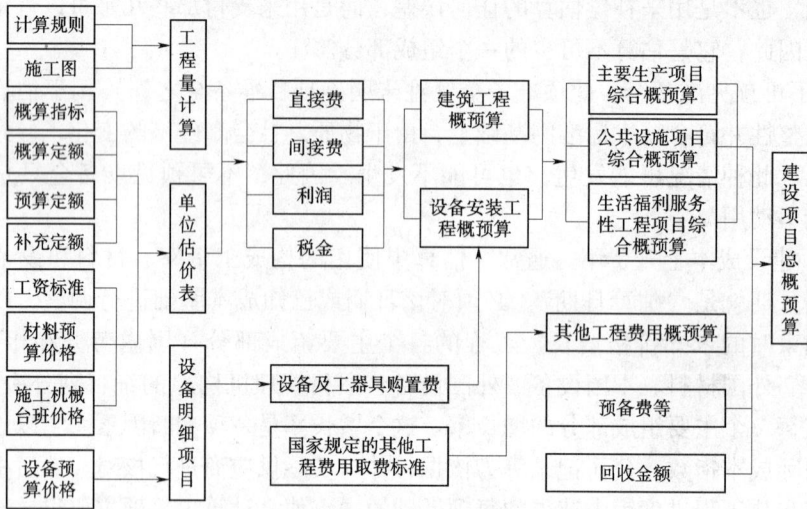

图6-3 工程造价定额计价原理示意图

工程造价定额计价方法的特点就是"量、价、费"合一。虽然该种方法具有计算过程简单、快速，同时有利于工程造价管理部门管理的优点。但是，现行预算定额中规定的消耗量和有关措施费是按社会平均水平编制的，因此，以此形成的工程造价基本上也是属于社会平均价格，不能反映参与竞争企业的实际消耗和技术管理水平，不利于企业结合项目实际情况、自身技术管理水平自主报价，不利于充分调动企业加强管理的积极性，也不能充分体现市场竞争。因此，该方法用于编制工程概算还是可行的，但并不适用于编制投标报价。

（2）工程量清单计价法。

工程量清单计价是工程价格管理体制改革的产物，是一种新的计价模式，其实质是市场定价模式。在该模式下，以招标人公开提供的工程量清单为平台，投标人根据工程项目特点、自身的技术水平、施工方案、管理水平以及中标后面临的各种风险等进行综合报价，双方签订合同价款，进行工程结算等活动。显然，该方法特别适合编制工程标底和报价。

根据 BG 50500—2008《建设工程工程量清单计价规范》规定，工程造价由分部分项工程费、措施项目费、其他项目费和规费、税金 5 部分组成。实行工程量清单计价应采用综合单价法。清单计价模式的基本原理如图 6-4 所示。

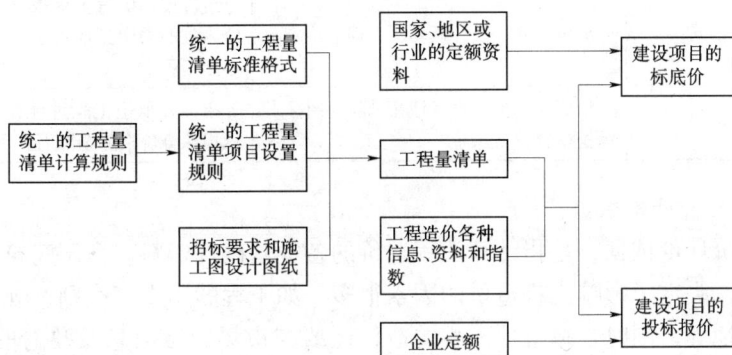

图 6-4　工程造价清单计价原理示意图

工程造价清单计价方法具有两个基本特征：一是在计价模式上实行量价分离的原则；二是在管理方式上实行"控制量、指导价、竞争费"的模式，即统一工程量计算规则，政府间接调控，市场形成价格。

（3）定额计价和清单计价的对比。两种计价模式的比较见表 6-1。

表 6-1　　　　　　　　　　　　两种计价模式的比较

区别内容	定额计价法	工程量清单计价法
费用组成不同	直接费、间接费、利润、税金	分部分项工程费、措施项目费、其他项目费、规费、税金
采用定额形式不同	预算定额、费用定额	施工定额
价格表现形式不同	工料单价	综合单价
反映消耗水平不同	社会平均水平	企业自身水平
措施费用处理不同	以直接工程费为基础，根据相应费率计算	编制相应措施项目清单，单独计算

区别内容	定额计价法	工程量清单计价法
工程承包合同形式不同	以总价合同为主	单价合同
项目编码不同	采用不同的定额子目	全国统一编码
计价项目划分不同	以分项工程为单元划分	以实体工程为单元划分
工程量计价规则不同	全国统一的建筑安装工程计算规则	工程量清单计价规范规定的计算规则
工程款结算不同	施工图预算＋各种签证，变更动态价	工程师核实的实体工程量×报价中的综合单价＋索赔
使用范围不同	编审标底，设计概算，工程造价鉴定	全部使用国有资金投资或国有资金投资为主的大中型建设工程和需要招标的小型工程
风险分担不同	投标人承担工程量计算风险，招标人承担材料价格风险	招标人承担工程量计算风险，投标人承担综合价格的全部因素风险

3. 工程估价计价依据

工程造价计价依据，是指计算工程造价的各类基础性资料。由于建筑产品及其生产的特殊性，决定了影响工程造价的因素很多，如工程的用途、类别、规模、结构以及工程所在地等，同时，每一项工程的造价还要与市场价格信息及政府的产业政策、税收政策和金融政策等有关。因此与确定上述各项因素相关的各种量化资料都应作为计价的依据。

工程造价的计价依据内容包括：

（1）计算工程和设备数量的依据。包括：可行性研究资料；初步设计、技术设计、施工图设计文件；工程量计算规则；施工组织设计或施工方案以及工程量计算工具书等。

（2）计算分部分项工程人工、材料、机械台班消耗量及费用的依据。包括：概算指标、概算定额、预算定额、企业定额；人工费单价、材料预算单价、机械台班单价；工程造价信息、材料调价通知、取费调整通知等。

（3）计算建筑安装工程费用的依据。包括：费用定额、取费标准、利润率、税率以及其他价格指数。

（4）计算设备费的依据。包括：设备价格和运杂费率等。

（5）建设工程工程量清单计价规范。

（6）计算工程建设其他费用的依据。包括：用地指标、工程建设其他费用定额等。

（7）合同文件。

（8）计算造价相关的法规和政策。包括：工程造价内的税种、税率；与产业政策、能源政策、环境政策、技术政策和土地等资源利用政策有关的取费标准；利率和汇率等。

（9）其他计价依据。

4. 工程估价的不同表现形式

建设工程周期长、资源消耗量大、造价高，因此其建设必须按照基本建设程序进行，相应地也要在不同的建设阶段多次计价，以保证工程造价管理的准确性和有效性。随着工程的进展与逐步详化，工程造价也逐步深化、逐步细化和逐步接近实际工程造价。在不同的建设阶段，工程造价有着不同的表现形式，包含着不同的内容，起着不同的作用。

（1）投资估算。指在项目建议书和可行性研究阶段，建设单位向国家申请拟建项目或国家对拟建项目进行决策时，确定建设项目相应投资总额的经济文件。可行性研究报告被批准后，投资估算就作为控制任务书下达的投资限额，对初步设计概算编制起控制作用，也可以作为资金筹措及建设资金贷款的计划依据。

（2）初步设计概算。指在初步设计阶段，由设计单位根据初步设计或扩大初步设计图纸，概算定额或概算指标，各项费用定额或取费标准等预先计算和确定的建设费用的经济文件。初步设计概算较投资估算准确性有所提高，同时，初步设计概算受投资估算的控制。初步设计概算的层次性十分明显，分建设项目总概算、单项工程综合概算和单位工程概算三级。根据初步设计概算确定的投资数额，经主管部门审批后，就成为该项工程基本建设投资的最高限额。

（3）修正初步设计概算。指采用三阶段设计形式时，在技术设计阶段，随设计内容的深化，可能会出现与初步设计内容不一致而需对初步设计概算进行修正而形成的经济文件。它是对初步设计概算的修正调整，比概算造价准确，但一般不得超过初步设计概算。

（4）施工图预算。指在施工图设计阶段，根据施工图纸进行计算和确定的单位工程或单项工程建设费用的经济文件。施工图预算比设计概算和修正概算更为详尽和准确，但同样受前一阶段所确定的工程造价。

（5）合同价。指工程招投标阶段通过签订总承包合同、建筑安装工程承包合同、设备材料采购合同，以及技术和咨询服务合同所确定的价格。合同价属于市场价格的性质。它是由承发包双方根据市场行情共同议定和认可的成交价格，但它并不等同于实际工程造价。

二、工程投资计划编制

工程项目投资计划是以货币形式编制的资金使用计划，用来确定合理的投资控制目标值。投资计划的编制在整个工程造价中处于重要而独特的地位，它对工程造价的控制有着重要影响。工程投资计划使工程造价的控制有所依据；可以对未来工程项目的资金使用和进度控制有所预测，消除不必要的资金浪费和进度失控；使现有资金充分发挥作用，最大限度地节约投资、提高投资效益。

1. 工程投资计划的编制方法

（1）按投资构成编制。

工程项目的投资主要分为建筑安装工程费、设备及工器具购置费和工程建设其他费。由于建筑工程和安装工程在性质上存在较大差距，投资的计算方法和标准也不尽相同。因此，在实际操作中往往将建筑安装工程划分为建筑工程投资和安装工程投资。由于设备购置费和工器具购置费的构成以及计算方法的不同，将其划分为设备购置费和工器具购置费投资。

在按投资构成编制资金使用计划时，可以根据以往经验和建立的数据库来确定适当的比例，然后在根据具体情况决定细分或不细分。按投资构成编制投资计划的方法比较适用于有大量经验数据的工程项目。

（2）按不同子目编制。

为了满足工程管理的需要，在实际工程中，需要对工程项目进行分解，得到工程项目分解结构（WBS）。工程项目一般分解为单项工程、单位工程、分部工程和分项工程，在水利水电工程项目的划分中，将分部工程分解为单元工程，而不是分项工程。通过项目的合理划分，将项目投资分解到不同子目，进行编制投资计划。

需要注意的是，在按不同子目编制投资计划时，除划分建筑工程投资、安装工程投资和设备及工器具投资，还应将建设其他投资进行子目划分。但项目的其他投资所包含内容既与具体单项工程或单位工程直接相关，也与整个项目建设有关。因此，必须采取适当的方法将项目的其他投资进行合理的划分。最常用也是最简单的方法就是按照单项工程的建筑安装工程投资和设备及工器具购置投资之和的比例进行分摊，但其结果可能与实际支出的投资相差甚远。因此，实践中一般应对工程项目的其他投资的具体内容进行分析，将其中确实与各单项工程和单位工程有关的投资分离出来，按照一定比例划分到相应的工程内容上，其他与整个项目有关的投资则不划分到各单项工程和单位工程上。

（3）按时间进度编制。

建设项目的投资总是分阶段、分期支出，资金应用是否合理与资金的时间安排有密切的关系。为尽可能减少资金的占用和利息的支付，有必要将总投资目标按使用的时间进行分解，确定分目标。

目前，编制施工进度计划一般采用网络计划技术，以网络图来表示施工进度计划，所以编制按时间进度的投资计划，通常可利用网络图进一步扩充后得到。按时间进度编制投资计划既可以用横道图形式和时标网络图形式，也可采用 S 形曲线与香蕉图的形式，其对应数据的产生依据是施工计划网络图中时间参数的计算结果与对应阶段资金使用要求。

利用确定的网络计划便可计算各项活动的最早及最迟开工时间，获得项目进度计划的甘特图。在甘特图的基础上便可编制按时间进度划分的投资支出预算，进而绘制时间—投资累积曲线（S 形曲线）。

以上三种编制投资计划的方法并不是相互独立的。在实践中，往往是将这几种方法结合起来使用，从而达到扬长避短的效果。

2. 工程投资计划的编制程序

工程项目投资计划编制程序主要包括：项目实施规划（或合同实施进度计划）、资源供应计划、投资估算和投资计划。

（1）项目实施规划（Executing Plan）。根据业主对工程建设的要求和设计图纸及编制施工组织设计的基本原则，从施工全过程中人力、物力和空间等几个要素入手，在人力、物力、主体与辅助、供应与消耗专业与协作等方面进行科学地、合理地部署。

（2）施工进度计划（Construction Schedule）。根据业主对工程建设工期的要求，制定工程进度计划，并要注意到资源的优化配置。

（3）资源计划（Resource Planning）。确定完成工程项目活动所需要的资源品种，以及它们的数量。

（4）投资估算（Investment Estimating）。估算完成工程项目各活动所需资源的费用。

（5）投资计划（Investment Planning）。根据工程项目结构分解，将总估算的费用分配到各工作单元上。

项目实施规划和施工进度计划属于工程项目进度计划范畴，因此工程项目投资计划的编制从资源计划编制开始。

[案例 6-1] 工程设备价格估算

1. 拟从某日本公司引进全套工艺设备和技术，在我国某港口城市内建设的项目，建设期 2 年，总投资 11800 万元。总投资中引进部分的合同总价 682 万美元。辅助生产装置、公用工程等均由国内设计配套。引进合同价款的细项如下：

（1）硬件费 620 万美元。人民币兑换美元的外汇牌价按 1 美元 = 8.3 元计算。

（2）软件费 62 万美元，其中计算关税的项目有：设计费、非专利技术及技术秘密费用 48 万美元；不计算关税的有：技术服务及资料费 14 万美元（不计海关监管手续费）。

（3）中国远洋公司的现行海运费率 6%，海运保险费率 3.5‰，现行外贸手续费率、中国银行财务手续费率、增值税率和关税税率分别按 1.5%、5‰、17%、17% 计取。

（4）国内供销手续费率 0.4%，运输、装卸和包装费率 0.1%，采购保管费率 1%。

问：本项目引进部分购置投资的估算价格是多少？

答：本项目引进部分购置投资 = 引进部分的原价 + 国内运杂费

上式中：引进部分的价格（抵岸价）是指引进部分的货价和从属费用之和，见表 6 - 2。

表 6 - 2　　　　　　　　　　引进设备硬、软件原价计算表　　　　　　　　单位：万元

序号	费用名称	计　算　公　式	费用
（1）	货价	货价 = 620 × 8.3 + 6.2 × 8.3 = 5146 + 514.6 = 5660.60	5660.60
（2）	国外运输费	国外运输费 = 5146 × 6% = 308.76	308.76
（3）	国外运输保险费	国外运输保险费 = （5146 + 308.76）×3.5‰/（1 - 3.5‰）= 19.16	19.16
（4）	关税	硬件关税 = （5146 + 308.76 + 19.16 + 48 × 8.3）×17% = 5872.32 × 17% = 998.30 软件关税 = 48 × 8.3 × 17% = 398.4 × 17% = 67.73	998.30
（5）	增值税	增值税 = （5872.32 + 998.30）× 17% = 6870.62 × 17% = 1168.01	1168.01
（6）	银行财务费	银行财务费 = 5660.6 × 5‰ = 28.30	28.30
（7）	外贸手续费	外贸手续费 = （5146 + 308.76 + 19.16 + 48 × 8.3）×1.5% = 88.08	88.08
（8）	引进设备价格（抵岸价）	（1）+ … +（7）	8271.21

由表 6 - 2 得知，引进部分的原价 = 8271.21 万元

国内运杂费 = 8271.21 ×（0.4% + 0.1% + 1%）= 124.07 万元

引进设备购置投资 = 8271.21 + 124.07 = 8395.28 万元

2. 某单位设计采用国产电梯 1 部，其数据分别如下。

（1）每台毛重为 3.5t。

（2）甲地生产仓库交货价格为 43 万元/台。

（3）生产厂仓库至火车站15km为汽车运输。

（4）甲地火车站至乙地火车站600km为火车运输。

（5）乙地火车站季工现场指定地点8km为汽车运输。

（6）汽车装、卸车费各50元/t。

（7）汽车运费0.6元/（t·km）。

（8）火车费、卸车费各40元/t。

（9）火车运费0.03元/（t·km）。

（10）采购保管费为1%。

问：该国产电梯自生产厂出库运至施工现场的预算价格是多少？

答：该电梯的预算价格的计算见表6-3。

表6-3　　　　　　　　　　　国产电梯预算价格计算表

费用项目	单价或费用	计算式	金额（元）
1. 设备原价			430000
2. 生产厂至甲地火车运费			381.5
2.1　装车费	50元/t	3.5×50	175
2.2　装车费	0.6元/（t·km）	15×3.5×0.6	31.5
2.3　卸车费	50元/t	3.5×50	175
3. 甲地至乙地火车运费			343
3.1　装卸费	40元/t	3.5×40	140
3.2　火车运费	0.03元/（t·km）	3.5×600×0.03	63
3.3　卸车费	40元	33×40	140
4. 乙地火车站至现场运费			366.8
4.1　装车费	50元/t	3.5×50	175
4.2　汽车运输费	0.6元/（t·km）	3.5×8×0.6	16.8
4.3　卸车费	50元/t	3.5×50	175
5. 采购保管费	1%	（430000+381.5+343+366.8）×0.01	4310.91
6. 预算价格		（1）+（2）+（3）+（4）	435402.21

[案例6-2]　某工程建筑安装工程费计算

某住宅工程，采用当地建筑工程消耗量定额计算得直接工程费200万元，措施费20万元。按照当地取费规定，间接费费率为14%，利润率为4%，税金率为3.44%。

问：该工程建筑安装工程费用是多少？

答：这是按照工料单价法计算。首先说明：在实际工程计价中，必须按照地方关于工程造价的统一计价程序和方法进行造价的计算。作为一般理论的计算方法，工程造价的计算方法是：

直接费＝直接工程费＋措施费

其中：直接工程费＝∑分部分项工程量×工料单价

（措施费＝直接工程费×措施费计算费率）

间接费＝直接费×间接费费率

利润＝（直接费＋间接费）×利润率

税金＝（直接费＋间接费＋利润）×税金率

建安工程造价＝直接费＋间接费＋利润＋税金

本题按此计算：

直接费＝200＋20＝220万元

间接费＝220×14%＝30.80万元

利润＝（220＋30.80）×4%＝10.03万元

税金＝（220＋30.80＋10.03）×3.44%＝8.97万元

合计269.80万元

第三节　工程项目投资控制

一、投资控制的几个注意点

（1）遵循动态控制原理。

1）对计划的投资目标值的分析和论证。

2）投资发生的实际数据的收集。

3）投资目标值与实际值的比较。

4）各类投资控制报告和报表的制定。

5）投资偏差的分析。

6）投资偏差纠正措施的采取。

（2）分阶段设置控制目标。投资的控制目标需按建设阶段分阶段设置，且每一阶段的控制目标值是相对而言的，随着工程项目建设的不断深入，投资控制目标也逐步具体和深化，如图6-5所示。

（3）采取多种有效控制措施。要有效地控制建设项目的投资，应从组织、技术、经济、合同和信息管理等多个方面采取措施，尤其是将技术措施与经济措施相结合，是控制建设项目投资最有效的手段。

（4）立足全寿命周期的控制。建设项目投资控制，主要是对建设阶段发生的一

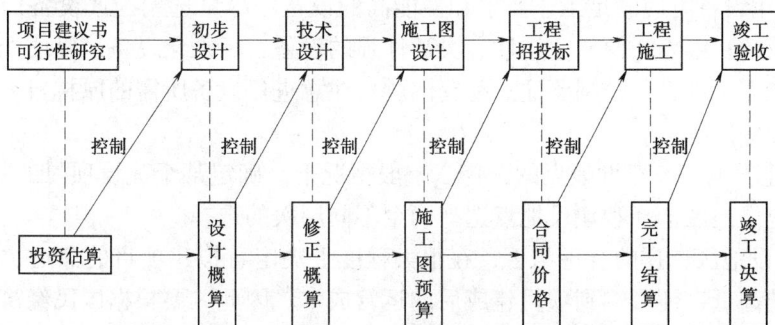

图 6-5 分阶段设置的投资控制目标

次性投资进行控制。但是，投资控制不能只是着眼于建设期间产生的费用，更需要从建设项目全寿命周期内产生费用的角度审视投资控制的问题。投资控制，不仅仅是对工程项目建设直接投资的控制，只考虑一次投资的节约，还需要从项目建成以后使用和运行过程中可能发生的相关费用考虑，进行项目全寿命的经济分析，使建设项目在整个寿命周期内的总费用最小。

二、决策阶段投资控制

工程投资的确定与控制贯穿于项目建设全过程，但决策阶段各项技术经济决策，对该项目的投资有重大影响，特别是建设标准水平的确定、建设地点的选择、工艺的评选、设备选用等。在项目建设各大阶段中，投资决策阶段影响工程投资的程度很高，是决定工程造价的基础阶段，直接影响到决策阶段之后的各个建设阶段工程造价的确定与控制是否科学、合理的问题。

工程项目决策阶段的投资控制，主要从整体上把握项目的投资，分析确定投资的主要影响因素，编制投资估算，对工程项目进行经济财务评价、国民经济评价和社会效益评价，结合工程项目决策阶段的不确定性因素对项目进行风险管理。

1. 分析确定影响投资的主要因素

（1）项目建设规模的选择。项目建设规模也称生产规模，是指项目设定的正常生产运营年份可能达到的生产或服务能力。合理项目建设规模的确定要考虑市场、技术、资源、资金、环境、管理水平、规模经济等因素，以提高项目的经济效益。

（2）生产技术方案的选择。生产技术方案的选择主要包括生产工艺方案和设备的选用两方面。

1）选定不同的生产工艺，工程项目的投资就会不同，项目建成后的生产成本与经济效益也不同。一般把工艺先进适用、经济合理作为选择工艺的基本标准。

2）选用设备时应满足工艺要求和性能高的设备。尽量选用国产设备；低能耗又高效率的设备；维修方便，适用性、灵活性强的设备；标准化设备，以便配套和更新零部件。如需引进设备，则要注意配套问题；注意进口设备所需的原材料、备品备件的供应及维修问题。

（3）建设地区及建设地点的选择。一般情况下，确定某个建设项目的具体地址，需要经过建设地区选择和建设地点选择两个不同层次的选择。

1）建设地区选择的合理与否，在很大程度上决定着拟建项目的命运，不仅影响工程造价的高低，还影响到项目建成后的运营成本。因此，要根据国民经济发展的要求和市场的需要以及各地社会经济、资源条件等，认真选择合适的建设地区。

2）建设地点的选择应分析的主要内容有：工程的位置、占地面积、地形地貌和气象条件、工程地质和水文地质条件、征地拆迁移民安置条件、交通运输条件、水电供应条件、环境保护条件、生活设施依托条件、施工条件等。在项目建设地点选择上要从项目的投资费用和项目建成后的使用费用两个方面权衡考虑，使项目全寿命费用最低。

2. 投资估算的编制

投资估算是项目建议书和可行性研究报告的重要组成部分，是项目决策的重要依据之一。其准确性直接影响到项目的决策、建设工程规模、投资效果等诸多方面。因此，全面准确地估算建设项目的工程造价，是可行性研究乃至整个决策阶段投资管理的重要任务。

（1）投资估算编制依据。

1）主管机构发布的建设工程造价费用构成、估算指标、概算指标、概预算定额、各类工程造价指数及计算方法，以及其他有关计算工程造价的文件。

2）主管机构发布的工程建设其他费用计算办法和费用标准，以及政府部门发布的物价指数。

3）拟建项目的项目特征及工程量，它包括拟建项目的类型、规模、建设地点、时间、总体建筑结构、施工方案、主要设备类型、建设标准等。

4）项目建议书、可行性研究报告、建设方案。

5）设计参数，包括各种建筑面积指标、能源消耗指标等。

6）现场情况，如地理位置、地质条件、交通、供水供电情况等。

（2）投资估算编制内容。一份完整的投资估算，应包括投资估算编制依据、投资估算编制说明和投资估算总表，其中投资估算总表是核心内容，它主要包括建设项目总投资的构成。建设项目总投资由固定资产投资估算和流动资产投资估算构成。其中固定资产投资内容包括：建筑安装工程费、设备及工器具购置费、工程建设其他费、基本预备费、涨价预备费和建设期贷款利息。

（3）投资估算编制步骤。

1）分别估算各单项工程所需的建筑安装工程费、设备及工器具购置费。

2）在汇总各单项工程费用的基础上，估算工程建设其他费用和基本预备费。

3）估算涨价预备费和建设期贷款利息。

4）估算流动资金。

5）汇总得到建设项目总投资估算。

3. 决策阶段控制要点

（1）合理确定建设地点建设标准和建设规模。建设地点的确定在一定程度上影响了工程造价的高低，工程工期以及工程建成后的营运状况。如果在建设中不考虑建设地点的影响，项目的建设地点盲目的确定下来，往往会浪费大量的资金，或者违反了城市发展的规划，刚建成没多久就要拆除，由此造成了巨大的资源浪费。合理选择建设标准，要考虑国家和所在区域内的实际情况以及业主单位的财力、物力的承受能力，坚持经济实用的原则。建设规模的确定应与市场调查的情况紧密结合。

（2）技术经济相结合，做好方案优化。在完成市场调查后，结合项目的实际情况，在满足使用功能和生产条件的情况下，遵循经济效益至上的原则，将技术和经济有效结合，进行多方案比较，力求做到在技术先进条件下的经济合理，在经济合理基础上的技术进步。用动态分析方法进行多方案技术经济比较，在降低工程造价的基础上下功夫，通过优化方案使工艺流程尽量简单，设备选型更加合理。

（3）加强投资估算工作，提高估算精度。在可行性报告批准之后，投资估算就为设计任务下达设计限额，对整个项目造价起控制作用。它直接关系到下一步的设计概算和施工图预算的工作，对资金的筹措也有一定的关系，投资估算的造价管理是对资金项目的超前管理。估算的内容要从实际情况出发，委托相关单位编制投资估算书，让设计人员一开始就深入项目中，便于全面的、系统的收集基础资料。

三、设计阶段投资控制

工程项目在实施过程中，一方面，累计投资在设计准备和设计阶段缓慢地增加，进入施工阶段后则迅速增加，至施工后期，累计投资的增加又趋于平缓。另一方面，节省费用（投资）的可能性在设计准备和设计阶段由100%迅速降低，至施工开始时已降至10%左右，在其后的变化就相当平缓了。这一特点可用图6-6表示。

图6-6表明，虽然建设项目的实际投资主要发生在施工阶段，但节省投资的可能性却主要在施工以前的阶段。当然，所谓节省投资的可能性是以进行有效的投资控制为前提的，如果不进行投资控制或投资控制不得力，则节省投资的可能性就变为浪

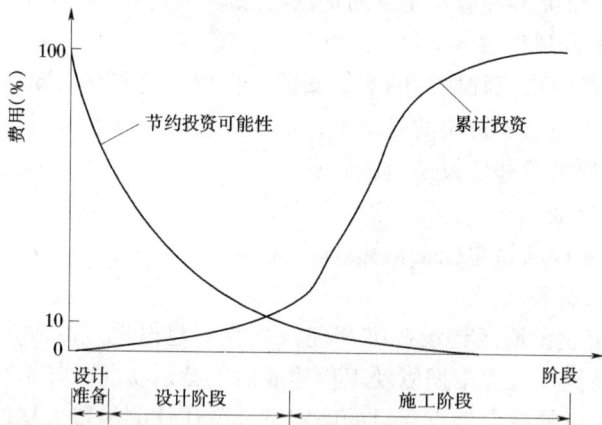

图 6-6　累计投资和节省投资可能性曲线

费投资的可能性。虽然设计阶段是造价控制的最有效阶段，但是也是最难介入的阶段，真正发挥设计在造价控制过程中的作用，亟需设计技术人员与造价技术人员的密切配合。

1. 设计阶段投资控制的任务

设计阶段是决定建设项目使用功能的阶段，也是决定其使用价值的主要阶段，同时是对建设项目费用有重要影响的阶段。这种影响随着设计工作的不断深入而逐渐降低。

设计工作一般可分为方案设计、初步设计、技术设计和施工图设计等阶段。各阶段设计工作的深度不同，相应费用控制工作的深度和内容也有所不同。一般而言，方案设计和初步设计，着重是对重大技术方案进行技术经济分析；而技术设计和施工图设计，则主要是对比较具体的技术内容进行技术经济分析。在设计阶段的工程项目投资控制工作中，通常要求后一阶段的设计不能推翻前一阶段已确定的主要技术方案，而只能在原来基础上的深化。

一个先进的技术方案之所以先进，除了其技术先进的特点之外，常常是因为它具有比其他技术方案更好的经济性。设计阶段投资控制的主要任务，就在于寻找技术与经济两者相结合的最佳点，使所选择的设计方案既具有技术先进性，又具有经济合理性。

此外，在设计工作的各阶段，始终要求方案设计的投资估算不超过确定的投资目标，设计概算值不得超过投资估算，施工图预算不得超过设计概算。

2. 设计阶段投资控制方法

（1）限额设计。工程项目限额设计是按照"按费用设计"的理论和方法对工程项目进行的设计。它是设计阶段进行投资控制的一种有效方法。按费用设计（Design – To – Cost）是国外 20 世纪 70 年代发展起来的一种设计思想和方法。按费用设计的主要目的是要设计出既具有优良性能，又经济、实用的系统。它强调的是费用应作为与性能、进度同样重要的设计参数。限额设计的主要特点：

1）限额设计的原理。其通过合理确定设计标准、设计规模和设计原则，通过合理取定概预算基础资料，通过层层设计限额，来实现投资限额的控制和管理。限额设计不是一味考虑节约投资，也不是简单地裁减投资，而应该是设计质量的管理目标。它使设计人员由"画了算"转变为"算了画"，可以从根本上解决"三超"现象。

2）限额设计的过程。包括：目标分解与计划、目标实施、目标实施检查、信息反馈的控制循环过程。

3）限额设计的基本内容。

①提高投资估算的准确性，确定设计限额。

②初步设计要重视方案选择，在批准的投资限额内，要进一步落实节约投资的措施。若发现重大设计方案或某项费用指标超出批准的投资限额，应及时反映并提出解决问题的办法。

③把施工图预算严格控制在批准的限额内。必须严格按照批准的初步设计确定的原则、范围、内容、项目和投资额编预算。

④加强设计变更管理工作。要建立相应的制度，防止不合理的设计变更造成工程造价的提高。

⑤健全和加强设计的经济责任制。要建立设计部门内各专业投资分配考核制度。应在设计开始前，将工程投资按专业进行分配，并分段考核。

4）限额设计需要树立的新观念。包括：

①限额设计必须贯穿于勘察设计工作的全过程。

②限额设计是衡量设计质量的综合标志。

③增强经济观念，变"画了算"为"算了画"。

④重视施工组织设计和管理工作。

⑤树立动态管理观念。

（2）标准设计。经国家和地方批准的建筑、结构和构件等整套标准技术文件和图纸，称之为标准设计。各专业设计单位按照本专业需要自行编制的标准设计图纸，称为通用设计。采用标准设计或通用设计，对控制投资有重要意义。标准设计包括的范围如下。

1）重复建造建筑类型及生产能力相同的企业、单独的房屋和构筑物，都应采用标准设计或通用设计。

2）对不同用途和要求的建筑物，按照统一的建筑模数、建筑标准、设计规模、技术规定等进行设计。

3）当整个房屋或构筑物不能定型化时，则应把其中重复出现的部分，如房屋的建筑单元、主要的结构点构造，在构配件标准化基础上定型化。

4）建筑物和构筑物的柱网、层高及其他构件尺寸的统一化。

5）建筑物采用的构配件应力求统一化，在基本满足使用要求和修建条件的情况下，尽可能地具有通用互换性。

（3）价值工程（Value Engineering，VE），又称价值分析。是运用集体智慧和有组织的活动，着重对产品进行功能分析，使之以最低的总成本，可靠地实现产品的必要的功能，从而提高产品价值的一套科学的技术经济分析方法。

1）价值工程的概念。

①价值。价值工程所说的价值，是指产品功能与成本之间的比值，即

$$价值(V) = \frac{功能(F)}{成本(C)} \qquad (6-9)$$

从式（6-9）看出，价值是产品功能与成本的综合反映。价值的高低是评价产品好坏的一种标准。

②功能。功能是指产品所具有的特定用途，即产品所满足人们某种需要的属性。由于产品的功能只有在使用过程中才能最终体现出来，所以，某一产品功能的大小、高低，是由用户所承认、所决定的。价值工程所说的功能，是指用户所承认、所接受的产品的必要功能。

③成本。成本是指产品寿命周期成本，即一个产品使用价值从设计、制造/施工、使用，最后到报废的全部过程。

2）价值工程的主要特征。包括：

①价值工程的目标是以实现最低的总成本，使某产品或作业具有它所必须具备的功能。总成本是指寿命周期成本，包括制造/施工成本和使用成本。在价值工程里，强调的是总成本的降低，即整个系统的经济效果。

②价值工程的核心是对产品进行功能分析，在保证产品质量的前提下，对产品的结构和零部件的功能进行分析研究，排除那些与质量无关的多余功能，从而达到降低成本，提高经济效益的目的。

③价值工程是利用组织的集体智慧来实现其总目标。

④价值工程侧重在产品研制阶段开展工作。

3）提高产品价值的基本途径。全面正确地认识价值工程的特征，有助于把握其本质，发挥其优势，在设计阶段有效地控制投资。从价值与功能、费用的关系式中可

以看出有 5 条基本途径可以提高产品的价值。这 5 条基本途径是:

①功能不变,成本降低。在保证产品原有功能不变的情况下,通过降低产品成本来提高产品的价值。

②成本不变,功能提高。在不增加产品成本的前提下,通过提高产品功能来提高产品的价值。

③成本小增加,功能大提高。通过增加少量的成本,使产品功能有较大幅度的提高,从而提高产品的价值。

④功能少降低,成本大降低。根据用户的需要,通过适当降低产品的某些功能,以使产品成本有较大幅度的降低,从而提高产品的价值。

⑤功能提高,成本降低。运用新技术、新工艺、新材料,在提高产品功能的同时,又降低了产品的成本,使产品的价值有大幅度提高。

上述 5 种途径,都是从用户角度来考虑的,体现了开展价值工程用户第一原则。

4) 价值工程在设计阶段造价管理中应用的程序:

①选择对控制造价影响较大的项目作为价值工程的研究对象。

②分析研究对象具有哪些功能,各项功能之间的关系如何。

③评价各项功能,确定功能评价系数,并计算实现各功能的现实成本是多少,从而计算各项功能的价值系数,根据价值系数的大小,调整功能或成本。

④按照限额设计的要求,确定研究对象的目标成本,并以功能评价系数为基础,将目标成本分摊到各项功能上,与各项功能的现实成本进行对比,确定成本改进期望值,成本改进期望值大的功能重点改进。

⑤根据价值分析结果及目标成本分配结果的要求提出各种方案,并用加权评分法选出最优方案。

5) 价值工程理论在设计阶段投资控制中的应用。不论什么工程项目,都需要投入资金,也都要求获得项目功能。进行项目管理的目的就是要以最低的项目总成本,来实现项目所必要的功能,从而获得较高经济效益。所以,各类建设工程项目都可以应用价值工程。目前,在许多国家,价值工程已在工程建设管理中应用得比较成熟的一种方法,并取得了较大经济效果。

[**案例 6-3**]　　价值工程理论应用

实例 1:在美国,1972 年在俄亥俄河大坝枢纽设计中,应用了价值工作,从功能和成本两个方面,对大坝、溢洪道等进行了综合分析,采取增加溢洪道闸门高度的方法,使闸门数量由 17 道减少到 12 道,并且改进闸门施工工艺,但大坝的功能和稳定性不受影响,保证具有必需的功能。仅此,大坝建筑投资就节约了

1930万美元。用在聘请专家等进行价值工程分析的费用，只花费了1.29万美元，取得了1美元收益接近于1500美元的投资效果。

实例2：在国内，上海华东电力设计院承担宝钢自备电厂储灰场围堤筑坝设计任务，原设计采用抛石施工的土石围堤，造价在1500万元以上。该设计院通过对钢渣物理性能和化学成分分析试验，在取得可靠数据以后，经反复计算，细致推敲，证明用钢渣代替抛石在技术上是可行的。为保险起见，他们先搞了200m试验段（试验段围堤长2353m），取得成功经验后，再大面积施工。经过设计、施工等多方努力，在长江口，国内首座钢渣黏土心墙围堤提前一个月胜利建成，后又经受了强台风和长江特高潮位同时袭击的考验。比原设计方案节省投资700多万元，取得了降低投资、保证功能的效果。

（4）优化设计方案。对于一项工程来说设计方案多种多样，只有通过比较各方面才能确定最优的设计方案。优化设计应贯穿建设项目的全过程，设计方案的优化主要的目的是论证设计方案技术上是否先进可行、功能上是否满足需要、经济上是否合理、使用上是否安全可靠。优化设计带来的直接效益包括造价的降低、质量的提高、工期的缩短以及安全隐患的降低等。

建设项目的参与各方，均有义务提出优化设计建议，项目业主在与设计单位、造价咨询单位、监理单位、招标代理单位、施工单位、设备供应商等签订合同时，要明确优化设计及实施优化设计的激励措施，调动提出实施优化设计的积极性。如南京在长江四桥项目中推出的设计费"奖惩支付"模式，有效调动了设计单位优化方案、降低成本的积极性，使四桥的概算投资较最初方案核减了10多亿元。

多方案的比较和优化要运用价值工程进行经济评估，从中选取技术先进、经济合理的最佳设计方案。经济合理要求工程造价尽量低，而技术先进又有可能造成造价的偏高，要求设计者妥善处理好两者的关系，要在满足使用者要求的情况下，尽量降低工程造价。

（5）完善设计招标制度，改革设计取费，加强设计监理。工程设计采用招投标制度将会促进设计人员的竞争意识、提高设计水平和经济核算质量从而达到优化设计的目的。在设计招标时不能只注意方案招标，而忽略技术设计和施工图设计阶段的招标对工程造价带来的控制问题。另外，我国现行的设计取费依据是按照投资额的百分比来计算的，也就说造价越高，设计单位的营业收入就越高，这样的取费办法是不合理的，非常不利于设计人员主动的考虑降低造价、节约投资。在设计过程中对于设计人员能够在满足项目功能的前提下，同时采用新技术和新材料，而降低了工程的造价，那么应该给设计人员一定比率的奖励；对不合理的设计，设计单位也应承担一定的责任。奖罚分明，利益挂钩，才有益于调动设计人员的积极性，做好设计时的造价控制。

建设工程监理在控制项目造价方面有明显的效果，但在实际工作中，普遍存在重视施工时的监理而忽视设计监理的情况。设计阶段的监理主要内容是控制工程的投资、工期、质量。推行设计监理制度，建立投资控制系统，对设计的全过程进行全过程实施跟踪检查，可以及时避免设计时出现的失误和缺陷。发挥监理单位作为第三方所起的协调与约束作用，从而优化设计，使限额设计的目标得以实现。

四、招标阶段投资控制

建设工程项目招标投标制是我国建筑市场走向规范化、完善化的举措之一。推行工程招标投标制，对降低工程造价，进而使工程造价得到合理的控制具有非常重要的作用。该阶段的投资控制属于事前控制，其主要是通过招投标机制确定一个合理的合同价，并以此作为施工阶段的投资控制目标值，并且防范合同方面的风险，减少不可预见的经济损失和索赔。

1. 投资控制内容

不同的项目参与方对投资控制的要求以及所期望达到的效果是不同的。对于业主方来说，在该阶段投资控制的主要内容为：

（1）选择合理的招投标方式。

（2）选择合理的发包模式。

（3）招标文件的编制，确定合理的工程计量方法和投标报价方法，确定招标工程标底。

（4）选择合理的评标方式进行评标。

（5）通过评标定标，选择中标单位，签订合同。

2. 投资控制方法

（1）合理编制标底，重视招标文件的编制。

标底是建设单位拟建工程的投资底线，如果单位没有相应的技术自行编制，应该聘请专业人员代编，编制标底时要与市场实际变化相吻合，要实事求是，切合实际，保证标底编制的质量，把工程标底控制在合理的造价范围之内。建设单位在编制招标文件中，应根据招标项目的特点，对招标项目的技术要求、投标人资格预审，投标报价的要求和评标标准等所有实际性要求和条件，以及拟订合同的主要条款都要明确说明。

工程量清单作为招标文件的重要组成部分，它的编制质量直接关系到标底与投标报价的合理性与准确性，清单计价是一项综合性较强的专业工作，需要工程技术、经济、管理技术、法律等多学科的集合，清单编制人员的整体素质是决定能否做到全面把握、合理确定、有效控制工程造价的关键。因此，建设单位应委托素质高、信誉好的咨询单位进行编制，坚持按市场规则办事。

（2）正确的评标方法，慎重确定施工队伍。评标活动要遵循公平、公正、科学、择优的原则对投标人的报价、工期、质量、主要材料用量、施工方案或组织设计、以往业绩，社会信誉等方面进行综合评价。施工队伍的优劣关系到建设单位工程造价控制的成败。所以选择施工队伍时要考察施工企业的业绩资信情况和技术设备等；选择有相同经验的队伍，选择承担过类似施工经验的项目经理。

（3）签订条款明确的施工合同，严格执行合同条款。建设单位和中标单位签订合同，对合同条款的签订应严谨、细致，避免出现因合同条款含糊不清而引起的纠纷。

五、施工阶段投资控制

工程项目施工阶段是建设项目价值和使用价值（功能）实现的主要阶段。在这一阶段中，虽然节省费用的可能性已较小，但浪费投资的可能性却很大，因而仍然要对费用管理给予足够的重视。

1. 施工阶段费用控制的任务

工程项目施工阶段费用控制，不仅要依据施工合同条款控制工程款的支付，而且还要对工程变更、索赔、资金占用和筹措等方面进行控制。

工程项目施工中，会遇到许多干扰因素，常使工程项目费用增加、工期拖延。这些干扰因素大致分为两类：一类是费用控制人员无法控制或很难控制的因素，如自然灾害（尤其是突发性自然灾害）、政治、军事、社会等因素；另一类是费用控制人员应当和可以控制的因素，如组织、技术、经济、合同等方面的因素。这里仅从后一类干扰因素来考虑施工阶段费用控制的任务。

施工阶段工程项目费用增加的主要原因可能不在承包商方面，而是在业主和监理工程师方面。这主要涉及到三方面的问题：一是设计的修改和变更。这又有两种可能性，其一是由于设计单位已完成的设计有缺陷，或设计人员有新的想法；其二是由于业主有新的意愿，或扩大建设规模，或提高设计标准，甚至扩大或改变项目的主要功能或部分功能。二是由于业主未按合同有关规定履行自己应承担的义务，如未及时向承包商提供符合开工要求的施工场地，未及时办理好项目建设有关的各种手续，未处理好项目建设与外部环境之间的关系，等等。三是由于未协调好设计与施工、不同承包商之间的矛盾，如设计单位未按规定时间向承包商提供图纸，现场中有多个承包商同时施工却没有足够的工作面。凡此种种，不是直接增加工程投资，就是拖延工期、降低工效，导致承包商向业主的索赔。

因此，施工阶段费用控制，首先要求施工合同双方都要严格执行合同条款。未经业主或监理工程师同意，设计单位不得修改或变更设计。业主本身也不得随心所欲地要求设计单位修改设计，而必须先作技术经济分析，然后作出决策。其次，施工过程中，不仅要检查承包商是否按图施工，复核已完工程量和一切付款清单，而且还要检查业主和监理工程师自己是否在规定的时间内完成了规定的工作。当已经发生索赔时，投资控制人员要认真、仔细地审查承包商提出的索赔申请，并依据合同文件和有关技术资料、施工日记等，剔除其中不合理的索赔要求。当然，最好的办法是尽可能减少和避免索赔。

工程项目的投资主要发生在施工阶段，即在这一阶段的投资强度远高于项目建设的其他阶段。因此，如何制定一个合理的资金支出计划就显得十分重要。既要保证工程建设有足够的资金，不致因资金供应不足或不及时而影响工程建设的进度，又要尽可能不占用过多的资金，减少利息的支出和资金筹措的困难。这也是施工阶段费用控制的一项非常重要的任务。为此，一方面，费用控制工作必须与进度控制工作密切联系、相互协调；另一方面，要客观地分析投资发生偏差的原因，在考虑采取针对性纠偏措施的同时，对未完工程投资作出预测，及时调整投资目标，并据此制定相应的资金支出计划和资金筹措计划。

2. 施工阶段费用控制的依据

（1）工程施工合同。工程施工合同对工程的计量支付、工程价格的调整、工程变更、施工索赔等和费用有关的事项均作了规定，因而是施工阶段费用控制的主要依据之一。

（2）工程项目的费用计划。费用控制的目的是为了实现费用的目标，因此，费用计划是施工阶段费用控制的依据之一。

（3）进度报告（Progress Reports）。进度报告提供了每一时刻工程实际完成量、工程费用实际支付情况等重要信息。费用控制工作正是通过实际情况与费用计划相比较，找出二者之间的差别，分析偏差产生的原因，从而采取措施改进以后的工作。

（4）工程变更指令和相关的文件。由于各方面的原因，工程变更是很难避免的。一旦出现工程变更，工程量、工期、费用支付都必将发生变化，从而使得费用控制工作变得更加复杂和困难。因此，项目费用管理人员就应当通过对变更要求当中各类数据的计算、分析，随时掌握变更情况，包括已发生工程量、将要发生工程量、工期是否拖延、支付情况等重要信息，判断变更以及变更引起的费用变化是否合理等。

（5）施工索赔文件。工程项目施工过程中，由于现场条件、气候环境的变化，标书、施工说明、图纸中的各种错误及其他原因，经常会导致索赔的发生。索赔是否成立，在费用上能给予多少的补偿，对业主而言，这些均需作严格的控制。

除了上述几种费用控制工作的主要依据以外，有关法律、法规和政策等也都是费用控制的依据。

3. 施工阶段费用控制步骤

（1）比较。在确定了项目费用控制目标之后，必须定期地进行费用计划值与实际值的比较，当实际值偏离计划值时，分析产生偏差的原因，采取适当的纠偏措施，以确保费用目标的实现。

（2）分析。在比较的基础上，对比较的结果进行分析，以确定偏差的严重性及产生偏差的原因。这一步是费用控制工作的核心，其主要目的在于找出产生偏差的原因，从而采取有针对性的措施，减少或避免相同原因偏差的再次发生或减少发生后的损失。

（3）预测。根据项目实施情况估算整个项目完成时的费用。预测的目的在于为费用控制决策提供信息支持。

（4）纠偏。当工程项目的实际费用出现了偏差，应当根据工程的具体情况、偏差分析和预测的结果，采取适当的措施，以期达到费用偏差尽可能小的目的。纠偏是费用控制中最具实质性的一步。只有通过纠偏，才能最终达到有效控制费用的目的。

（5）检查。它是指对工程的进展进行跟踪和检查，及时了解工程进展状况以及纠偏措施的执行情况及其效果，为今后的工作积累经验。

上述5个步骤是一个完整的、有机的整体，在实践中它们构成一个周期性的循环过程。

4. 施工阶段费用控制主要环节

在合同环境下，对工程项目业主，施工阶段费用控制主要环节包括：工程计量支付控制、工程变更引起的费用的控制、费用索赔控制和价格调整的控制等。

（1）把握工程计量控制。

1）工程计量原则。工程计量原则包括：

①计量的项目必须是合同中规定的项目。

②计量项目应确属完工或正在施工项目的完工部分。

③计量项目的质量达到合同规定的技术要求。

④计量项目的申报资料和验收手续齐全。

⑤计量结果必须得到监理工程师和承包方的认可。

⑥计量的方法一致。

2）科学选择计量方式。基本的计量方式有：

①由监理工程师独立计量。

②监理工程师提要求，由承包商独立计量，然后由监理工程师审核。

③监理工程师与承包商联合计量。

（2）合理确定计量方法。常用的计量方法包括：

①现场测量。

②按图纸计量。

③仪表测量。

④按单据计量。

⑤按监理工程师批准计量等。

（3）工程支付控制。

1）审核工程支付条件。工程支付条件必须符合下列条件：

①工程质量合格项目。

②有监理工程师变更指令的工程项目，若有工程变更的话。

③符合合同条件规定的项目。

④月支付款应大于合同规定的最低限额。

⑤承包商的工程活动使监理工程师满意等。

2）按合同规定支付形式支付。工程款支付的形式常有下列几种：

①动员预付款，也称预付款。在工程开工以前，业主按施工合同规定向承包商支付预付款，以供承包商调遣人员和施工机械、购买建筑材料及设备，以及在工程现场进行施工准备、设置办公生活设施等。预付款总额一般为合同价的 10% ~ 15%，具体由合同双方根据工程具体情况确定。预付款实际上为业主对承包商的无息贷款，开工以后从承包商取得的工程进度款中陆续扣还，扣还办法应在合同中规定。对预付款，承包商应出具预付款保函。

②工程进度款。按每月完成的工程量和对应工程的价格每月支付一次工程进度款。承包商每月末向监理工程师提交该月的付款申请，其内容包括完成的工程量、工程质量、使用材料等计价资料。监理工程师收到申请后限期审核，并上报业主支付款项。但要在工程进度款中按合同的具体办法扣除预付款和保留金。

③工程结算与最后付款。当工程接近尾声时，要进行工程结算工作。对按总价付款的项目，在通过竣工验收后，就应支付给承包商总款项（扣除保留金）。若是按单价付款的项目，尽管已按月进度付工程进度款，但计算付款的工程量不一定准确，因此工程完工时应当重新测定实际完成的工作量，并据以计算应付款项，办理结算。

④保留金。它是业主从承包商的进度款中扣留的金额，目的是促使承包商尽快完成合同任务，做好工程维护工作。保留金一般取应付金额的 5% ~ 10%，但其累计额

不应超过合同价的 5%。通过竣工验收后，业主应将保留金的 50% 退给承包商，保修期（缺陷责任期）期满后业主应退还全部保留金。

[案例 6-4]   工程计量支付控制

例 1：某快速干道工程，工程开、竣工时间分别为 4 月 1 日~9 月 30 日。业主根据该工程的特点及项目构成情况，将工程分为三个标段。其中第Ⅲ标段造价为 4150 万元，第Ⅲ标段中的预制构件由甲方提供（直接委托构件厂生产）。

第Ⅲ标段施工单位为 C 公司，业主与 C 公司在施工合同中约定：

（1）开工前业主应向 C 公司支付合同价 25% 的预付款，预付款从第 3 个月开始等额扣还，4 个月扣完；

（2）业主根据 C 公司完成的工程量（经工程师签认后）按月支付工程款，保留金额为合同总额的 5%。保留金按每月产值的 10% 扣除，直至扣完为止；

（3）工程师签发的月付款凭证最低金额为 300 万元。

第Ⅲ标段各月完成产值见表 6-4。

表 6-4   各 月 完 成 产 值   单位：万元

月份	4	5	6	7	8	9
C 公司	480	685	560	430	620	580
构件厂			275	340	180	

问：支付给 C 公司的工程预付款是多少？工程师在第 4、6、7、8 月底分别给 C 公司实际签发的付款凭证金额是多少？

答：根据给定的条件，C 公司所承担部分的合同额为 4150 –（275÷340÷180）=3355.00 万元。

C 公司应得到的工程预付款为：

3355.00×25% =838.75 万元。

工程保留金为：

3355.00×5% =167.75 万元。

给 C 公司实际签发的付款凭证金额为：

4 月底：480.00 – 480.00×10% =432.00 万元。

4 月底实际签发的付款凭证金额为：432.00 万元。

5 月支付时应扣保留金为：685×10% =68.50 万元。

6 月底：工程保留金应扣 167.75 – 48.00 – 68.50 =51.25 万元。

所以应签发的付款凭证金额为：560 – 51.25 – 838.75/4 =299.06 万元。

由于 6 月底应签发的付款凭证金额低于合同规定的最低支付限额，故本月不支付。

7 月底：$430 - 838.75/4 = 220.31$ 万元。

7 月底实际应签发的付款凭证金额为：

$299.06 + 220.31 = 519.37$ 万元。

8 月底：$620 - 838.75/4 = 410.31$ 万元。

8 月底实际应签发的付款凭证金额为：410.31 万元。

例 2： 某工程的早时标网络计划如图。工程进展到第 5、第 10 个月底时，分别检查了工程进度，相应地绘制了两条实际进度前锋线（如图 6-7 中的点划线所示）。

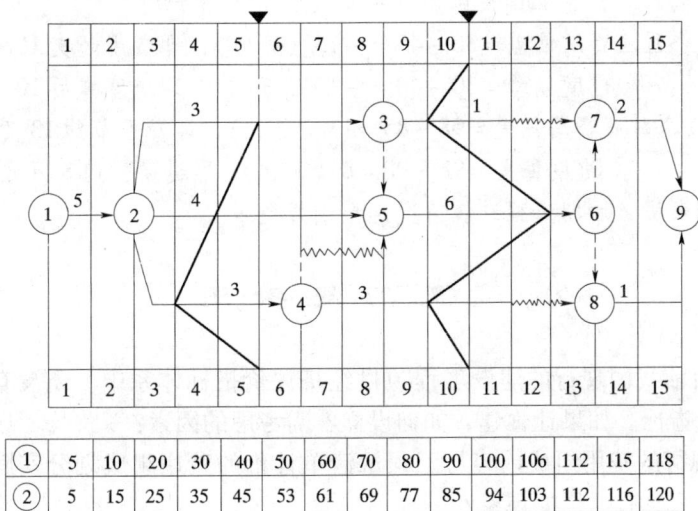

| ① | 5 | 10 | 20 | 30 | 40 | 50 | 60 | 70 | 80 | 90 | 100 | 106 | 112 | 115 | 118 |
| ② | 5 | 15 | 25 | 35 | 45 | 53 | 61 | 69 | 77 | 85 | 94 | 103 | 112 | 116 | 120 |

图 6-7 某工程时标网络计划（单位：月）和费用数据（单位：万元）

注 （1）图中每根箭线上方数值为该项工作每月预算费用。

（2）图下表格内：①②数据为该工程计划工作预算费用累计值；②为该工程已完工作实际费用累计值。

问：（1）简要说出计划工作预算费用的计算步骤。

（2）分析第 5、第 10 个月底的偏差。

答：（1）将时标网络计划中的各项工作每月预算费用按月纵向汇总得到每月计划工作预算费用，然后逐月累加即可得到各月累计计划工作预算费用。

（2）偏差分析。

1）求已完工作预算费用

第5个月底，已完工作预算费用＝3月底计划工作预算费用累计值

$$+（2，3）工作完成2个月的预算费用$$

$$+（2，5）工作完成1个月的预算费用$$

$$=20+2×3+4=30 万元$$

第10个月底，已完工作预算费用＝9月底计划工作预算费用累计值

$$+（5，6）工作完成3个月的预算费用$$

$$=80+3×6=98 万元$$

2）计算费用偏差与进度偏差如下：

费用偏差＝已完工作预算费用 − 已完工作实际费用

进度偏差＝已完工作预算费用 − 计划工作预算费用

第5个月底费用偏差＝30−45＝−15（万元），即费用超支15万元

进度偏差＝30−40＝−10（万元），即进度拖后10万元

第10个月底费用偏差＝98−85＝13（万元），即费用节约13万元

进度偏差＝98−90＝8（万元），即进度提前8万元

计算表明，后期工程进展情况比早期好得多。

复 习 思 考 题

1. 目前我国现行的建设工程项目经济评价指标体系中，还没有规定出社会效益评价指标。如果让你建，如何设立？需考虑的因素？

2. 现行的费用组成内容与工程量清单计价的费用组成划分实际上是不一致的，为什么会有这样的现象？

3. 投资控制的重点如何把握？针对各个不同阶段，投资控制的重点又如何把握？

4. 工程变更和费用索赔的计算方法？

5. 工程估价不同表现形式，它们之间的相互关系？

6. 针对发包方的评标方法，承包商如何采取投标报价策略？

第七章 工程项目 HSE 管理

基 本 要 求

◆ 掌握工程项目 HSE 管理的相关概念
◆ 掌握工程项目 HSE 管理与工程事故的关系
◆ 掌握工程项目 HSE 管理运行模式及其特点
◆ 熟悉工程项目职业健康安全管理体系的基本要素及其相互关系
◆ 熟悉工程项目环境管理体系的基本要素及其相互关系
◆ 了解工程项目职业健康安全管理体系的实施以及验收评价方法
◆ 了解工程项目环境管理体系的运行及环境影响评价的方法

在项目管理中开展 HSE 管理，目前仅在石油化工等行业有了一些经验，而在其他工程项目管理中才刚刚起步。如何建立起安全、健康、环保的管理模式是摆在每一个工程建设者面前的重要课题。

第一节 概 述

一、HSE 管理简介

HSE 是健康（Health）、安全（Safety）和环境（Environment）管理体系的简称，HSE 管理体系是组织实施健康、安全与环境管理的组织机构、职责、做法、程序、过程和资源等要素构成的有机整体，这些要素通过先进、科学、系统的运行模式有机地融合在一起，相互关联、相互作用，形成动态管理体系。H 是指人身体上没有疾病，心理上保持完好的一种状态；S 是指在劳动生产过程中，努力改善劳动条件、克服不安全因素，使劳动生产在保证劳动者健康、企业财产不受损失、人民生命安全的前提下顺利进行；E 是指与人类密切相关的、影响人类生活和生产活动的各种自然力量或作用的总和，它不仅包括各种自然因素的组合，还包括人类与自然因素间相互形成的生态关系的组合。

从功能上讲，HSE 管理是一种事前进行风险分析，确定自身活动可能发生的危害和后果，从而采取有效的防范手段和控制措施防止其发生，以便减少可能引起的人员伤害、财产损失和环境污染的有效管理模式。它强调事前预防和持续改进，具有高度的自我约束、自我完善、自我激励机制，因而是一种现代化的管理模式，是现代企业制度之一。

由于健康、安全和环境的管理在实际工作过程中有着密不可分的联系，因此把健康、安全和环境组成一个整体的管理体系，是现代建设工程管理的必然要求。近几年的研究表明，HSE 管理体系对减少事故，特别是减少重大工程事故的发生起到了不可估量的作用，图 7-1 表示项目管理与工程事故的相关关系。

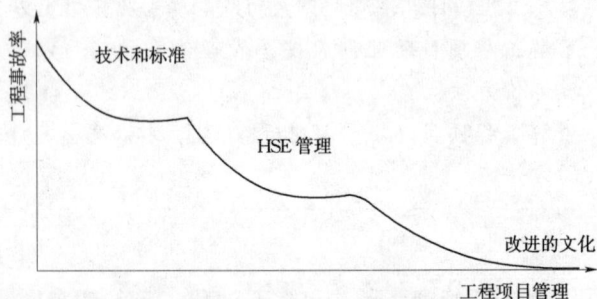

图 7-1　工程项目管理与工程事故关系图

二、HSE 管理体系运行模式

HSE 管理体系主要用于指导企业通过持续和规范化的管理，建立一个符合要求的健康、安全和环境管理体系，通过不断的评价、管理评审和体系审核活动，推动这个体系的有效性，达到健康、安全和环境管理水平不断提高的目的。

我国项目管理相关组织从接触 HSE 理念以来，经过几年探索和实践，逐步形成了一套完整的 HSE 管理体系，该体系由 7 个关键要素组成：领导和承诺、方针和战略目标、组织机构、资源和文件、评价和风险管理、规划、实施与检测、审核和评审。每一个关键要素都是工程项目组织 HSE 管理要达到的一个标准，同时每一个标准又是由一个战略目标和具体指标来支持。

HSE 管理体系遵循 PDCA 循环。该循环是戴明博士关于管理过程运行的一种模型表达形式，它把一个管理过程分解为 P（计划）、D（实施）、C（检查）、A（改进）4 个阶段，依次进行，周而复始，形成一个管理的闭环，使管理不断改善。HSE 的管理模式可比喻成动态螺旋桨，如图 7-2 所示。

图 7-2 中，"领导和承诺"是轴心，是建立和实施 HSE 的关键。螺旋桨的叶轮片为顺序排列的其他关键要素。整个螺旋桨将围绕"领导和承诺"这个轴心循环上升，由此保证工程项目成功地实现其战略目标并达到各个要素要求的标准。HSE 管理体系按照方针目标、计划、实施及运行、审核及纠正措施、评审循环实现体系的持续改进。

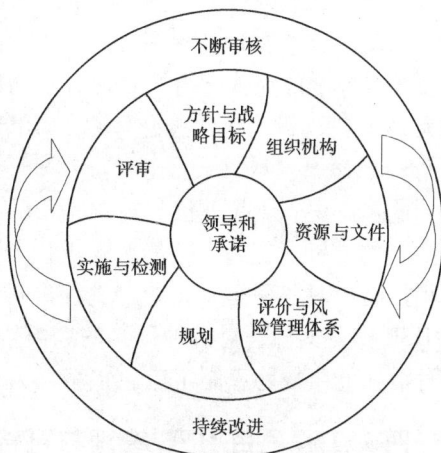

图 7-2　HSE 管理模式示意图

三、HSE 管理体系的特点

1. 法律性

HSE 管理体系非常注重对法律法规的遵守，其"法律性"的特点主要体现在管理理念、标准条款、审核重点等方面，遵守法律法规是贯彻体系标准、运用体系管理方法的基石。标准条款要求企业和组织识别获取适用的法律法规，建立并定期更新正在应用的法律法规清单；对遵守法律法规的情况进行定期的符合性验证等；在进行体系的审核时，审核机构对企业遵守法律法规的情况做出认可与否的评价。企业建立并运行 HSE 管理体系，从而逐步形成一切按制度办事的良好工作机制和习惯。

2. 系统性

HSE 管理体系强调结构化、程序化、文件化的管理手段，对系统性问题非常重视，这种"系统性"充分体现了项目组织在项目管理上逻辑思维的严谨，善于把复杂的问题简单化、模式化的特性，标准的逻辑结构为组织编写职业健康安全与环境管理手册提供了一个系统的结构基础。职业健康安全与环境管理体系的相关标准都有着统一的目标，期望以一套系统化的方法来推行其管理活动，以满足法律和自身方针的要求，实现企业和相关组织的可持续发展。

3. 先进性

工程项目的 HSE 管理体系，是改善项目组织的职业健康安全与环境管理的一种先进、有效的管理手段。该体系把工程项目管理中的职业健康安全与环境管理工作当作一个系统工程问题，来研究确定影响 HSE 所包括的要素，将管理过程和控制措施建立在科学的危害辨识、危险评价基础上，为了保障安全和健康，对每个要素规定了具体要求，并建立和保持一套以文件支持的程序，保证了体系的先进性。

4. 持续改进

PDCA 运行模式所建立的职业健康安全与环境管理体系，就是在 HSE 方针的指导下，周而复始地进行体系所要求的"策划、实施与运行、检查与纠正措施和管理评审"活动。体系在运行过程中，也会随着科学技术水平的提高，HSE 法律、法规及各项技术标准的完善，组织管理者及全体员工的安全意识的提高，而不断地、自觉地加大 HSE 工作的力度，强化体系的功能，达到持续改进的目的。

5. 预防性

危险辨识、风险评价与控制是 HSE 管理体系的精髓所在，它充分体现了"预防为主"的方针。实施有效的风险辨识与控制，可实现对事故的预防和生产作业的全过程控制，对各种作业和生产过程进行评价，并在此基础上进行 HSE 管理策划，形成 HSE 作业文件，对各种预知的风险因素做事前控制，实现预防为主的目的，并对各种潜在的事故隐患制定应急预案，力求损失最小化。

四、工程项目 HSE 管理与可持续发展

随着经济全球化的不断发展，国际社会对可持续发展与共同发展的认识不断深化，行动步伐有所加快。可持续发展战略的核心是经济发展与保护资源、保护生态环境的协调一致，让人类子孙后代能够享有充分的资源和良好的自然环境，工程项目的可持续发展管理只是可持续发展的一个非常细小的分支。

项目管理的过程中，建立工程项目职业健康安全与环境管理体系，是将可持续发展的理念引入项目管理，谋求项目的经济利益与保护资源、保护生态环境相协调，与人和社会相统一，力求最大程度的促进项目人员与工程所在地的社会、自然环境的和谐统一。

第二节　工程项目职业健康安全管理

工程项目职业健康安全管理体系是用系统论的理论和方法来保护产品生产者和使用者的健康与安全，控制影响工作场所内员工、临时工作人员、合同方人员、访问者和其他有关部门人员健康和安全的条件和因素，考虑和避免因使用不当对使用者造成的健康和安全的危害。为此，英国标准化协会（BSI）、爱尔兰国家标准局、南非标准局、挪威船级社（DNV）等 13 个组织联合在 1999 年和 2000 年分别发布了 OHSAS 18001：1999《职业健康安全管理体系　规范》和 OHSAS18002：1999《职业健康安全管理体系　指南》。2001 年 12 月 18 日，我国颁布了《职业健康安全管理体系　规

范》（GB/T 28001—2001），该体系标准覆盖了 OHSAS 18001 的所有技术内容，并考虑了国际上有关职业健康安全管理体系现有文件的技术内容。

对企业来讲，建立职业健康安全体系能促进自身满足有关法律法规的要求，将国家的有关法律法规要求纳入企业的职业健康与安全管理制度当中，并在企业的生产与服务活动中实施相应控制，有助于企业满足国家有关法律法规的要求，能降低故障成本。

对社会来讲，建立职业健康安全体系能提高职业健康安全意识，增强对劳动保护的关注程度。企业严格按照法律法规的要求，建立并实施一套科学与规范的职业健康安全管理体系，切实保障与提高企业职工的职业健康安全状况，最终使广大劳动者受益，使社会受益，同时，采用第三方的认证制度对企业进行审核与监督，能加强对企业的监督，是对企业职业健康安全工作的一种有效监督方式。

对政府来讲，根据我们国家的实际情况制定职业健康安全管理体系标准，建立并实施相应的认证与认可制度，将认证制度作为政府执法手段的有益补充，通过发挥市场机制的作用，充分利用各种社会资源，促使企业自觉与自愿地做好广大劳动者的职业健康安全工作，符合国家法律法规要求以及有关方针政策。

一、工程项目职业健康安全管理基本概念

1. 职业健康安全

职业健康安全（Occupational Health and Safety，OHS）是指影响项目工作场所内员工、临时工作人员、合同方人员、访问者和其他人员健康安全的条件和因素。

2. 职业健康安全管理

职业健康安全管理（Occupational Health and Safety Management，OHSM）就是经营管理者用现代管理的科学知识，分析职业健康安全的条件和因素，概括职业健康安全的目标要求，进行策划、组织、协调、指挥和改进的一系列活动，目的是保证生产经营活动中的人身安全、财产安全，促进生产的发展，保持社会的稳定。

3. 职业健康安全管理体系

职业健康安全管理体系（Occupational Health and Safety Management System，OHSMS）是工程项目 HSE 管理体系的一部分，便于项目组织对与其业务相关的职业健康风险的管理。它包括为制定、实施、实现、评审和保持职业健康安全方针所需的组织结构、策划活动、职责、惯例、程序、过程和资源。

二、工程项目职业健康安全管理体系

1. 工程项目职业健康安全问题及其解决途径

工程项目职业健康安全问题的产生主要有以下几个方面的原因，根据不同原因可

考虑采用不同的解决途径：

（1）人的不安全行为。从人的心理学和行为学方面研究解决，可通过培训和提高人的安全意识和行为能力，保证人的可靠性。

（2）物的不安全状态。从研究安全技术，采取安全措施来解决，可通过各种有效的安全技术系统保证安全设施的可靠性。

（3）组织管理不力。用系统论的理论和方法，研究工程项目组织如何建立职业健康安全系统化、标准化的管理体系，实行全员、全过程、全方位、以预防为主的整体管理。

2. 职业健康安全管理体系的目标

工程项目的健康安全管理体系有如下几方面的目标：

（1）使员工面临的职业健康安全风险减少到最低限度。最终实现预防和控制工伤事故、职业病及其他损失的目标。帮助企业在市场竞争中树立起一种负责的形象，从而提高企业的竞争能力。

（2）直接或间接的经济效益。通过"职业健康安全管理体系"，可以明显提高项目职业健康安全管理水平和经济效益。通过改善劳动者的作业条件，提高劳动者身心健康和劳动效率。对项目的效益具有长时间积极效应，对社会也能产生激励作用。

（3）实现以人为本的职业健康安全管理。人力资源的质量是提高生产率水平和促进经济增长的重要因素，而人力资源的质量是与工作环境的职业健康安全状况密不可分的。职业健康安全管理体系的建立，将是保护和发展生产力的有效方法。

（4）提升企业的品牌和形象。市场竞争已不再仅仅是资本和技术的竞争，企业综合素质的高低将是开发市场最重要的条件，是企业品牌的竞争。而工程项目职业健康安全则是反应企业品牌的重要指标，也是企业素质的重要标志。

（5）促进工程项目管理现代化。管理是工程项目运行的基础。全球经济一体化的到来，对现代化管理提出了更高的要求，必须建立系统、开放、高效的管理体系，以促进工程项目系统的完整和整体管理水平的提高。

（6）增强对国家经济发展的能力。加大对职业健康安全生产的投入，有利于扩大社会内部需求，增加社会需求总量；同时，做好职业健康安全生产工作可以减少社会总损失。而且，保护劳动者的职业健康安全管理是国家经济可持续发展的长远之计。

3. 职业健康安全管理体系基本要素

根据中华人民共和国国家标准 GB/T 28001—2001《职业健康安全管理体系　规范》的相关标准规范，结合工程项目管理的特点，工程项目职业健康安全管理体系的基本内容有5个一级要素和17个二级要素构成，具体见表7-1。

表 7 - 1 　　　　　　　　　　工程项目职业健康安全管理体系一、二级要素表

	一 级 要 素	二 级 要 素
要素名称	（一）工程项目环境方针	1. 职业健康安全方针
	（二）规划（策划）	2. 对危险源辨识、风险评价和风险控制的策划 3. 法律及法规要求 4. 目标 5. 职业健康安全管理方案
	（三）实施和运行	6. 结构和职责 7. 培训、意识和能力 8. 协商和沟通 9. 职业健康安全管理文件 10. 文件和资料控制 11. 运行控制 12. 应急准备和响应
	（四）检查和纠正措施	13. 绩效测量和监测 14. 事故、时间、不符合、纠正与预防措施 15. 记录和记录管理 16. 职业健康安全管理体系审核
	（五）管理评审	17. 管理评审

为更好的理解职业健康安全体系要素间的关系，可将这 17 个要素分为两类，一类是体系主体框架和基本功能的核心要素，另一类是支持体系主体框架和保证实现基本功能的辅助性要素。核心要素包括职业健康安全方针，对危险源辨识、风险评价和风险控制的策划，法规和其他要求，目标，结构和职责，职业健康安全管理方案，运行控制，绩效测量和监视，审核和管理评审 10 个要素。

辅助性要素包括培训意识和能力，协商和沟通，职业健康安全管理文件，文件和资料控制，应急准备和响应，事故、事件、不符合、纠正和预防措施，以及记录和记录管理等 7 个要素。

在职业健康安全管理体系中，上表所列 17 个要素的相互联系、相互作用共同有机地构成了职业健康安全管理体系，它们之间的关系列图表示，如图 7 - 3 所示。

三、工程项目职业健康安全管理的实施

1. 工程项目职业健康安全管理组织机构

根据中华人民共和国国务院令第 393 号《建筑工程安全生产管理条例》（以下简称《条例》）第四章施工单位的安全责任中的相关规定，施工单位主要负责人应依法对本单位的安全生产工作全面负责，施工单位应当设立职业健康安全生产管理部门，

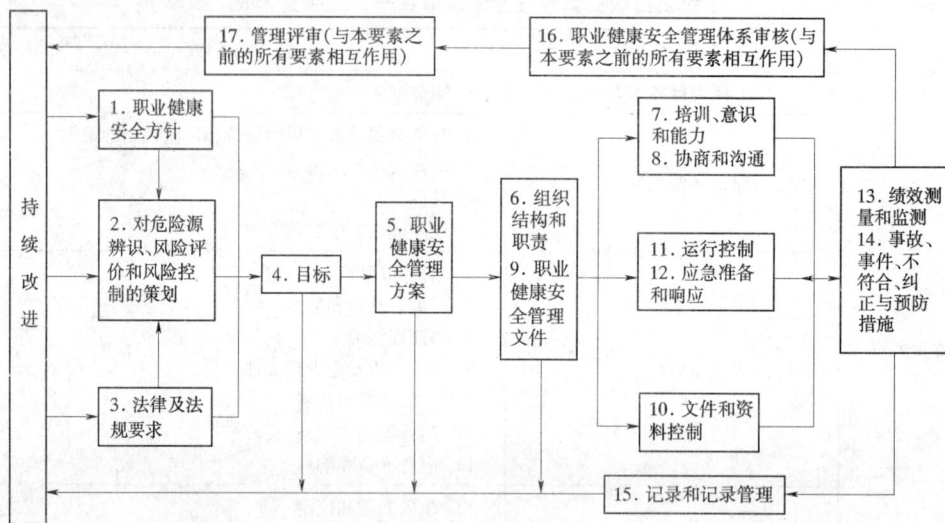

图 7-3　职业健康安全管理体系各要素关系图

配备专职职业安全生产管理人员。

职业健康安全管理部门是施工企业的一个重要项目管理部门，是项目经理贯彻执行职业健康安全施工方针、政策和法规，实行职业健康安全目标管理的具体工作部门，是领导的参谋和助手；项目经理作为单位安全施工的第一负责者，应根据本单位的施工规模及职工人数设置专职职业健康安全管理机构或配备专职安全员，并建立项目部领导干部职业健康安全施工值班制度；项目工地应成立以项目经理为负责人的职业健康安全施工管理小组，配备专（兼）职安全管理员，同时建立工地领导成员轮流安全施工值日制度，解决和处理工程项目施工中的职业健康安全问题并进行巡回职业健康安全监督检查；班组是搞好安全施工的前沿阵地，加强班组职业健康安全建设是施工企业加强职业健康安全施工管理的基础。

2. 工程项目职业健康安全生产教育

《条例》中第二十一条指出，施工单位应当建立健全的安全生产责任制度和安全生产教育培训制度。由此可见，职业健康安全教育是职业健康安全管理工作的重要环节，是提高项目全员职业健康安全素质、职业健康安全管理水平和防止事故的发生，从而实现职业健康安全生产的重要手段。职业健康安全主要从思想教育、职能教育、技能教育以及法制教育等四方面着手。

（1）职业健康安全生产思想教育。职业健康安全生产思想教育为职业健康安全生产奠定了思想基础。通常从加强思想认识、方针政策和劳动纪律教育等方面进行：一是提高各级管理人员和广大职工群众对职业健康安全生产重要意义的认识，从思想上、理论上认识职业健康安全生产的重要意义，以增强关心人、保护人的责任感，树立牢固的群众观点；二是通过职业健康安全生产方针、政策教育，提高各级技术、管理人员和广大职工的政策水平，使他们正确全面地理解党和国家的职业健康安全生产方针、政策，严肃认真地执行职业健康安全生产方针、政策和法规；三是进行劳动纪律教育，使广大职工懂得严格执行劳动纪律对实现职业健康安全生产的重要性，企业的劳动纪律是劳动者进行共同劳动时必须遵守的法则和秩序。

（2）职业健康安全职能教育。企业职工必须具备职业健康安全基本知识。因此，全体职工都必须接受职业健康安全知识教育，每年按照规定学时进行职业健康安全培训。职业健康安全基本知识教育的主要内容是：企业的基本生产概况；施工（生产）流程、方法；企业施工（生产）危险区域及其职业健康安全防护的基本知识和注意事项；机械设备、厂（场）内运输的有关职业健康安全知识；有关电气设备（动力照明）的基本职业健康安全知识；高处作业职业健康安全知识；施工（生产）中实用的有毒、有害物质的职业健康安全防护基本知识；消防制度及灭火器材应用的基本知识；个人防护用品的正确使用知识等。

（3）职业健康安全技能教育。职业健康安全技能教育就是结合工种专业特点，实现职业健康安全操作、职业健康安全防护所必须具备的基本技术知识要求。每个职工都要熟悉本工种、本岗位专业职业健康安全技术知识。职业健康安全技术知识是比较专门、细致和深入的知识，它包括职业健康安全技术、劳动卫生和职业健康安全操作规程。

（4）法制教育。法制教育就是采取各种有效形式，对全体职工进行职业健康安全生产法规和法制教育，从而提高职工遵法、守法的自觉性，以达到职业健康安全生产的目的。

3. 工程项目职业健康安全生产责任制

为贯彻落实党和国家有关职业健康安全生产的政策法规，明确工程项目各级人员、各职能部门职业健康安全生产责任，保证施工生产过程中的人身安全和财产安全，根据国家及上级有关规定，特制定工程项目职业健康安全生产责任制。

工程项目施工单位的项目经理应当由取得职业资格的人员担任，具体组织和实施项目职业健康安全生产、文明施工、环境保护工作，对本项目工程的职业健康安全负全面责任，落实安全生产责任制，并根据工程的特点组织制定安全施工措施，消除安全事故隐患，及时、如实报告生产安全事故。项目部各级人员都必须经过专门的职业健康安全培训考核，取得项目管理人员安全生产资格证书，方可上岗。

4. 工程项目职业健康安全技术检查

为全面提高项目职业健康安全生产管理水平，及时消除职业健康安全隐患，落实各项职业健康安全制度和措施，在确保安全的情况下正常地进行施工、生产，施工项目实行逐级职业健康安全检查制度。

职业健康安全检查工作应包括以下两大方面：

（1）各级管理人员对职业健康安全施工规章制度的建立与落实。规章制度的内容包括：职业健康安全施工责任制、岗位责任制、职业健康安全教育制度、职业健康安全检查制度等。

（2）施工现场职业健康安全措施的落实和有关职业健康安全规定执行情况。主要包括职业健康安全技术措施，施工现场职业健康安全组织，职业健康安全技术水平、操作规章的学习贯彻情况，职业健康安全设防情况，个人防护情况，职业健康安全标志牌等。

表7-2为一个职业健康安全检查日检记录表，列举了一些施工现场职业健康安全检查应当检查的工作。

表 7-2　　　　　　　建筑施工现场职业健康安全检查日检表

施工单位		检查日期		气象	
工程名称		检查人员		负责人	
序号	检查项目	检查内容			存在问题及处理
1	脚手架	间距、拉结、脚手板、载重、卸荷			
2	吊篮架子	保险绳、就位固定、升降工具、吊点			
3	插口架子（挂架）	吊钩保险、别杠			
4	桥式架子	立柱垂直、安全装置、升降工具			
5	坑槽边坡	边坡状况、放坡、支撑、边缘荷载、堆物状况			
6	临边防护	坑（槽）边和屋面、进出料口、楼梯、阳台、平台、框架结构四周防护及安全网支搭			
7	孔洞	电梯井口、预留洞口、楼梯口、通道口			
8	电气	漏电保护器、闸具、闸箱、导线、接线、照明、电动工具			
9	垂直运输机械	吊具、钢丝绳、防护设施、信号指挥			
10	中小型机械	防护装置、接地、接零保护			
11	料具存放	模板、料具、构件的安全存放			
⋮	⋮	⋮			

四、工程项目职业健康安全管理验收与评价

1. 工程项目职业健康安全验收

工程项目职业健康安全验收是职业健康安全检查的一种基本形式，对于项目的各项职业健康安全技术措施和施工现场新搭设的脚手架、井字架、门式架、爬架等架体、塔吊等大中小型机械设备，临电线路及电气设施等设备设施，在使用前要经过详细的职业健康安全检查，发现问题及时纠正，确认合格后要进行验收签字，并由工长进行使用职业健康安全技术交底后，方可使用。

2. 工程项目职业健康安全评价

（1）职业健康安全评价依据。为科学地评价工程项目安全生产情况，提高职业健康安全生产工作和文明施工的管理水平，预防伤亡事故的发生，确保职工的职业健康安全和健康，实现检查评价工作的标准化、规范化，建设部特别制定了 JGJ 59—1999《建筑施工安全检查标准》。本标准应用工程安全系统原理，结合建筑施工中伤亡事故规律，对建筑施工中容易发生伤亡事故的主要环节、部位和工艺等完成情况进行职业健康安全检查评价。分为职业健康安全管理、文明工地、脚手架、基坑支护与模板工程、"三宝"（系指安全帽、安全带和安全网）"四口"（系指通道口、预留洞口、楼梯口、电梯井口）防护、施工用电、物料提升机与外用电梯、塔吊、起重吊装和施工机具共 10 个分项检查表和 1 张检查评分汇总表，如表 7－3。汇总表对 10 个分项内容检查结果进行汇总，利用汇总表所得分值，来确定和评价施工项目总体系统的职业健康安全生产工作情况。

表 7－3　　　　　　　　建筑施工职业健康安全检查评分汇总表

企业名称：　　　　　　　　　　经济类型：　　　　　　　　　资质等级：

单位工程（施工现场）名称	建筑面积（m²）	结构类型	总计得分(满分分值为100分)	项目名称及分值									
				职业健康安全管理（满分分值为10分）	文明工地（满分分值为20分）	脚手架（满分分值为10分）	基坑支护与模板工程（满分分值为10分）	"三宝""四口"防护（满分分值为10分）	施工用电(满分分值为10分)	物料提升机与外用电梯(满分分值为10分)	塔吊（满分分值为10分）	起重吊装（满分分值为5分）	施工机具（满分分值为5分）

评语：

检查单位		负责人		受检项目		项目经理	

（2）职业健康安全评价方法。根据检查标准，采用检查评分表的形式。职业健康安全管理、文明工地、脚手架、基坑支护与模板工程、"三宝""四口"防护、施工用电、物料提升机与外用电梯、塔吊、起重吊装和施工机具等十项分项检查表中，各分项检查评分表满分为100分。表中各检查项目得分按规定检查内容所得分数之和。每张表总得分为各自表内各检查项目实得分数之和。

汇总表中，各分项项目实得分数按下式计算：

$$\text{汇总表中各分项项目实得分数} = \frac{\text{汇总表中该项应得满分分值} \times \text{该项检查表分数实得分数}}{100}$$

多人对同一项目检查评分时，应按加权评分方法确定分值。

建筑施工安全检查评分，应以汇总表的总得分及保证项目达标与否，作为对一个施工现场安全生产情况的评价依据，分为优良、合格、不合格三个等级。保证项目分值均应达到规定得分标准，汇总表得分值在80分及其以上，则评为优良；保证项目分值均应达到规定得分标准，汇总表得分值在70分及其以上，则评为合格；汇总表得分值不足70分的则为不合格。

第三节　工程项目环境管理

国际标准化组织（ISO）从1993年6月正式成立环境管理技术委员会（ISO/TC 207）开始，经过3年的努力到1996年推出了ISO 14000系列标准，同年，我国将其等同转换为国家标准GB/T 24000系列标准。

建立工程项目环境管理体系，可以规范企业和社会团体等工程项目相关组织的环境表现，降低项目环境风险和法律风险，最大限度地节约能源和资源消耗，从而减少工程项目施工活动对环境造成的不利影响，改善生态环境质量，维持和改善人类生存和发展的环境；是促进和实现国民经济可持续发展的需要，建立市场经济体制的需要，同时，也是国内外贸易发展的需要，实现工程项目环境管理现代化的途径。

一、工程项目环境管理相关概念

1. 环境

环境是指组织运行活动的外部存在，包括空气、水、土地、自然资源、植物、动物、人，以及它们之间的相互关系。

在环境科学领域里中心事物是人类社会，而以人类社会为主体的周边事物环境，是由各种自然环境和社会环境的客体构成的。

2. 环境因素

环境因素（Environmental Aspect）是指一个组织的活动、产品或服务中能与环境发生相互作用的要素。

3. 环境影响

环境影响（Environmental Impact）指全部或部分由组织的环境因素给环境造成的任何有害或有益的变化。

4. 环境目标

环境目标（Environmental Objective）是组织依据环境方针规定自己所要实现的总体环境目标。

5. 环境绩效

环境绩效（Environmental Performance）是指项目组织对其环境因素进行管理所取得的可测量的结果。

在环境管理体系条件下，可对组织的环境方针、环境目标、环境指标及其他环境绩效要求对结果进行测量。

6. 环境方针

环境方针（Environmental Policy）指由最高管理者就组织的环境绩效正式表述的总体意图和方向。

环境方针是组织对其全部环境表现（行为）的意图与原则的声明，它为组织的行为及环境目标和指标的建立提供了一个框架。

7. 环境指标

环境指标（Environmental Target）是指由环境目标产生，为实现环境目标所需规定并满足的具体绩效要求，它们适用于组织或其局部。

8. 环境管理体系

环境管理体系（Environmental Management System，EMS）是组织管理体系的一部分，用来制定和实施其环境方针，并管理其环境因素。

环境管理体系包括为制定、实施、实现、评审和保持环境方针所需的组织机构、规划活动、机构职责、惯例、程序、过程和资源。还包括组织的环境方针、目标和指标等项目管理方面的内容。

项目环境管理体系是一项施工组织内部管理工具，旨在帮助组织实现自身设定的环境表现水平，并不断地改进环境行为，不断达到更新更佳的高度。

二、工程项目环境管理体系的建立

1. 工程项目环境问题及其解决途径

工程项目施工过程通常消耗大量的能源和材料，同时产生大量的废水、废气、固体废弃物等，并造成噪声、光污染等环境问题，对环境有着不可低估的影响。

（1）大气污染。在防止大气污染方面，施工现场的垃圾渣土要及时清理出工地现场，对于可能产生烟气的施工设备，应采取消烟防尘措施。

（2）水污染。在防止水污染方面，施工现场的废水和污水要经过处理才能排入城市的污水管道或河流，同时禁止有毒有害废气物作为土方回填，砂石料加工系统废水量较大，应沉淀后再排放，从而减少对地表水的影响。项目人员产生的生活废水应有组织地排放。

（3）噪声污染。在防止噪声污染方面，在人口稠密地区、居民区、学校、医院等地进行施工时，应采取降噪措施或限制施工时间，避免噪音污染，施工机械应采取降噪措施。

（4）固体废弃物。在防止固体废弃物方面，应防止或减少固体废弃物对环境的污染。收集、贮存、运输、利用、处置固体废弃物的过程中必须采取防扬散、防流失、防渗漏或者其他防止污染环境的措施。

2. 工程项目环境管理的目标

环境组织管理部门为了改善、管理、保护环境而设定环境目标，拟在一定期限内力求达到环境质量水平与环境结构状态。它必须与社会经济发展的目标相适应或相匹配，主要从以下4个方面考虑。

（1）合理开发利用自然资源，减少和防治环境污染，维持生态平衡，促进国民经济长期稳定的发展。

（2）贯彻和研究制定有关环境保护的方针、政策、法规和条例，正确处理经济发展与环境保护的关系。

（3）建设一个清洁、优美、安静、生态健全发展的人类环境，保护人民健康，促进经济发展。

（4）开展环境科学研究，培养科学技术人才，加强环境保护宣传教育，不断提高全民对环境保护的认识水平。

3. 工程项目环境管理体系要素

根据中华人民共和国国家标准 GB/T 24001：2004/ISO 14001：2004《环境管理体系要求及使用指南》的相关标准规定，结合工程项目管理的特点，工程项目环境管理体系的基本内容由5个一级要素和17个二级要素构成，具体见表7-4。

表 7－4　　　　　　　　　　工程项目环境管理体系一、二级要素表

要素名称	一 级 要 素	二 级 要 素
	（一）工程项目环境方针	1. 工程项目环境方针
	（二）规划（策划）	2. 工程项目环境因素 3. 法律和其他要求 4. 目标和指标 5. 工程项目环境管理方案
	（三）实施和运行	6. 工程项目组织结构和职责 7. 培训、意识和能力 8. 信息交流 9. 工程项目环境管理体系文件 10. 文件控制 11. 运行控制 12. 应急准备和响应
	（四）检查和纠正措施	13. 监测和测量 14. 不符合、纠正与预防措施 15. 记录 16. 环境管理体系审核
	（五）管理评审	17. 管理评审

从表 7－4 所列 17 个要素的内容及其内在关系来看，各要素之间存在着一定的相互关系，如图 7－4 所示。

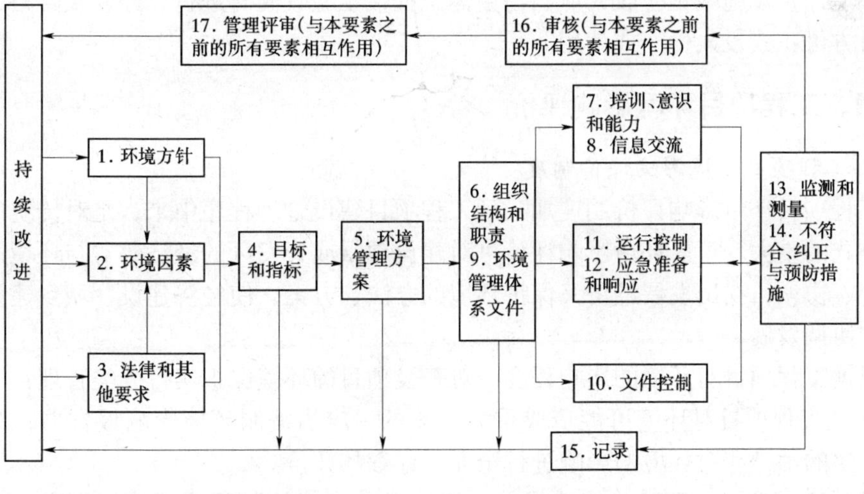

图 7－4　工程项目环境管理体系各要素关系图

三、工程项目环境管理体系的运行

1. 工程项目环境管理的程序

工程项目建设单位及项目有关部门必须依照各自职责开展环境保护工作，办理审批手续。建设单位应根据批准的工程项目环境影响报告，通过对环境因素的识别和评估，确定管理目标及主要指标，并在项目建议书阶段或预可行性研究阶段、可行性研究（设计任务书）阶段、设计阶段、施工阶段、试生产和竣工验收这 5 个阶段分别贯彻实施，不断改进。

2. 工程项目施工环境管理内容及要求

建设产生污染的工程项目，必须遵守污染物排放的国家标准和地方标准；在实施重点污染物排放总量控制的区域内，还必须符合重点污染物排放总量控制的要求。

工程项目需要配套建设的环境保护设施，必须与主体工程同时设计、同时施工、同时投产使用。

工程项目的初步设计，应当按照环境保护设计规范的要求，编制环境保护篇章，并依据经批准的建设项目环境影响报告书或者环境影响报告表，在环境保护篇章中落实防治环境污染和生态破坏的措施以及环境保护设施投资概算。

工程建设项目竣工后，建设单位应当向审批该建设项目环境影响报告书、环境影响报告表或者环境影响登记表的环境保护行政主管部门，申请该建设项目需要配套建设的环境保护设施竣工验收。

环境保护设施竣工验收，应当与主体工程竣工验收同时进行，经验收合格，该工程项目方可正式投入生产或使用。

四、工程项目环境影响评价

1. 工程项目环境影响评价制度

工程项目环境影响评价制度加入到工程项目建设管理程序中来，是对传统的经济发展方式的重大变革。环境影响评价可对建设项目或开发区的经济效益与环境效益进行估价、协调，找出发展经济又保护环境的办法、方案，使经济建设、城乡建设和环境保护协调发展。

根据工程项目对环境的影响程度，对建设项目的环境保护实行分类管理：

（1）工程项目对环境可能造成重大影响的，应当编制环境影响报告书，对建设项目产生的污染和对环境的影响进行全面、详细的评价。

（2）工程项目对环境可能造成轻度影响的，应当编制环境影响报告表，对建设项目产生的污染和对环境的影响进行分析或者专项评价。

（3）工程项目对环境影响很小，不需进行环境影响评价的，应当填报环境影响登记表。

2. 工程项目环境影响报告书

工程项目环境影响报告书，应当包括下列内容：

（1）工程建设项目概况。

（2）工程建设项目周围环境现状。

（3）工程建设项目对环境可能造成影响的分析和预测。

（4）环境保护措施及其经济、技术论证。

（5）环境影响经济损益分析。

（6）对建设项目实施环境监测的建议。

3. 工程项目环境影响评价方法

工程项目环境影响评价的方法有两类：一类是定性评价；一类是定量评价。下面介绍两种工程项目环境影响评价方法，当然还有另外一些评价方法，在此不一一列举。

（1）定性评价——清单法。清单法是用定性方法进行环境影响评价的基本方法之一，它通常是列出环境影响评价过程中需要考虑的所有的重要潜在影响，并对各种影响进行逐个评价，这种方法有助于评价时全面考虑建设项目对环境的可能影响，但不能建立各种环境影响之间的因果联系，通常也不能对收集到的各种环境影响作出总的解释。表 7-5 就是一张典型的清单，这张清单基本上考虑了工程建设项目环境影响评价的所有重要方面。

表 7-5 典型的环境影响评价清单

潜在影响面	建 设 期			运 营 期		
	有害影响	无影响	有利影响	有害影响	无影响	有利影响
1 污染效应 （1）大气质量 （2）水质 （3）噪声 （4）固体废物 （5）有害物质						
2 自然资源 （1）植被野生生物 （2）水体 （3）矿物资源 （4）土地资源						
3 自然损害 （1）水土流失 （2）洪水、滑坡 （3）名胜古迹 （4）气候						

（2）定性定量化评价——矩阵法。

清单法不能直观表现出项目开发中各因素对环境影响的程度，矩阵法可部分解决清单法存在的问题，在一定程度上表现各种开发活动与环境变化之间的因果关系。

矩阵法是在矩阵的最上一行中列出一个方案中的各种开发活动或各种开发方案，而在矩阵的最左面一列中列出可能受影响的环境要素，用矩阵的形式表示它们之间的因果关系，在矩阵的方格中给出这些因果关系的定性判断或定量的估算值。

在使用矩阵法比较各方案对环境的影响时，要求确定两个方面的内容：第一方面是方案对某一环境要素产生影响的程度；第二方面是各个环境要素的相对重要性。

表 7-6 是某一工厂五种不同建厂方案的环境影响矩阵。矩阵中的数字是不同方案对环境要素影响程度的加权值。其中，方案 2 的加权总分值最低，从环境影响的角度看，这个方案是最理想的方案。

表 7-6　　　　　　　　　某一工厂五种不同方案的环境影响矩阵

影响因素	方案序号				
	1	2	3	4	5
地表水质量	15	9	3	6	12
地表水位	2	6	8	8	4
大气质量	20	15	5	10	25
渔业	2	3	5	4	1
野生生物生态环境	14	14	7	21	14
野生生物	35	21	28	7	14
供水	8	24	40	16	32
农业	40	10	20	30	50
总分	136	102	116	112	152

复 习 思 考 题

1. 工程 HSE 管理如何促进可持续发展？
2. 工程 HSE 管理在工程项目管理中有何作用？它与其他目标管理的关系如何？
3. 健康、安全、环境三个因素之间的相互关系如何？
4. 工程项目职业健康安全管理体系由哪些要素构成？它们之间的关系是怎样的？
5. 工程项目环境管理体系由哪些要素构成？它们之间的关系是怎样的？

第八章 工程项目风险管理

基 本 要 求

◆ 掌握风险和工程项目风险的概念

◆ 掌握工程项目风险管理的概念和特点

◆ 熟悉工程项目风险识别的方法

◆ 熟悉工程项目风险应对策略和措施

◆ 熟悉工程项目风险的一般分类

◆ 了解工程项目参与方所面临的风险

◆ 了解风险管理与工程项目管理的关系

◆ 了解工程项目风险估计与评价的方法

"风险无处不在，风险无时不有"，"风险会带来灾难，风险与利润并存"，这说明了风险的客观性和风险与生产及发展的相关性。

现代工程项目规模越来越大，技术越来越复杂，风险同样也在增大。因此，工程项目风险管理日益被项目管理人员所重视。工程项目风险管理包括：识别风险，分析评价风险事件出现的可能性及其危害程度，进而提出应对风险的措施等，其已成为许多大中型工程建设项目管理中的重要内容之一。

第一节 概 述

一、风险

1. 风险的概念

风险（Risk）在项目管理中是一个重要的概念，在几十年风险管理研究的历史中，人们总是希望给其一个完备的定义，但到目前还没有得到完全统一。

（1）美国风险管理专家 C. A. Williams 等将风险定义为：给定情况下的可能结果

的差异性。

（2）国内一些风险管理学者认为：风险是给定条件下，特定时间内发生的不良后果的可能性。

（3）在一般的保险理论中，将风险定义为：风险是对被保险人的权益产生不利影响的意外事故发生的可能性。

上述几种风险的内涵可以概括为下列两个方面：

（i）风险是活动或事件发生的潜在可能性。

（2）风险是一种消极的、不良的后果。

2. 风险的属性

风险具有下列属性：

（1）风险的不确定性。风险事件的发生及其后果都具有不确定性。表现在：风险事件是否发生，何时发生，发生之后会造成什么样的后果等均是不确定的。

（2）风险的相对性。风险总是相对于事件的主体而言的。同样的不确定事件对不同的主体有不同的影响。人们对于风险事件都有一定的承受能力，但是这种能力因活动、人、时间而异。

（3）风险的可变性。在一定条件下任何事物总是会发展变化的。风险事件也不例外，当引起风险的因素发生变化时，必然会导致风险的变化。风险的可变性表现在：

1）风险性质的变化。

2）风险后果的变化。

3）出现了新的风险或风险因素已经消除。

3. 风险的分类

从不同角度，根据不同标准，可将风险分成不同的类型。

（1）按风险后果划分。可将其分为：

1）纯粹风险（Pure Risk）。这类风险只会造成损失，而不会带来机会或收益。纯粹风险带来的是绝对损失，如自然灾害，一旦发生，将会造成重大损失，甚至人员伤亡，不会带来额外的收益。

2）投机风险（Speculative Risk）。这类风险既存在带来损失的可能，也有获利的机会。如，股民在股市，既面对亏损威胁，也存在发财的机会。

（2）按风险来源划分。可将其分为：

1）自然风险（Natural Risk）。由于自然力的作用，造成财产毁损，或人员伤亡的风险属于自然风险。如，水利工程施工过程中，因发生超标准洪水或地震，造成的工程破坏、材料及器材损失。

2）人为风险（Personal Risk）。由于人的活动而带来的风险是人为风险。人为风险又可以分为行为风险、经济风险、技术风险、政治风险和组织风险等。

（3）按事件主体的承受能力划分。可将风险分为：

1）可接受风险（Acceptable Risk）。一般指法人或自然人在分析自身承受能力和财产状况的基础上，确认能够接受最大损失的限度。风险低于这一限度的风险称为可接受风险。

2）不可接受风险（Unacceptable Risk）。一般是指法人或自然人在分析自身承受能力、财务状况基础上，确认已超过或大大超过所能承担的最大损失额，这种风险就称为不可接受风险。

（4）按风险的对象划分。可将风险分为：

1）财产风险（Property Risk）。这是指财产所遭受的损害、破坏或贬值的风险。如设备、正在建设中的工程等，因自然灾害而遭到的损失。

2）人身风险（Life Risk）。这里指由于疾病、伤残、死亡所引起的风险。

3）责任风险（Liability Risk）。这是指由于法人或自然人的行为违背了法律、合同或道义上的规定，给他人造成财产损失或人身伤害。

（5）按风险对工程项目目标的影响划分。可将风险分为：

1）工期风险，即造成工程的局部（工程的活动、分项工程）或整个工程的工期延长，不能按计划正常移交后续工程施工或按时交付使用；

2）费用风险，其包括：财务风险、成本超支、投资追加、报价风险、投资回收期延长或无法回收；

3）质量风险，其包括：材料、工艺、工程不能通过验收、工程试生产不合格、工程质量经过评价未达到要求。

二、工程项目风险

工程项目风险（Project Risk），是指工程项目在可行性研究、设计、施工等各个阶段可能遭到的风险。可将其定义为，在工程项目目标规定的条件下，该目标不能实现的可能性。工程项目风险所涉及的当事人主要是工程项目的业主/项目法人、工程承包商和工程咨询人/设计人/监理人。

1. 业主/项目法人的风险

工程项目业主/项目法人通常遇到的风险可归纳为：项目组织实施风险、经济风险和自然风险。前两种属人为风险。

（1）项目组织实施风险，这类风险可能起因于下列诸多方面：

1）政府或主管部门对工程项目干预太多，瞎指挥。

2）建设体制或法规不合理。

3）合同条件的缺陷。

4）承包商缺乏合作诚意。

5）材料、工程设备供应商履约不力或违约。

6）监理工程师失职。

7）设计缺陷等。

（2）经济风险。其主要产生于下列原因：

1）宏观经济形势不利，如整个国家的经济发展不景气。

2）投资环境差，工程投资环境，包括硬环境，如交通、通讯等条件和软环境，如地方政府对工程的开发建设的态度等。

3）市场物价不正常上涨，如建筑材料价格极不稳定。

4）通货膨胀（Currency Inflation）幅度过大。

5）投资回报期（Investment Recovery Period）长，属长线工程，预期投资回报难以实现。

6）基础设施落后，如施工电力供应困难，对外交通条件差等。

7）资金筹措困难等。

（3）自然风险。其通常由下列原因所引起：

1）恶劣的自然条件，如洪水、泥石流等均直接威胁着工程项目。

2）恶劣的气候条件，如严寒无法施工，台风、暴雨都会给施工带来困难或损失。

3）恶劣的现场条件，如施工用水用电供应的不稳定性，工程的不利的地质条件等。

4）不利的地理位置，如工程地点十分偏僻，交通十分不利等。

2. 承包商的风险

承包商是业主的合作者，但在各自的利益上又是对应的双方，即双方既有共同利益，双方各自又有风险。承包商的行为对业主构成风险，业主的举动也会对承包商的利益构成威胁。承包商的风险大致可分成下列几方面：

（1）决策错误的风险。承包商在实施过程中需要进行一系列的决策，这些决策无不潜伏着各具特征的风险，包括：

1）信息取舍失误或信息失真的风险。因信息的失真，其决策失误的可能性很大。

2）中介与代理的风险。中介人（Intermediary）通常不让交易双方直接见面。在工程承包过程中，缺乏经验的承包商受中介人之骗的案例不少。选择不当的代理人或代理协议不当给承包商造成较大损失的例子也不罕见。

3）投标的风险。投标是取得工程承包权的重要途径，但当承包商不能中标时，其投标过程发生的费用是无法得到补偿的。

4）报价失误的风险。报价过高，面临着不能中标的风险；报价过低，则又面临着利润低，甚至亏本的风险。

（2）缔约和履约的风险。其潜伏的风险主要表现在以下几方面：

1）合同条件不平等或存在对承包商不利的缺陷。如，不平等条款（Unequal Term）；合同中定义不准确；条款遗漏或合同条款对工程条件的描述和实际情况差距很大。

2）施工管理技术不熟悉。例如，承包商不掌握施工网络计划新技术，对工程进度心中无数，不能保证整个工程的进度。

3）合同管理不善。合同管理是承包商赢得利润的关键手段，承包商要利用合同条款保护自己，扩大收益。承包商若做不到这一点，则势必存在较大的经营风险。

4）资源组织和管理不当。这里的资源包括劳动力、建筑材料和施工机械等，对承包商而言合理组织资源供应，是保证施工顺利进行的条件，若资源组织和管理不当，就存在着遭受重大损失的可能。

5）成本和财务管理失控。承包商施工成本失控的原因是多方面的，包括报价过低或费用估算失误、工程规模过大和内容过于复杂、技术难度大、当地基础设施落后、劳务素质差和劳务费过高、材料短缺或供货延误等。财务管理风险更大，一旦失控，常会给公司造成巨大经济损失。

（3）责任风险。工程承包是一种法律行为，合同当事人负有不可推卸的法律责任。责任风险的起因可以有下列几种：

1）违约，即不执行承包合同或不完全履行合同。

2）故意或无意侵权。如对工程质量的事故，可能是粗心大意引起，也可能是偷工减料引发。

3）欺骗和其他错误。

3. 咨询/设计/监理的风险

同业主、承包商一样，咨询/设计/监理在工程项目实施和管理中也面临着各种风险，归纳起来，源于下列三方面：

（1）来自业主/项目法人方的风险。咨询/设计/监理受业主委托，为业主提供技术服务，当然其要按技术服务合同承担相应的责任，因此承担的风险是不会少的。来自业主方面的风险主要出于下列原因：

1）业主希望少花钱多办事，不遵循客观规律，对工程提出过分的要求，如对工程标准提得太高，对施工速度定得太快等。

2）可行性研究缺乏严肃性。业主上项目的主意已定后，对咨询公司做可行性研究附加种种倾向性要求。

3）投资先天不足，咨询/设计/监理难做无米之炊。

4）盲目干预。有些业主虽和监理签有监理合同，明确监理在承包合同管理中的责任，权利和义务，但在实施过程中，业主随意做出决定，对监理工程师干预过多，甚至剥夺监理工程师正常履行职责的权利。

（2）来自承包商的风险。主要表现在：

1）承包商不诚实。这常见的案例是承包商的报价很低，一旦中标后，在施工过程中工程变更、施工索赔接连不断，若监理工程师不答应，则以停工相要挟。

2）承包商缺乏职业道德。如质量管理方面，常见的现象是承包商还没有自检，就要求监理工程师同意进行检查或验收，当其履行合同不力或质量不合标准时，要求监理工程师网开一面，手下留情。

3）承包商素质太差。承包商的素质太差，履约不力，甚至没有履约的诚意或弄虚作假，对工程质量极不负责，都有可能使监理工程师蒙受责任风险。

（3）职业责任风险。咨询/设计/监理的职业责任风险一般由下列因素构成：

1）设计不充分或不完善。这显然是设计工程师的失职。

2）设计错误和疏忽。这潜藏着重大工程质量问题。

3）投资估算和设计概算不准。这会引起业主的投资失控，咨询/设计对此当然有不可推卸的责任。

4）自身的能力和水平不适应。咨询/设计/监理的能力和水平不行，很难完成其相应的任务，与此相伴的风险当然是不可避免的。

三、工程项目风险管理

1. 工项目风险管理概念

工程项目风险管理是工程项目管理班子通过对风险的识别、分析评估、应对和监控，以最小代价，在最大程度上实现项目目标的科学和艺术。这一定义包含3个要点：

（1）工程项目管理的主体是其管理班子。

（2）风险管理的核心是对风险识别、评估分析、应对和监控。

（3）工程项目风险管理的目标是用最小的代价实现工程目标。

2. 工程项目风险管理的重点

工程项目风险管理贯穿在工程项目的整个寿命周期，而且是一个连续不断的过程，但也有其重点。

（1）从时间上看，下列时间工程项目风险要特别引起关注。

1）工程项目进展过程中出现未曾预料的新情况时。

2）工程项目有一些特别的目标必须实现时，例如道路工程一定要在9月底通车。

3）工程项目进展出现转折点，或提出变更时。

（2）项目无论大与小、简单与复杂均可对其进行风险分析和风险管理，且下面一些类型的项目或活动特别应该进行风险分析和风险管理。

1）创新或使用新技术的工程项目。

2）投资数额大的工程项目。

3）实行边设计、边施工、边科研的工程项目。

4）打断目前生产经营，对目前收入影响特别大的工程项目。

5）涉及到敏感问题（环境、搬迁）的工程项目。

6）受到法律、法规、安全等方面严格要求的工程项目。

7）具有重要政治、经济和社会意义，财务影响很大的工程项目。

8）签署不平常协议（法律、保险或合同）的工程项目。

（3）对于工程建设项目，在下述阶段进行风险分析和风险管理可以获得特别好的效果。

1）可行性研究阶段。这一阶段，项目变动的灵活性最大。这时若做出减少项目风险的变更，代价小，而且有助于选择项目的最优方案。

2）审批阶段。此时项目业主可以通过风险分析了解项目可能会遇到的风险，并检查是否采取了所有可能的步骤来减少和管理这些风险。在定量风险分析之后，项目业主还能够知道有多大的可能性实现项目的各种目标，例如费用、时间和功能。

3）招标投标阶段。承包商可以通过风险分析明确承包中的所有风险，有助于确定应付风险的预备费数额，或者核查自己受到风险威胁的程度。

4）招标后。这时，项目业主通过风险分析可以查明承包商是否已经认识到项目可能会遇到的风险，是否能够按照合同要求如期完成项目。

5）项目实施期间。定期作风险分析、切实地进行风险管理可增加项目按照预算和进度计划完成的可能性。

3. 工程项目风险管理的特点

（1）工程项目风险管理尽管有一些通用的方法，如概率分析方法、模拟方法、专家咨询法等。但要研究具体项目的风险，就必须与该项目的特点相联系，例如：

1）该项目复杂性、系统性、规模、新颖性、工艺的成熟程度等。

2）项目的类型，项目所在领域。不同领域的项目有不同的特点，其风险的产生、发展，以及风险应对均有不同的规律性。例如，计算机软件开发项目与建筑工程项目面对的风险就存在很大的差异。

3）项目所处的地域，如国度、环境条件。

（2）风险管理需要大量地占有信息、了解情况，要对项目系统及系统的环境有十分深入的了解，并进行预测，所以不熟悉情况是不可能进行有效的风险管理的。

（3）虽然人们通过全面风险管理，在很大程度上已经将过去凭直觉、凭经验的管理上升到理性的全过程的管理，但风险管理在很大程度上仍依赖于管理者的经验及管理者过去工程的经历、对环境的了解程度和对项目本身的熟悉程度。在整个风险管理过程中，人的因素影响很大，如人的认识程度、人的精神、创造力。有的人无事忧天倾，有的人天塌下来也不怕。所以风险管理中要注重对专家经验和教训的调查分析，这不仅包括他们对风险范围和规律的认识，而且包括他们对风险的处理方法、工作程序和思维方式。并在此基础上将分析成果系统化、信息化、知识化，用于对新项目的决策支持。

（4）风险管理在项目管理中属于一种高层次的综合性管理工作。它涉及企业管理和项目管理的各个阶段和各个方面，涉及项目管理的各个子系统。所以它必须与合同管理、成本管理、工期管理、质量管理联成一体。

（5）风险管理的目的并不是消灭风险，在工程项目中大多数风险是不可能由项目管理者消灭或排除的，而应有准备地、理性地实施项目，尽可能地减少风险损失，并争取机会利用风险因素有利的一面。

4. 风险管理同工程项目管理的关系

风险管理是工程项目管理的一部分，目的是保证项目总目标的实现。风险管理与项目管理的关系如下：

（1）从项目的成本、时间和质量目标来看，风险管理与项目管理目标一致。只有通过风险管理降低项目的风险成本，项目的总成本才能降下来。项目风险管理把风险导致的各种不利后果减少到最低程度，这正符合各项目有关方在时间和质量方面的要求。

（2）从项目范围管理来看，风险管理是项目范围管理主要内容之一，是审查项目和项目变更所必需的。一个项目之所以必要、被批准并付诸实施，无非是市场和社会对项目的产品和服务的需求。风险管理通过风险分析，对这种需求进行预测，指出市场和社会需求的可能变动范围，并计算出需求变动时项目的盈亏大小。这就为项目的财务可行性研究提供了重要依据。项目在进行过程中，各种各样的变更是不可避免的。变更之后，会带来某些新的不确定性。风险管理正是通过风险分析来识别、估计和评价这些不确定性，向项目范围管理提出任务。

（3）从项目管理的计划职能来看，风险管理为项目计划的制定提供了依据。项目计划考虑的是未来，而未来充满着不确定因素。项目风险管理的职能之一恰恰是减少项目整个过程中的不确定性。这一工作显然对提高项目计划的准确性和可行性有极大的帮助。

（4）从项目成本管理职能来看，项目风险管理通过风险分析，指出有哪些可能的意外费用，并估计出意外费用的多少。对于不能避免但能够接受的损失也计算出数量，列为一项成本。这就为在项目预算中列入必要的应急费用提供了重要依据、从而增强了项目成本预算的准确性和现实性，能够避免因项目超支而造成项目各有关方的不安、有利于坚定人们对项目的信心。因此，风险管理是项目成本管理的一部分。没有风险管理，项目成本管理则不完整。

（5）从项目的实施过程来看，许多风险都在项目实施过程中由潜在变成现实。无论是机会，还是威胁，都在实施中见分晓。风险管理就是在认真的风险分析基础上，拟定各种具体的风险应对措施，以备风险事件发生时采用。项目风险管理的另一内容是对风险实行有效的控制。

5. 工程项目风险管理的作用

工程项目风险管理的作用表现在：

1）通过风险分析，可加深对项目的认识和理解，澄清各方案的利弊，了解风险对项目的影响，以便减少或分散风险。

2）通过检查和考虑所有到手的信息、数据和资料，可明确项目的各有关前提和假设。

3）通过风险分析不但可提高项目各种计划的可信度，还有利于改善项目执行组织内部和外部之间的沟通。

4）编制应急计划时更有针对性。

5）能够将处理风险后果的各种方式更灵活地组合起来，在项目管理中减少被动，增加主动。

6）有利于抓住机会，利用机会。

7）为以后的规划和设计工作提供反馈信息，以便在规划和设计阶段采取措施防止和避免风险损失。

8）风险虽难以完全避免，但通过有效的风险分析，能够明确项目到底可能承受多大损失或损害。

9）为项目施工、运营选择合同形式和制订应急计划提供依据。

10）通过深入的研究和情况了解，可以使决策更有把握，更符合项目的方针和目标，从总体上使项目减少风险，保证项目目标的实现。

11）可推动项目实施的组织和管理班子积累有关风险的资料和数据，以便改进将来的项目管理。

第二节　工程项目风险识别

风险识别（Risk Identification）是工程项目风险管理的第一步，也是工程项目风险管理的基础。

一、风险识别过程

识别风险的过程包括对所有可能的风险事件来源和结果进行客观的调查分析，最后形成项目风险清单，具体可将其分为5个环节，见图8-1。

1. 工程项目不确定性分析

影响工程项目的因素很多，其许多是不确定的。风险管理首先是要对这些不确定因素进行分析，识别其中有哪些不确定因素会使工程项目发生风险，分析潜在损失的类型或危险的类型。

2. 建立初步风险源清单

在项目不确定性分析的基础上，将不确定因素及其可能引发的损失类型或危险性类型列入清单，作为进一步分析的基础。对每一种风险来源均要作文字说明。说明中一般要包括：

图 8-1　工程项目风险识别过程图

（1）风险事件的可能后果。

（2）风险发生时间的估计。

（3）风险事件预期发生次数的估计。

3. 确定各种风险事件和潜在结果

根据风险源清单中各风险源，推测可能发生的风险事件，以及相应风险事件可能出现的损失。

4. 进行风险分类或分组

根据工程项目的特点，按风险的性质和可能的结果及彼此间可能发生的关系对风险进行分类。在工程项目的实施阶段，其风险可作如表8-1的分类。

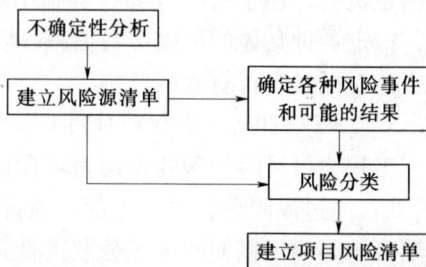

表 8-1　　　　　　　　　　**施工实施阶段风险分类表**

业　主　风　险	承　包　商　风　险
征地	工人和施工设备的生产率
现场条件	施工质量
及时提供完整的设计文件	人力、材料和施工设备的及时供应
现场出入道路	施工安全
建设许可证和其他有关条例	材料质量
政府法律规章的变化	技术和管理水平
建设资金及时到位	材料涨价
工程变更	实际工程量
	劳资纠纷
业主和承包商共担风险	未定风险
财务收支	不可抗力
变更令谈判	第三方延误
保障对方不承担责任	
合同延误	

对风险进行分类的目的在于：一方面是为加深对风险的认识和理解；另一方面是为了进一步识别风险的性质，从而有助于制定风险管理的目标和措施。

5. 建立工程项目风险清单

按工程项目风险的大小或轻重缓急，将风险事件列成清单，不仅给人们展示出工程项目面临总体风险的情况，而且能把全体项目管理人员统一起来，使各人不仅考虑到自己管理范围内所面临的风险，而且也使他了解到其他管理人员所面临的风险以及风险之间的联系和可能的连锁反应。工程项目风险清单的编制一般应在风险分类分组的基础上进行，并对风险事件的来源、发生时间、发生的后果和预期发生的次数作出说明。

*二、风险识别方法

原则上，风险识别可以从原因查结果，也可以从结果反过来找原因。从原因查结果，就是先找出本项目会有哪些事件发生，发生后会引起什么样的结果。如，项目进行过程中，关税会不会变化，关税税率提高和降低两种情况各会引起什么样的后果。从结果找原因，则是从某一结果出发，查找引发这一结果的原因。又如，建筑材料涨价引起项目超支，哪些因素引起建筑材料涨价；项目进度拖延了，造成进度拖延的因素有哪些。

在具体识别风险时，还可以利用核对表、常识经验和判断、流程图等工具或方法。

1. 核对表

人们考虑问题有联想习惯，在过去经验的启示下，思想常常变得很活跃，浮想联翻。风险识别实际是关于将来风险事件的设想，是一种预测。如果把人们经历过的风险事件及其来源罗列出来，写成一张核对表，那么，项目管理人员看了就容易开阔思路，容易想到本项目会有哪些潜在风险。核对表可以包含多种内容，例如以前项目成功或失败的原因、项目其他方面规划的结果（范围、成本、质量、进度、采购与合同、人力资源与沟通等计划成果）、项目产品或服务的说明书、项目班子成员的技能、项目可用的资源等。还可以到保险公司索取资料，认真研究其中的保险例外，这些资料能够提醒还有哪些风险尚未考虑到。

［案例8-1］ 施工项目管理成功与失败原因的核对表

　　某承包人制作的施工项目管理成功与失败原因的核对表，见表8-2。

表 8-2　　　　　　　　　**工程项目管理成功与失败原因核对表**

工 程 项 目 管 理 成 功 原 因	本项目情况
（1）项目目标清楚，对风险采取了现实可行的措施 （2）从项目一开始就让参与项目以后各阶段的有关方面参与决策 （3）项目各有关方的责任和应当承担的风险划分明确 （4）在项目设备订货和施工之前，对所有可能的设计方案都进行了细致的分析和比较 （5）在项目规划阶段，组织和签约中可能出现的问题都事先预计到了 （6）项目经理有献身精神，拥有所有应该有的权限 （7）项目班子全体成员工作勤奋，对可能遇到的大风险都集体讨论过 （8）对外部环境的变化都采取了及时的应对行动 （9）进行了班子建设、表彰、奖励及时、有度 （10）对项目班子成员进行了培训	
工 程 项 目 管 理 失 败 原 因	本项目情况
（1）项目业主不积极、缺少推动力 （2）沟通不够，决策者远离项目现场，项目各有关方责任不明确，合同上未写明 （3）规划工作做得不细，或缺少灵活性 （4）把工作交给了能力欠缺的人，又缺少检查、指导 （5）仓促进行各种变更，更换负责人，改变责任、项目范围或项目计划 （6）决策时不征求各方面意见 （7）未能对经验教训进行分析 （8）其他错误	

［案例8-2］ 工程项目融资风险核对表

　　近些年来，项目融资作为建设基础产业和基础设施项目筹集资金的方式越来越受到人们的重视。但是项目融资是风险很大的一种项目活动。因此，项目融资的风险管理也变得越来越重要。某金融机构从以往项目融资业务活动中总结出了项目融资风险核对表，见表8-3。

表8-3　　　　　　　　　　　**项目融资风险核对表**

项目失败原因（潜在的威胁）	本项目情况
（1）工程延误，因而利息增加，收益推迟 （2）成本、费用超支 （3）技术失败 （4）承包商财务失败 （5）政府过多干涉 （6）未向保险公司投保人身伤害险 （7）原材料涨价或供应短缺、供应不及时 （8）项目技术陈旧 （9）项目产品服务在市场上没有竞争力 （10）项目管理不善 （11）对于担保物，例如油、气储量和价值的估计过于乐观 （12）项目所在国政府无财务清偿能力	
项目成功的必要条件	**本项目情况**
（1）项目融资只涉及信贷风险，不涉及资本金 （2）切实地进行了可行性研究，编制了财务计划 （3）项目要用的产品材料的成本要有保障 （4）价格合理的能源供应要有保障 （5）项目产品或服务要有市场 （6）能够以合理的运输成本将项目产品运往市场 （7）要有便捷、通畅的通讯手段 （8）能够以预想的价格买到建筑材料 （9）承包商具有经验、诚实可靠 （10）项目管理人员富有经验、诚实可靠 （11）不需要未经实际考验过的新技术 （12）合营各方签有令各方都满意的协议书 （13）稳定、友善的政治环境、已办妥有关的执照和许可证 （14）不会有被政府没收的风险 （15）国家风险令人满意 （16）主权风险令人满意 （17）对于货币、外汇风险事先已有考虑 （18）主要的项目发起者已投入足够的资本金 （19）项目本身的价值足以充当担保物 （20）对资源和资产已进行了满意的评估 （21）已向保险公司缴纳了足够的保险费，取得了保险单 （22）对不可抗力已采取了措施 （23）成本超支的问题已经考虑过	

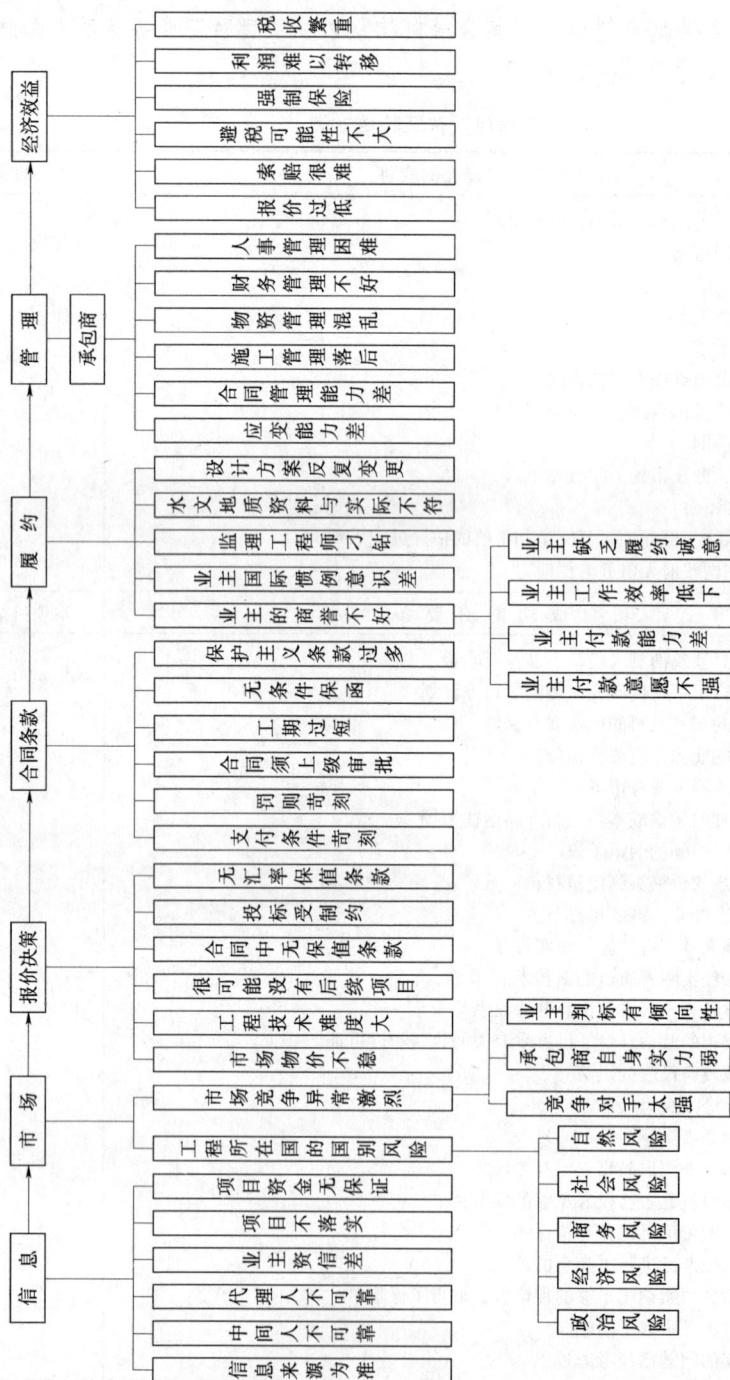

承包商

经济效益
- 税收繁重
- 利润难以转移
- 强制保险
- 避税可能性不大
- 索赔很难
- 报价过低

管　理
- 人事管理困难
- 财务管理不好
- 物资管理混乱
- 施工管理落后
- 合同管理能力差
- 应变能力差

履　约
- 设计方案反复变更
- 水文地质资料与实际不符
- 监理工程师刁钻
- 业主国际惯例意识差
- 业主的商誉不好
  - 业主缺乏履约诚意
  - 业主工作效率低下
  - 业主付款能力差
  - 业主付款意愿不强

合同条款
- 保护主义条款过多
- 无条件保函
- 工期过短
- 合同须上级审批
- 罚则苛刻
- 支付条件苛刻

报价决策
- 无汇率保值条款
- 投标受制约
- 合同中无保值条款
- 很可能没有后续项目
- 工程技术难度大
- 市场物价不稳

市　场
- 市场竞争异常激烈
  - 业主判标有倾向性
  - 承包商自身实力弱
  - 竞争对手太强
- 工程所在国的国别风险
  - 自然风险
  - 社会风险
  - 商务风险
  - 经济风险
  - 政治风险

信　息
- 项目资金无保证
- 项目不落实
- 业主资信差
- 代理人不可靠
- 中间人不可靠
- 信息来源为难

图8-2　承包工程风险识别

2. 常识经验和判断

以前搞过工程项目积累起来的资料、数据、经验和教训，项目班子成员的常识、经验和判断在风险识别时非常有用。对于那些采用新技术、无先例可循的项目，更是如此。另外，把项目有关各方找来，同他们就风险识别进行面对面的讨论，也有可能触及一般规划活动中未曾或不能发现的风险。

3. 流程图（Flow Diagram）

将一工程项目的活动按步骤或阶段顺序以若干模块形式组成一个流程图子列。每个模块中都标出各种潜在的风险或利弊因素，结合项目的具体情况，对可能风险进行识别。

[案例8－3] 承包工程风险识别流程图

某承包人承包工程风险识别流程图见图8－2。

第三节　工程项目风险估计与评价

风险识别仅是从定性角度去了解和识别风险，要进一步把握风险，有待于对其进行深刻的分析。

一、风险估计

风险估计的对象是工程项目的各单个风险，估计的内容包括风险事件发生的概率及可能发生的损失。

1. 风险事件发生的概率

风险事件发生的概率和概率分布是风险估计的基础。因此，风险估计的首要工作是确定风险事件的概率分布。一般而言，风险事件的概率分布应由历史资料确定，这样得到的即为客观概率。当项目管理人员没有足够的历史资料来确定风险事件的概率分布时，可以利用理论概率分布进行风险估计。

由于项目管理活动独特性很强，项目风险来源彼此相差甚远。因此，项目管理班子成员在许多情况下只能根据样本个数不多的小样本对风险事件发生的概率进行估计。对有些新项目，是前所未有的，根本就没有可利用的数据，项目管理人员只能根据自己的经验预测风险事件的概率或概率分布，这即为主观概率。

2. 风险事件后果的估计

风险事故造成的损失大小要从三个方面来衡量：损失性质、损失范围和损失的时间分布。

损失性质是指损失是属于政治性的、经济性的还是技术性的。

损失范围包括：严重程度、变化幅度和分布情况。严重程度和变化幅度分别用损失的数学期望和方差表示。

损失的时间分布对于项目的成败关系极大。数额很大的损失如果一次就落到项目头上，项目很有可能因为流动资金不足而破产，永远失去了项目可能带来的机会；而同样数额的损失如果是在较长的时间内分几次发生，则项目班子容易设法弥补，使项目能够坚持下去。

损失这三个方面的不同组合使得损失情况千差万别，因此，任何单一的标度都无法准确地对风险进行估计。

在估计风险事故造成损失时描述性标度最容易用，费用最低；定性的次之；定量标度最难、最贵、最耗费时间。

3. 等风险量图

风险的大小不仅和风险事件发生的概率有关，而且还与风险损失的多少有关。评价风险的大小，常用如图8-3所示等风险量图。在图8-3中，工程项目风险量的大小 R 为风险出现概率 p（Probability）和潜在的损失量 q（Risk Event Value）的函数。

$$R = f(p,q) \tag{8-1}$$

R 具有下列性质：

（1）R 的大小主要取决于潜在损失的多少。有严重潜在损失的风险，其虽不经常发生，但比经常发生却无大灾的风险要可怕。

（2）若两种风险有潜在损失相类似，则其发生频率高的风险具有较大的 R。

（3）风险评价图中每条曲线代表一风险事件，不同曲线风险程度不一样。曲线距离原点越远，期望损失越大，一般认为风险就越大。

（4）工程项目风险频率与损失的乘积就是损失期望值，即风险量大小是关于损失期望值的增函数。因此，可得到图8-3中等风险量图的大致形状。在风险理论中常用下列公式来计算 R。

$$R = F(P,q) = p \cdot q \tag{8-2}$$

或

$$R = \sum_{i=1}^{n} p_i q_i \tag{8-3}$$

式中：i（$=1,2,3,\cdots,n$）表示工程项目的第 i 风险事件。

4. 风险估计的不确定性

风险估计本质上是在信息不完全情况下的一种主观评价。因此，进行风险估计时有两个问题要注意：第一，不管使用哪种标

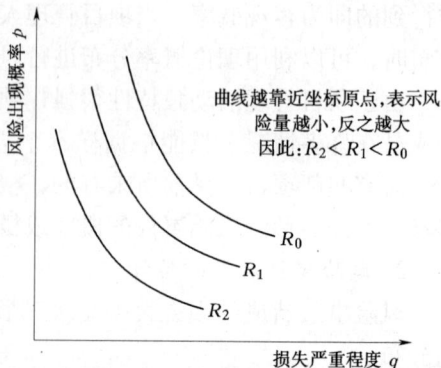

图8-3 等风险量图

度，都需要有某种形式的主观判断。所以风险估计的结果必然带有一定程度的不确定性；第二，计量本身也会产生一定程度的不确定性。项目变数（如成本、进度、质量、规模、产量、贷款利率、通货膨胀率）不确定性程度依赖于计量系统的精确性和准确性。计量风险的准确性同不确定性是有区别的。

风险估计还涉及信息资料问题。人们一般不能从收集到的信息资料直接获得有关风险的大小、后果严重程度和发生频率等信息。在传播过程中，信息资料的内涵常常被人们歪曲地理解或解释。如果事件给人留下的印象深，则其损失容易被高估。有人研究过这种现象，结论是，广为传播的事件发生频率常常被高估，而传播少的事件则被低估。

二、风险评价

风险估计只对工程项目各阶段单个风险分别进行估计和量化，没有考虑到各单个风险综合起来的总体效果，也没有考虑到这些风险是否能被项目主体所接受。这些问题需要通过项目风险评价去解决。

（一）风险评价的目的

工程项目风险评价有下列 4 个目的：

（1）对项目诸风险进行比较和评价，确定它们的先后顺序。

（2）从项目整体出发，弄清各风险事件之间确切的因果关系，为制定风险管理计划提供基础。

（3）考虑各种不同风险之间相互转化的条件，研究如何才能化威胁为机会。

（4）进一步量化已识别风险的发生概率和后果，减少风险发生概率和后果估计中的不确定性。

（二）风险评价的方法

常见的风险分析方法有 8 种：即调查和专家打分法（Checklist）、层次分析法（Analytical Hierarchy Process，AHP）、模糊数学法（Fuzzy Set）、统计和概率法（Statistics）、敏感性分析法（Sensitive Analysis）、蒙特卡罗方法（Monte Carlo，MC）、CIM 模型、影响图法（Influence Diagram）。其中前两种方法侧重于定性分析，中间 3 种侧重于定量分析，而后 3 种则侧重于综合分析。限于篇幅，本书主要介绍 Checklist 和 AHP 两种方法。

1. 调查和专家打分法

调查和专家打分法是一种最常用的、最简单的、易于应用的分析方法。它的应用由两步组成：首先，识别出某一种特定工程项目可能遇到的所有风险，列出风险调查表；其次，利用专家经验，对可能的风险因素的重要性进行评价，综合成整个项目风险，具体步骤如下：

（1）确定每个风险因素的权重，以表征其对项目风险的影响程度。

（2）确定每个风险因素的等级值，按可能性很大、比较大、中等、不大、较小这5个等级，分别以1.0、0.8、0.6、0.4和0.2打分。

（3）将每个风险因素的权数与等级值相乘，求出该项风险因素的得分，再求出此工程项目风险因素的总分。显然，总分越高说明风险越大。

为进一步规范这种方法，可根据以下标准对专家评分的权威性确定一个权重值。

1）在国内外进行国际工程承包工作的经验。

2）是否参加已投标准备，对投标项目所在国及项目情况的了解程度。

3）知识领域（单一学科或综合性多学科）。

4）在投标项目风险分析讨论会上发言的水平等。

该权威性的取值建议在0.5~1.0之间，1.0代表专家的最高水平，其他专家，取值可相应减少，投标项目的最后的风险度值为：每位专家的评定的风险度乘以各自的权威性的权重值，所得之积合计后再除以全部专家权威性的权重值的和。

该方法适用于决策前期。这个时期往往缺乏项目具体的数据资料，主要依据专家经验和决策者的意向，得出的结论也不要求是资金方面的具体值，而是一种大致的程度值，它只能是进一步分析的基础。

[案例8-4] 某海外工程的风险调查表

某海外工程的风险调查表，见表8-4，其中$W \times X$叫风险度，表示一个项目的风险程度。由$W \times X = 0.56$，说明该项目的风险属于中等水平，可以投标，报价时风险费也可取中等水平。

表8-4 某海外工程风险调查表

可能发生的风险因素	权数 W	风险因素发生的可能性					$W \times X$
		很大 (1.0)	比较大 (0.8)	中等 (0.6)	不大 (0.4)	较小 (0.2)	
政局不稳	0.05			√			0.03
物价上涨	0.15		√				0.12
业主支付能力	0.10			√			0.06
技术难度	0.20					√	0.04
工期紧迫	0.15			√			0.09
材料供应	0.15		√				0.12
汇率浮动	0.10			√			0.06
无后续项目	0.10				√		0.04

2. 层次分析法

在工程风险分析中，层次分析法提供了一种灵活的、易于理解的工程风险评价方法，承包商在工程项目投标阶段使用 AHP 来评价投标工程风险，以便其在投标前就对拟建项目的风险情况有一个全面认识，判断出工程项目的风险程度，并进行投标决策。

应用层次分析法进行投标风险分解过程如图 8-4，具体可分下列 9 个步骤。

（1）工程描述。

（2）项目结构分解。通过项目分解结构（PBS），按工作相似性质原则把整个项目分解成可管理的工作包，然后对每一工作包做风险分析。

（3）风险识别。首先，对每一个特定的工作包进行风险分类和识别，常用的方法是专家调查法，如德尔裴法（Delpi）；然后，构造出该工作包的风险框架图。

（4）构造因素和子因素判断矩阵。请专家按照表 8-5 所示的规则对因素层和子因素层间各元素的相对重要性给出评判，可求出各元素的权重值。

图 8-4　层次分析法投标风险分解过程

（5）构造反应各个风险因素危害的严重程度的矩阵。严重程度通常用高、中、低风险三个概念表示，求出各个风险因素相对危害程度值。

（6）一致性检验。由于（3）、（4）中，均采用专家凭经验、直觉的主观判断，那么就要对专家主观判断的一致性加以检验。一般检验不通过，就要让专家做重新的

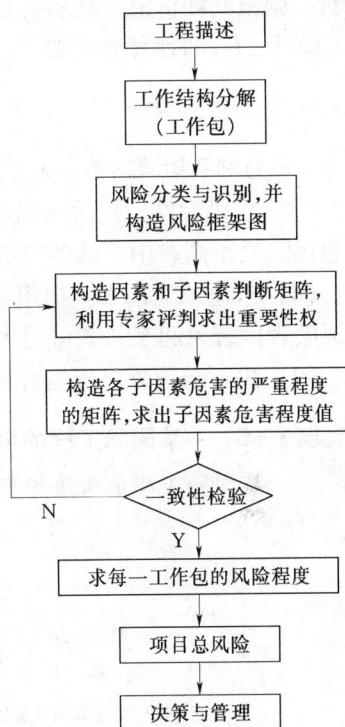

表 8-5　　　　　　　　　　　　**评 判 准 则 表**

标 度	含 义
1	表示两因素相比，具有同样重要性
3	表示两因素相比，一个因素比另一因素稍微重要
5	表示两因素相比，一个因素比另一因素明显重要
7	表示两因素相比，一个因素比另一因素强烈重要
9	表示两因素相比，一个因素比另一因素极端重要
2, 4, 6, 8	上述两相邻判断中间值，如 2 为属于同样重要和稍微重要之间

评价，调整其评价值，然后再检验，直至通过为止。一般一致性检验指标 C_I 不超过 0.1 即可，C_I 的计算公式如下：

$$C_I = \frac{\lambda_{max} - n}{n - 1} \tag{8-4}$$

式中：n 为判断矩阵阶数；λ_{max} 为判断矩阵阶数的最大特征值。

（7）求风险度。把所求出的各子因素相对危害程度值统一起来，就可求出该工作包风险处于高、中、低各等级的概率值大小，由此可判断该工作包的风险程度。

（8）求总风险水平。把组成项目的所有工作包都如此分析评价，并把各工作包的风险程度统一起来，就可得出项目总的风险水平。

（9）决策与管理。根据分析评估结果制定相应的决策并实行有效的管理。

[案例8-5] 某国际工程的风险框架图

某国际工程的风险框架图，见图8-5。

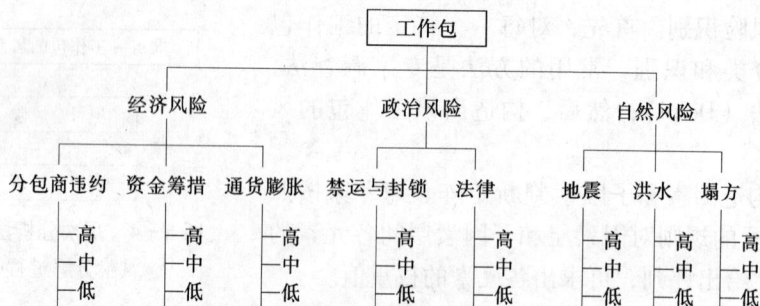

图8-5 层次分析法投标风险分析框架图

第四节 工程项目风险应对

在一个工程项目的实施过程中，不可避免地存在各种各样的自然和社会风险。对这些风险首先要在业主/项目法人、设计、咨询或承包商间合理分配；其次是各方风险应对的问题。

一、风险分配

此处主要介绍工程施工阶段项目风险的分配问题。工程项目施工阶段的风险主要在项目法人/业主和承包商（供应商）间进行分配。合理进行风险分配，对工程项目的顺利实施至关重要。

1. 风险分配的原则

对工程项目施工阶段的风险分配，业主起主导作用。作为买方的业主，通常由其组织起草招标文件、选择合同条件。而承包商或供应商一般处于从属地位。当然，业主一般不能随心所欲，不管主客观条件，把风险全部推给对方，而对自己免责。风险分配应遵循下列原则：

（1）风险分配应能有利于降低工程造价和有利于履行合同。

（2）合同双方中，谁能更有效地防止和控制某种风险或减少该风险引起的损失，就由谁承担该风险。

（3）风险分配应能有助于调动承包方的积极性，认真做好风险管理工作，从而降低成本，节约投资。

从上述原则出发，施工承包合同中的风险分配通常是双方各自承担自己责任范围内的风险，对于双方均无法控制的自然和社会因素引起的风险则由业主承担，因为承包商很难将这些风险事先估入合同价格中，若由承包商承担这些风险时，则承包商势必只能将风险在投标报价中体现，即增加其投标报价。因此，在这种情况下，当风险不发生时，相对而言会增加业主/项目法人的工程造价；当然，当风险估计不足时，则会造成承包商亏损，且难以保证工程的顺利进行。

2. 项目法人/业主应承担的风险

在工程项目施工合同中，一般要求项目法人/业主承担下列风险：

（1）不可抗力的社会或自然因素造成的损失和损坏。前者如战争、暴乱、罢工等；后者如洪水、地震、飓风等。但工程所在国以外的战争、承包商自身工人的动乱以及承包商延误履行合同后发生的情况等均除外。

（2）不可预见的施工现场条件的变化，而引起的损失或损坏。其是指施工过程中出现了招标文件中未提及的不利的现场条件，或招标文件中虽提及，但与实际出现的情况差别很大，且这些情况在招投标时又是很难预见到的，由此而造成的损失或损坏。在实际工程中，这类问题最多是出现在地下工程的情况，如土方开挖现场出现了岩石，其高程与招标文件所述的高程差别很大；设计指定了土石料场，其土石料不能满足强度或其他技术指标的要求；开挖现场发现了古代建筑遗迹、文物或化石；开挖中遇到有毒气体等。

（3）工程量变化而导致的价格变化的风险。其是对单价合同而言，因单价合同的合同价是按工程量清单上的估计工程量计算的，而支付款项是按施工实际的支付工程量计算的，由于两种工程量不一致，就会出现合同价格变化的风险。若采用的是总价合同，则此项风险由承包商承担。另一种情况是当某项作业其工程量变化甚大，而导致施工方案变化引起的合同价格变化。

（4）设计文件有缺陷而造成的损失或成本增加，由承包商负责的设计除外。

（5）国家或地方的法规变化导致的损失或成本增加，承包商延误履行合同后发生的除外。

3. 承包商应承担的风险

在工程项目施工合同中，一般规定由承包商承担的风险如下：

（1）投标文件的缺陷，指由于对招标文件的错误理解，或者勘察现场时的疏忽，或者投标中的漏项等造成投标文件有缺陷而引起的损失或成本增加。

（2）对业主提供的水文、气象、地质等原始资料分析或运用不当而造成的损失和损坏。

（3）由于施工措施失误、技术不当、管理不善、控制不严等造成施工中的一切损失和损坏。

（4）分包商工作失误造成的损失和损坏。

二、风险应对措施

工程项目风险应对（Risk Response）包括所有为避免或减少风险发生的可能性以及潜在损失而采取的各种措施，基本的措施有：减轻、预防、转移、回避、自留和后备措施6种。

1. 减轻风险

减轻风险或称风险缓解（Risk Mitigation）的目标是降低风险发生的可能性或减少后果的不利影响。具体目标是什么，则在很大程度上要看风险是已知的，可预测的，还是不可预测的。

对已知的风险，项目管理者可在很大程度上加以控制。例如，若已发现工程进度出现了滞后的风险，则可以通过压缩关键线路上活动的时间，改变活动的逻辑关系等措施来减轻工程项目的风险。

可预测或不可预测的风险是项目管理人员难以控制的风险，直接动用项目资源一般难以收到好的效果，必须进行深入细致的调查研究，减少其不确定性和潜在损失。

2. 预防风险

工程项目风险预防通常采用有形和无形的手段。

（1）有形的风险预防手段。在有形手段中，常以工程措施为主。如，在修山区高速公路时，为防止公路两侧高边坡的滑坡，可以采用锚固技术固定可能松动滑移的山体。有形的风险预防手段有多种多样的形式，如：

1）防止风险因素出现，即在工程活动开始之前就采取一定的措施，减少风险因素。

2）减少已存在的风险因素。如在施工现场，当用电的施工机械增多时，因电而引起的安全事故势必会增加，此时，可采取措施，加强电气设备管理和做好设备外壳接地等，减少因电而引起的安全事故。

3）将风险因素同人、财、物在时间和空间上隔离。风险事件发生时，造成财产毁损和人员伤亡是因为人、财、物同一时间处于破坏力作用范围之内。因此，可以把人、财、物与风险源在空间上实行隔离，在时间上错开，可达到减少损失和伤亡的目的。

（2）无形的预防手段。分教育法和程序法：

1）教育法。工程项目实践表明，工程项目风险因素有一大类是由于工程项目管理者和其他人员的行为不当而引发的。因此，要减轻与不当行为有关的风险，就必须对有关人员进行风险和风险管理的教育，主要内容包括：资金、合同、质量、安全等方面的法律、法规、规程规范、工程标准、安全技能等方面的教育。

2）程序法，即是指用规范化、制度化的方式从事工程项目活动，减少不必要的损失。工程项目活动许多是有规律的，若规律被打破，有时也会给工程项目带来损失，如工程建设的基本建设程序要求是先设计后施工，若设计还没有完成就仓促上马施工，势必会出现设计变更增多、设计缺陷泛滥等问题。

3. 转移风险

转移风险或称风险转移（Risk Transference）的目的不是降低风险发生的概率和不利后果的大小，而是借用合同等手段，在风险一旦发生时将损失的一部分转移到第三方身上。

实施转移风险策略应注意到：

1）必须让承担风险者得到相应的回报。

2）对于具体的风险，谁最具有管理能力就转移给谁。

转移工程项目风险常见的方式有：分包、保险与担保。

1）分包，即承包人将其所包工程的一部分向其他承包商发包。分包有时能起到较好的转移风险的作用。如，某一承包人，在某堤防加固工程投标中一举中标，而该标包括的内容有：护坡、堤身加高宽和堤防渗灌浆。而对于该承包人而言，在防渗灌浆施工方面并不擅长，对工程施工的质量和成本控制有较大的风险。若该承包人将防渗灌浆施工分包给有经验的施工队伍，对其也可能不存在任何风险。

2）保险与担保。保险是转移风险最常用的一种方法。项目管理者只要向保险公司交纳一定数额的保险费，当风险事件发生后，就能获得保险公司的补偿，从而将风险转移给保险公司。在国际工程中不但项目业主自己为工程建设项目施工中的风险向保险公司投保，而且还要求承包商也向保险公司投保。除了保险，也常用担保转移风险。所谓担保，指为他人的债务、违约或失误负间接责任的一种承诺。在工程项目管理上常是指银行、保险公司或其他非银行金融机构为项目风险负间接责任的一种承诺。

4. 回避风险

回避风险（Avoidance Risk）是指当工程项目风险潜在威胁发生可能性太大，不利后果也太严重，又无其他策略可用时，主动放弃项目或改变项目目标与行动方案，从而规避风险的一种策略。如承包商通过风险评价后发现投某一标中标的可能性较小，且即使中标，也存在亏损的风险。此时，其就应该放弃投该标，以回避亏本的经济风险。

5. 自留风险

有些时候项目管理者可以把风险事件的不利后果自愿接受下来，即为自留风险或称风险自留（Risk Acceptance）。自愿接受风险，又有主动和被动之分。在风险管理计划阶段已对一些风险有了准备，所以当风险事件发生时，马上执行应急计划，这是主动接受。如在水电工程施工导流设计中，对可能出现的超标准洪水一般有对策措施，当这种超标准洪水出现时，采取相应措施就能消除风险。被动接受风险是指当风险事件造成的后果不大，不会影响大局时，项目管理者列了一笔费用，以应付之。如对材料涨价的风险，一般项目上均准备有一笔费用来对付。

6. 后备措施

有些风险要求事先制定后备措施。一旦实际进展情况与计划不同，就动用后备措施。后备措施（Back - up Measures）常包括：

（1）预算应急费。其是一笔事先准备好的资金，用于补偿差错、疏漏及其他不确定性对工程项目费用估计精确性的影响。

（2）技术后备措施。其是专门为应付工程项目的技术风险而预先准备好的时间或一笔资金。准备好的时间主要是为应付技术风险造成的进度拖延；准备好的一笔资金主要是为对付技术风险提供的费用支持。

复 习 思 考 题

1. 与质量管理类似，风险管理是项目管理的中一类管理，还是一种管理方法或手段？

2. 工程发包中，业主方可否凭借其主导地位，将项目风险全部分配给承包人？为什么？

3. 当用式（8 - 2）来描述风险量时，在什么假设条件下才算合理的？

4. 选择风险应对措施时，应考虑哪些问题？

第九章　工程项目收尾管理

基 本 要 求

◆ 掌握工程项目竣工验收的概念

◆ 熟悉工程项目投产准备工作的基本要求、内容

◆ 熟悉房屋建筑工程竣工验收的程序、依据

◆ 熟悉水利工程建设项目验收的条件、依据

◆ 熟悉工程项目审计的主要内容

◆ 了解工程项目后评价的主要内容

◆ 了解工程项目后评价的程序与方法

◆ 了解工程项目后评价与决策阶段的项目评价的异同

工程项目收尾阶段（Project Closure）既是工程建设的最后一个阶段，也是工程项目投产准备阶段。工程项目收尾管理是业主对产品进行验收、确认并接收的一个重要手段，它直接影响到工程项目未来的营运和运行效率的高低。工程项目收尾管理主要包括工程项目投产准备、工程竣工验收、项目结算、项目审计和项目后评价等内容。

第一节　工程项目投产准备

工程项目投产准备（Preparation for Project Operation）是指工程项目在建设期间为竣工后能及时投产所做的各项准备工作，一般包括生产技术管理人员和工人的招聘、培训、生产单位组织机构的设计和管理制度的制定、生产设备的试运行或试生产等工作。

工程项目投产准备是工程项目由建设阶段顺利转入生产阶段的必要条件，是业主方项目管理的重要组成部分，必须给予充分重视。项目的试运行、试生产是投产准备工作的最后一项工作，是对工程项目建设的质量和运转性能的全面检验，也是正式投

产前，由试验性生产向正式投产的过渡过程。一般而言，工程项目需经过一段时间（可能长达 1~2 年）的试生产或试运行，待生产过程基本稳定，方能进行最终验收并转入正常生产运行。

一、投产准备工作的基本要求

广义而言，工程项目投产准备工作贯穿于工程项目建设的各个阶段，但各个阶段准备工作的要求不同。

1. 施工阶段的投产准备工作

在施工阶段应结合建设进度，编制生产准备的工作计划，主要工作有：

（1）根据生产任务要求确定岗位及其人员编制，然后据此招聘生产技术管理人员和工人，并分批分期对他们进行培训。

（2）根据设计的产品纲要、生产工艺方法，落实设备、原材料、燃料、动力供应的内外部生产条件。

（3）做好生产技术准备，如制定产品的技术标准、设备的操作维护规程，组织试运行和试生产。

（4）施工进入设备安装调试阶段后，要组织生产人员参加设备的安装调试。

2. 工程验收阶段的准备工作

工程项目施工完成后，建筑安装单位和设备供应商要进行设备调试和联动无负荷试车，合格后由经过培训的生产工人进行联动有负荷试运行（对于电厂项目，一般要连续进行 72 小时），然后交给项目业主方，转入试生产。

试运行、试生产是生产准备工作的高峰和结束，生产所需的原材料、燃料要提前到位，生产工人要通过操作规程的考核。

二、投产准备工作的内容

1. 生产组织准备

生产组织准备工作主要包括：

（1）投产准备机构的设置。随着工程项目建设的进展，投产准备机构应由小到大，逐步完善，到建设后期大量设备进入全面安装调试阶段，应配备生产管理人员，并参加安装调试，待进入工程项目结束阶段，工程的筹建班子应与投产准备班子合为一体，成立生产管理机构。

（2）生产管理人员及工人的配备和培训。根据初步设计规定的劳动定员和劳动组织计划来确定各类人员的比例和人数，按照"因事设岗，因事择人"的原则配备人员，并分批分期进行培训。在建设后期，参加设备的安装调试。

（3）有关规章制度的建立。在试生产前，要建立起符合本企业生产技术特点的生产管理指挥系统，建立一套生产、供应、销售、计划、检查考核制度、统计制度、技术管理制度、劳动人事制度、财务管理制度、各职能科室的责任制度，保证正式投产后各项工作有章可循，促使正式生产在较短的时间内即可进入规范化的生产轨道。

2. 生产技术准备

生产技术准备工作包括：

（1）参加设计审查，熟悉生产工艺、技术、设备。

（2）进行生产工艺准备，根据原辅材料、燃料、动力、半成品的技术要求，对配料做多方案试验，得出最佳配料方案。

3. 生产物质准备

对于生产性工程项目而言，其生产投入所需物质种类、数量和规格是较多的，因此为满足试运行和投产初期的需要，必须要分期分批组织采购投产所需物质。

4. 落实外部协作条件

工程项目的投产运行必然与系统外部产生大量的联系，如水、电、气以及交通、通信等，这些要依靠项目所在地有关部门或兄弟单位协作解决，外部协作条件落实得如何对于项目如期顺利投产是至关重要的。

实际上，外部协作条件的落实一般要追溯到工程项目前期工作阶段，即在项目进行可行性研究阶段的项目选址时就要有所考虑，项目建设地点的选择应该要充分预见到生产阶段所需的水、电、气、交通等的供应情况，如价格、数量和供应稳定性以及是否有发展余地。同时项目筹建机构应与有关部门联系，签订适当的书面合作意向书，肯定协作关系。进入工程建设中、后期，应根据实际需要与对方签订正式合同，明确供应与进货，为项目建成顺利投入生产创造条件。

5. 正常的生活福利设施准备

在投产生产前，对于地处偏僻的工程项目而言，一般要将职工正常生产生活所需的设施建设好，如职工宿舍、食堂、浴室、娱乐活动室等。只有将职工的食、住、行等日常生活安排好了，职工才可能安心工作，才可能提高生产效率。

三、试生产

工程实体的竣工验收意味着固定资产的形成，并具备生产能力，但不等于该工程项目达到了设计规定的生产能力，必须通过试运行或试生产来检验其是否达到了设计生产能力。据不完全统计，我国工程项目的固定资产形成率约为80%～95%，而达到设计生产能力的比率却只有65%～80%。当然影响工程项目达到设计生产能力的因素较多，而且复杂，但是有一个关键因素是不容忽视的，那就是试运行和试生产工作是否做得到位。

以工业工程项目为例，试运行和试生产工作包括四个步骤：单机试车→停检→联动试车→停检→投料试车→停检→试生产考核。试运行阶段的重点是单机试车和联动试车（不投料）；试生产考核阶段包括初步投料试车和二次开车试生产考核。每次试车后安排一段停机检修时间的目的是为了消除试车中暴露出来的设备、材料、设计、施工及生产工艺中的隐患。

试生产阶段主要考核的内容有：

（1）对各种工艺设备、电气、仪表等单体设备的性能、参数进行单体运转考核，对生产装置系统进行联动运行考核。

（2）对设备及工艺指标进行考核。

（3）对生产装置及有直接工艺联系的公用工程进行联动试车考核。

（4）对消耗指标、产品质量进行考核，对设计规定的经济指标进行考核等。

只有做了上述考核后，编制竣工资料，才能办理工程项目的正式竣工验收。

第二节　工程项目竣工验收

一、竣工验收概念

工程项目竣工验收是指整个工程项目完建并投入使用后，由验收委员会或验收组按照项目的设计要求和验收标准，运用科学的方法、手段检查工程项目的数量、实施质量，以保证最终产品达到设计要求的各项技术经济指标的活动。

工程项目竣工验收是工程项目建设周期的最后一道程序，是项目管理的重要内容和终结阶段的重要工作，是项目参与人终止其责任、义务并获得相应权益的标志，也是我国建设项目的一项基本法律制度。实行竣工验收制度，对促进工程建设项目及时投产，发挥投资效果，总结建设经验等有重要作用，也有利于工程项目后评价工作的顺利开展。

二、竣工验收组织与程序

随着投资体制和政府行政管理制度改革的深化，目前不同行业、不同性质的工程项目竣工验收管理制度有所不同，体现了政府"有所为，有所不为"，从身兼"裁判员"和"运动员"两职逐渐演变为单一的"裁判员"身份。换言之，市场在资源配置中应起基础性作用，政府主要进行宏观管理。在当前工程项目建设领域，有些类型项目实行竣工验收审批制，如政府财政投资的大中型水利建设项目；而有些类型项目实行竣工验收备案制，如房屋建筑工程和市政基础设施工程。由此，针对于不同行业不同性质的工程项目，其竣工验收的组织和程序亦有所不同。本书仅例举房屋建筑工程和水利建筑工程两大类工程的竣工验收暂行规定。

[案例9-1]　**房屋建筑工程和市政基础设施工程竣工验收暂行规定**

原建设部颁发的《房屋建筑工程和市政基础设施工程竣工验收暂行规定》（2000）对工程竣工验收作出如下规定。

1. 工程项目竣工验收程序

工程项目竣工验收工作一般分两步进行：一是由承包商自检；二是项目业主方或建设单位组织实施的正式验收。工程项目完工后，承包商在自检合格的基础上，向建设单位递交经过总监理工程师审核过的工程竣工报告，申请工程竣工验收，其验收程序详见图9-1。

（1）完工验收资料准备。在提交工程项目竣工验收申请前，承包商应收集整理好下列竣工验收所必要的验收资料：

1）工程说明。包括：工程概况、竣工图、工程施工总结和工程完成情况（包括完成工程量和工作量）等。

2）设计变更项目、内容及其原因（包括监理工程师发的变更通知和指令等有关技术资料）。

3）完工项目清单与遗留工程项目清单。

4）土建工程与安装工程质量检验与评价资料，包括监理工程师检查验收签证文件及相应的原始资料，以及质量事故及重大质量缺陷处理资料。

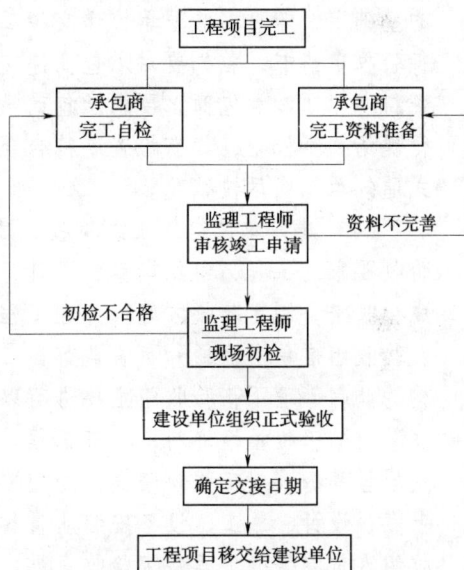

图9-1　工程项目完工验收程序示图

5）材料、设备、构件等的质量合格证明资料。

6）分部工程验收资料，包括监理工程师与业主的批准文件。

7）工程遗留问题与处理意见、对工程管理运用的意见。

8）埋设永久观测仪器的记录、性能和使用说明，建设期间的观测资料、分析资料和运行记录。

9）隐蔽工程的验收记录。

10）附件。包括工程测量、水文地质、工程地质等有关资料的原始记录。

需要指出的是，竣工资料准备是一项繁琐、工作量很大的工作，因此承包商在项目实施过程中就应按照项目竣工验收的要求将有关文件资料整理归档，临近验收时，只需将它们装订成册即可。

（2）承包商的完工自检。承包商的完工自检是由承包商的项目经理组织生产技术、质量、合同等方面的人员对照国家、地方政府和合同文件规定的标准和要求对所完成工程的检查。在检查中要做好记录，对不符合要求的部位和项目，确定修补措施和标准，并指定专人负责，定期修补完毕。在正式的验收之前，进行必要的自检自查工作，预先找出问题和漏洞尽快解决，有利于正式竣工验收的顺利通过。

（3）监理工程师的现场初检。承包商在自检合格，并在妥善安排少量尾工的基础上，即可向监理单位递交竣工验收申请。监理单位在收到承包商递交的竣工验收申请书，首先要对承包商递交的验收资料进行审查，如有缺项、不合格的资料立即通知承包商，要求承包商限期补交。同时要组织人员对合同工程实体进行现场初步检查，如有检查不符合合同要求的地方，应以书面通知或备忘录的形式通知承包商尽快整改。

（4）建设单位组织正式验收。建设单位收到工程竣工报告后，对符合竣工验收要求的工程，组织勘察、设计、施工、监理等单位和其他有关方面的专家组成验收组，制定验收方案，并在工程竣工验收 7 个工作日前将验收的时间、地点及验收组名单书面通知负责监督该工程的工程质量监督机构。在工程质量监督机构的监督管理下，验收组主要进行以下工作：审阅建设、勘察、设计、施工、监理单位的工程档案资料；检查工程是否按批准设计完成；实地查验工程质量，评定质量等级，对工程缺陷提出处理要求；对验收遗留问题提出处理要求；对工程勘察、设计、施工、设备安装质量和各管理环节等方面作出全面评价，形成经验收组人员签署的工程竣工验收意见。

如果验收委员会确认项目符合竣工标准和合同条款规定要求，竣工验收委员会即可签发竣工验收合格文件，标志着承包商可向建设单位办理工程移交和其他固定资产移交手续，并进行工程结算。如果参与工程竣工验收的建设、勘察、设计、施工、监理等各方不能形成一致意见，应当协商提出解决的方法，待意见一致后，重新组织工程竣工验收。

建设单位应在工程竣工验收合格之日起 15 日内，依照《房屋建筑工程和市政基础设施工程竣工验收备案管理暂行办法》的规定，向工程所在地的县级以上地方人民政府建设行政主管部门备案。

（5）合同工程的完工结算与移交。在办理工程项目移交前，承包商要编制工程项目完工结算书，表明承包商在承接的合同中所完成的建筑安装工程全部费用，并以此作为与项目建设单位结算最终拨付的工程价款。工程结算书经过监理工程师审核、确认并签证后，再报建设单位进行审批。建设单位批准后，承包商方能办理完工结算手续。

工程项目移交包括工程实体移交和技术档案文件移交。工程实体移交是建（构）筑物实体和工程项目内所包括的各种设备实件的交接。工程实体移交的繁简程度随工程项目承发包方式的不同及工程项目本身的具体情况不同而不同。若由承包商负责设备定货和交接工作时，凡是合同上规定属于用户在生产过程中使用的备品备件及专用工机具，均应向项目建设单位移交。

技术档案文件移交是在完工验收后的一段时间（一般最迟不得超过3个月），由承包商将有关的施工技术资料和工程档案移交给项目建设单位。移交时要办理工程档案资料移交书，由双方单位负责人签章，并附工程档案资料移交清单。移交书及其清单一式两份，双方各自保存一份，以备查对。

当工程项目实体移交、文件资料移交和工程项目款项结完后，承包商和项目建设单位将在项目移交报告上签字，形成项目移交报告证书，标志着合同工程所有权已移交给项目建设单位。

2. 工程项目竣工验收报告的组成

工程竣工验收合格后，建设单位应当及时提出工程竣工验收报告。工程竣工验收报告主要包括工程概况，建设单位执行基本建设程序情况，对工程勘察、设计、施工、监理等方面的评价，工程竣工验收时间、程序、内容和组织形式，工程竣工验收意见等内容。工程竣工验收报告还应附有下列文件：

（1）施工许可证。

（2）施工图设计文件审查意见。

（3）经项目经理和施工单位有关负责人审核签字的工程竣工报告。

（4）经总监理工程师和监理单位有关负责人审核签字的工程质量评估报告。

（5）经项目勘察、设计负责人和勘察、设计单位有关负责人审核签字的质量检查报告。

（6）城乡规划行政主管部门出具的工程规划设计认可文件。

（7）公安消防、环保等部门出具的认可文件或者准许使用文件。

（8）验收组人员签署的工程竣工验收意见。

（9）市政基础设施工程应附有质量检测和功能性试验资料。

（10）施工单位签署的工程质量保修书。

（11）法规、规章规定的其他有关文件。

3. 工程竣工验收的依据和标准

工程竣工验收主要的依据和标准有：

（1）工程合同的所有规定及其合同变更。

（2）技术图纸和设计文件及其变更文件。

（3）各种现行的规范规程和质量标准，如各种分部分项工程的施工验收规范、国家统一规定的建筑工程验收标准、安装工程验收标准和生产准备验收标准、档案验收标准等。

（4）监理工程师指令、指示等正式监理文件。

（5）工程设备的设计文件和技术说明等。

[案例9-2]　水利工程建设项目竣工验收规定

1. 水利工程建设项目验收类型

水利工程建设项目的复杂性、隐蔽性和公益性等特征决定其验收的复杂性。对于由中央或者地方财政全部投资或者部分投资建设的大中型水利工程建设项目而言，在整个建设过程中，存在着不同类型的验收活动。

（1）按照验收主持单位性质不同分为法人验收和政府验收两类。法人验收是指在项目建设过程中由项目法人组织进行的验收，法人验收是政府验收的基础。政府验收是指由有关人民政府、水行政主管部门或者其他有关部门组织进行的验收。

（2）从验收对象来说，法人验收可分为分部工程验收、单位工程验收和单项合同工程验收；政府验收可分为专项验收、阶段验收和竣工验收。

2. 竣工验收应具备的条件

竣工验收应当在工程建设项目全部完成并满足一定运行条件后1年内进行。具体来说，应具备下列条件：

（1）工程已按批准的设计规定的内容全部建成。

（2）各单位工程能正常运行。

（3）历次验收所发现的问题已基本处理完毕。

（4）归档资料符合工程档案资料管理的有关规定。工程项目竣工验收归档资料要求全面、完整和准确，能全面反映工程项目从提出规划到竣工整个建设过程的情况。不同行业、不同规模和性质的工程项目竣工验收归档资料内容可能有所差异，但总的来说包括以下内容：

1）工程项目决策分析阶段文件。包括项目建议书及批件、可行性研究报告及批件、项目评估报告、环境影响评估报告书、土地征用申报及批准的文件等。

2）工程项目设计及施工准备阶段文件。包括各种设计文件、图纸；全部项目的采购计划及工程说明；所有招投标文件和相应的采购合同文件；施工许可证等。

3）工程项目实施阶段文件。包括工程项目实施计划、安全计划等；完整的工程项目进度报告；全部合同变更文件、现场签证和设计变更等；工程项目质量记录、会议记录、备忘录、各类通知等；工程项目进度、质量、费用、安全、范围等变更控制申请及签证；现场环境报告；质量事故、安全事故调查资料和处理报告等；第三方所做的各类试验、检验证明、报告等。

4）工程项目收尾阶段文件。包括工程项目竣工图、竣工验收记录、竣工报告；对于大型工程和政府投资工程，还包括工程项目审计报告和工程项目财务资料。工程项目财务资料包括历年建设资金投入和使用情况；历年年度投资计划、财务收支计划；建设成本资料；设计概算、预算资料；工程项目决算资料等。

（5）工程建设征地补偿、移民安置等问题已基本处理完毕。

（6）工程投资已全部到位。

（7）竣工决算已经完成，并通过竣工审计。

虽然上述规定的条件尚未完全具备，但属下列情况仍可进行竣工验收：

（1）个别单位工程尚未建成，但不影响主体工程正常运行和效益发挥。验收时应给单位工程留足投资，并作出完建的安排。

（2）由于特殊原因致使少量尾工不能完成，但不影响工程正常安全运用。验收时应对尾工进行审核，责成有关单位限期完成。

3. 竣工验收的主要依据

竣工验收原则上按照经批准的初步设计或扩大初步设计所确定的标准和内容进行。项目有总体可行性研究但没有总体初步设计而有单项工程初步设计的，原则上按照单项工程初步设计的标准和内容进行竣工验收。除此之外，还有以下依据：监理签发的施工图纸和说明、设备技术说明书以及现行施工技术验收规范以及主管部门（公司）有关审批、修改、调整文件等。

4. 竣工验收委员会的组成及主要工作

（1）竣工验收委员会的组成。竣工验收的验收委员会由竣工验收主持单位、有关水行政主管部门和流域管理机构、有关地方人民政府和部门、该项目的质量监督机构和安全监督机构、工程运行管理单位的代表以及有关专家组成。工程投资方代表可以参加竣工验收委员会。

（2）竣工验收委员会的主要工作。竣工验收委员会或验收组的主要工作有：

审查项目法人"工程建设管理工作报告"和项目法人主持的初步验收工作组"初步验收工作报告"（若有初步验收的话）；检查工程建设和运行情况，鉴定工程项目质量；确定尾工内容清单、完成期限和责任单位等；对重大技术问题作出评价；协调处理有关问题；讨论并通过竣工验收鉴定书。

第三节 工程项目审计

工程项目是一项投资额很大、涉及面很广的投资活动。长期以来，我国在工程项目尤其是政府投资项目建设过程中一直存在投资规模膨胀、建设工期拖延、投资效益低和建设资金挪作他用甚至贪污腐败等问题。为了加强对工程项目的管理和监督，真正实现工程建设目标，培育和发展公平、公开、公正的建设工程市场，有必要建立和完善正常的审计监督、评价和鉴证制度，这已成为政府和建设领域各方的共识，并将工程项目审计列为工程项目管理的重要组成部分。

一、工程项目审计概述

1. 工程项目审计的涵义与特点

工程项目审计（Project Audit）是指由独立机构及其派出人员，依据一定的审计标准，运用特定的审计评价指标体系，对工程项目全过程的投资结果进行监督、评价、鉴证的活动。其包含3层含义：

（1）工程项目审计应由独立的审计机构及该机构所派人员进行，其中包括国家审计机关、企业内部审计机构、社会民间审计组织。

（2）工程项目的审计对象应是工程项目的全过程，即从审计项目可行性研究和可行性报告的拟订、项目融资，到工程项目竣工验收和项目后评价全过程。

（3）工程项目审计既是对工程项目法人的管理等情况的鉴定、评价，也是为工程项目投资者做好投资服务，同时，也是对工程项目实施者的监督、检查和评价。

与一般审计业务相比较，工程项目审计不仅具有独立性、权威性和科学性等特点，而且还具有审计内容复杂、审计时间的长期性和阶段性以及协调性等特点。

2. 工程项目审计的作用

工程项目审计的作用具体体现为：

（1）有利于保证投资决策和项目建设期间的重大决策的准确性。工程项目审计对项目决策是否遵循了科学的程序、决策依据是否充分、方案是否经过了充分论证和优选等进行监督与评价，从而有利于避免或终止错误的决策。

（2）有利于提高项目管理水平和项目的投资效益。任何时期的工程项目审计所发现的问题和经验都是一笔宝贵的财富，为项目管理者或投资者对以后的项目建设管理提供了有益的帮助；另一方面工程项目实施阶段的审计可以及时发现错误和问题，促使项目管理人员最大限度的优化人、机、料和资金的投入，从而有利于降低项目造价，提高项目投资效益。

（3）有利于防止或揭露工程建设中的贪污腐败行为。"工程上马，干部下马"，这是对我国工程项目建设中的贪污腐败现象的鲜明写照。加强项目审计，打击和防止贪污腐败行为，是保证工程项目建设质量、提高项目投资效益举措之一。

3. 工程项目审计的分类

工程项目审计业务的分类方法很多，在此仅介绍两种常见的分类方法：

（1）按工程项目的投资主体分类，可以分为：

1）中央政府投资工程项目的审计，包括对全部或主要由国家财政性资金、国家直接安排的银行贷款资金和国家通借通还的外国政府或国际金融组织及其他资金投资的项目的审计。

2）各级地方政府投资的工程项目的审计，主要是对以各级地方政府财政性资金及其他资金投资的项目的审计。

3）企业投资的工程项目的审计。

4）其他各类投资主体联合投资的工程项目的审计。

（2）按工程项目建设过程分类，可以分为：

1）工程项目决策阶段的审计。包括工程项目可行性研究报告的财务资料和相关经济数据的咨询服务审计、工程项目法人单位成立的前期相关（如项目组织形式、项目人员等）审计、工程项目预期盈利审计、工程项目筹资融资循环审计等；

2）工程项目实施阶段的审计。主要包括建设单位、施工单位财务收支审计，工程项目概算、预算审计，工程项目设备材料及其他物资采购和管理审计，工程项目及其咨询服务招投标审计，建设单位或施工单位法人经济责任审计，工程项目合同管理审计等；

3）工程项目结束或投产使用期审计。主要包括工程项目竣工验收审计，工程项目竣工决算审计，工程项目经济效益审计，工程项目经济责任审计，工程项目人员业绩评价等。

二、工程项目财务审计

工程项目组织方式总的来说有传统的建筑师/工程师项目管理方式、DB、PM 或 PMC、CM 方式等。工程项目组织方式不同，工程项目财务审计的内容稍有不同，但一般是在传统建筑师/工程师项目管理方式下的审计内容为基础，其他组织方式增加一些特定目的的审计内容。下面主要介绍传统建筑师/工程师项目管理方式下工程项目财务审计的内容。

1. 财务报表审计

建设单位财务报表综合反映了建设单位一定会计期间内投资资金来源和使用等财务状况，通过财务报表的审计，可从总体上了解建设单位的财务基本状况。其审计内容主要包括：

（1）会计报表的种类、格式、编制及报送是否符合会计制度的规定；

（2）各种报表的编制依据如会计凭证等是否充分、真实、合乎规定；

（3）各种报表中所填列的数字是否准确，说明是否清楚；

（4）各类报表中反映同一指标的数字是否相同以及各类报表之间的互相补充关系是否真实可靠等。

2. 工程项目建设资金来源与使用情况审计

随着投资体制的深入改革，工程项目建设资金来源呈现多元化格局。为了防止建设单位搞非法集资、截留国家税收、擅自挪用行政事业经费或生产流动资金进行项目建设，必须进行工程项目建设资金来源审计，包括：

（1）基建拨款的审计。主要审查建设单位是否符合预算拨款的范围，建设项目是否已经纳入批准的年度基本建设计划或有无计划外项目挤入计划内的情况，建设单位是否取得预算拨款的依据即工程项目可行性报告、初步设计和设计概算、施工图预算、施工合同等有关文件是否获得有关部门的批准，以及基建拨款是否及时到位，建设单位是否按计划规定的用途使用基建拨款等。

（2）基建自筹资金的审计。审查有无用行政事业经费、各种租赁资金方式筹集的资金，有无向企业乱摊派、乱集资形成的自筹资金，有无以挤占生产成本、拖欠税款等方式筹集的资金，建设单位有多少资金可以用于自筹基本建设投资，能否保证投资计划的实现，实际存款数与计划安排的工程规模是否衔接，能否满足工程的需要，建设单位是否按规定使用自筹资金等。

（3）基建投资借款的审计。主要审查借款合同是否已经签订，有无资金不足或超过工程需要的情况，建设单位的分年还款计划是否符合实际以及有无将基建投资借款挪作他用等。

3. 工程项目设备和材料审计

工程项目设备和材料审计的主要内容：

（1）项目法人/建设单位编制的设备供应计划中所列的设备及工器具、材料型号、规格和数量是否与所批准的计划中规定的内容相符。

（2）是否按设备、材料供应计划进行设备和材料的采购。

（3）设备和材料的验收、保管制度是否健全。

（4）建设单位是否按照会计制度的规定，设置有关设备、材料采购和使用账务，以便进行核算。

（5）是否按规定建立定期盘点制度等。

4. **建设成本及其他财务收支审计**

建设成本及其他财务收支审计的主要内容：

（1）工程价款结算审计。根据合同对工程价款结算账单进行审查，审查工程价款结算业务的内部控制制度是否完善及其执行情况是否规范等。

（2）待摊投资审计。包括建设单位管理费审计，土地征用及迁移补偿费审计，勘察设计费审计，研究实验费审计，可行性研究费审计，工程监理费审计及其他（如设备检验费、延期付款利息等款项的支付）等的审计。

5. **建设收入审计**

在工程项目建设过程中可能会形成某些建设的副产品的变价净收入、试生产收入以及其他收入。建设收入审计就是审核上述收入是否合乎规定、是否全部入账、账物处理是否正确。

6. **交付使用资产核算情况审计**

交付使用资产核算情况审计的主要内容：已竣工的单项工程是否为计划内项目；有无擅自扩大建筑面积、提高建筑标准、盲目采购设备；有无按规定组织竣工验收工作、办理移交手续；建设单位确定的交付使用资产成本的组成内容是否合乎规定，是否正确、真实地反映交付使用资产的实际成本等。

7. **尾工工程和结余资金审计**

尾工工程和结余资金审计主要包括：

（1）尾工工程的审计。审核尾工工程是否是已批准计划中未完的项目转入或新增并经批准的项目，核实尾工工程量，审定完成尾工工程所需要的投资额等。

（2）结余资金。审核银行存款、现金和其他货币资金的结余是否真实，以及账面和实际是否相符；审核库存物质是否真实、计价是否合理，有无积压、隐瞒、转移、挪用等问题，核实债权债务，有无转移、挪用建设资金的问题，各种结余资金的账簿与竣工决算表所反映的内容是否相符等。

三、工程项目决算审计

工程项目竣工决算是核定新增固定资产和流动资产、办理交付使用的依据，因此通过竣工决算审计有利于全面真实地反映项目的实际财务状况和最终建设成果。竣工决算审计的主要内容包括：

（1）审查竣工决算的编制依据、编制时间的及时性及其编制内容的完整性和真实性。

（2）审核建设单位竣工验收工作的规范性和项目建设是否有概算外项目等。

（3）设计变更、现场签证和合同价格调整是否合理，手续是否完备。

（4）审核决算中所列的应交付使用资产价值是否真实、准确，其构成是否合理。

（5）审查转出投资、应核销投资和应核销支出的列支依据是否充分，手续是否完备。

（6）审查建设工期和工程质量，并核实尾工工程量，防止将新增项目列作围攻项目。

（7）审查建设成本节约和超支的原因，进行投资效益评价等。

[案例 9－3]　某市医疗保健中心病房楼决算审计结果

　　某母子医疗保健中心病房楼是某市 2002 年政府实事工程，该市卫生局将项目委托该市原第二人民医院负责实施。工程 2002 年 11 月批准开工，2004 年 6 月主楼竣工启用。在一年多的时间里，市第二人民医院认真组织实施，在工程设计、工期、质量等方面基本达到了预期效果，工程质量经相关单位联合评定达到合格标准。

　　工程项目完工后，市第二人民医院编制竣工决算送交该市审计局审计，送审竣工决算为 12077.24 万元。该市审计局组织对该项目进行审计。审计人员在市第二人民医院及项目其他参与方的配合下，按照独立审计准则和相关决算审计的规定，对该项目的决算编制依据、编制内容、各种设计变更、现场签证和合同价格的调整等履行审计程序，获取了充分的、证明力较强的审计证据，编制了相应的审计工作报告。最后审计结果认定，该病房楼的竣工决算为 10821.86 万元，应核减金额 1255.38 万元，其中工程结算核减额为 1206.96 万元，核减率达 15.98%。

　　审计结果表明，该工程结算核减的主要原因是由于施工单位高估冒算、多计重计工程量等，报审结算中也有安装、装饰材料价格过高等问题。此外，也发现多计设备支出、多计待摊投资 48 万余元。

　　最后市第二人民医院与相关施工单位严格按照审计结果进行了工程价款的结算。

[解析]　显然，本案例的工程项目为政府投资项目，其决算审计结果触目惊心。虽及时纠正了该工程的决算结果，但有没有必要追究监理方、项目法人方的责任呢？这值得思考。

第四节　工程项目后评价

工程项目评价是项目立项前，由独立于业主/项目法人的、且有相应资质的咨询单位，对工程项目的必要性和可行性所进行的论证，其解决了项目应该是什么的问题，而工程项目后评价则是要回答项目究竟做得怎么样的问题。工程项目后评价全面总结已建工程项目的项目管理经验和教训，不仅可以为未来的工程项目决策提供服务，而且与工程项目评估、建设实施监督相结合，形成了对工程建设活动的监督。

一、工程项目后评价的特点与作用

1. 工程项目后评价的涵义

目前对于工程项目后评价的涵义，国内外学者有不同的理解。比较典型的有两种观点，一种是工程项目建成投产并达到设计生产能力后，对项目前期准备、决策、设计、实施、试生产直至达产后全过程的再评价，通过衡量和分析项目的实际情况与预测（计划）情况的差距，找出差距存在的原因，并为项目的运营提出改进建议，从而达到提高投资效益的目的；另一种是把后评价的时间范围向前延伸，将项目开工之后到项目竣工验收这一段也划为项目后评价的时间范围。结合我国目前实际情况，项目后评价采纳第一种观点和定义。

2. 工程项目后评价的特点

工程项目后评价有其内在的规律和特点，与决策阶段的项目评价（简称项目前评价）相比有以下特点：

（1）现实性。工程项目后评价分析研究的是项目实际情况，是在项目投产的一定时期内（一般2~3年），根据项目的实际运行状况，或根据实际情况重新预测的数据对项目经济效益和项目管理工作进行的再评价，而项目决策阶段的项目评价是将历史和经验性资料作为分析评价的基础。

（2）公正性。项目后评价必须保持公正性，这是非常重要的原则。公正性表示项目后评价时，评价人员应持实事求是的态度，在发现问题、分析原因和做出结论时避免出现避重就轻的情况发生，做到"一碗水端平"，客观、公正地做出评价。

（3）全面性。工程项目后评价是对项目实践的全面评价，不仅涉及项目生命周期的各阶段，而且还涉及项目的经济效益、社会影响、环境影响等方面的内容。因此，项目后评价是比较系统、比较全面的技术经济分析。

（4）反馈性。项目后评价的目的之一是为新项目立项、政府安排投资计划和政府制定政策、法规提供依据。故项目后评价的结果需要反馈到工程项目主要各方和政府投资、建设相关部门。

3. 工程项目后评价与项目前评价的区别

工程项目后评价与项目前评价，在评价原则和方法上基本上是一致的，均采用定性和定量分析相结合的方法。但二者还是存在很大差别的，具体表现在：

（1）评价时间不同。项目前评价是在工程项目投资决策阶段进行的，而工程项目后评价是在工程项目竣工投产一段时间后才开展的，是项目管理的延伸。

（2）评价目的不同。项目前评价的目的是确定项目是否可以立项或建设，其直接影响到项目投资决策；而后评价目的是通过对已建工程的实际运行状况和预测情况的对比分析、评价，总结出经验教训，以改进未来项目的决策和管理，其是通过反馈机制间接作用于未来项目投资决策的。

（3）评价标准不同。项目前评价的重要判别标准为投资者要求获得的投资收益率或基准收益率（社会折现率），而项目后评价的判别标准则重点是对比前期评价的结论。

（4）财务评价方法上的差异。项目前评价中现金流量以会计账面数据为准，而项目财务后评价的现金流量以实际发生的为准，换言之，对于当期应收而未实际收到的债权和非货币资金都不可计为现金流入，只有当实际收到时才作为现金流入；同理，当期应付而实际未付的债务资金不能计为现金流出，只有实际支付时才作为现金流出。必要时，要对财务数据作出调整。但国民经济后评价在财务后评价基础上调整时，效益费用流量发生的时间要以资源实际耗用或效益实际发生的时间为准。因为从国家和社会角度来说，资源已投入和使用或效益已发生，就应计为国民经济评价的现金流出或现金流入。项目后评价的现金流量需要剔除通货膨胀的因素，以保证前后的一致性和可比性。

4. 工程项目后评价的作用

工程项目后评价的作用主要表现在以下几个方面：

（1）有利于提高项目管理水平。后评价是在项目建成投产后根据项目的实际情况对项目的决策立项、建设实施过程、效益等的重新评估，总结项目实际结果与预期目标差异的经验教训，使项目决策者、管理者学习到更加科学合理的管理方法和策略，提高决策、管理和建设水平。

（2）有利于增强投资活动工作者的责任心。通过对投资活动绩效的客观分析，可以较公正客观地确定投资决策者、管理者工作中存在的问题，使决策者和建设管理者感到责任和压力，从而进一步提高他们的责任心。

（3）有利于提高投资决策的科学化水平。通过后评价的反馈信息，及时纠正项目决策中存在的问题，从而提高未来项目决策的水平。

（4）有利于加强项目的监督，促使项目运营状态的正常化。一方面后评价是一个对投资活动的监督过程，与项目的前期评价、过程监督结合在一起，构成了一个完整的对投资活动的监督机制。另一方面后评价是在达产后进行的，可以分析和研究项目投产初期和达产时期的实际情况，比较实际状况与预测状况的偏差程度，找出偏差原因，提出切实可行的措施，这有助于促使项目运营状态的正常化，提高项目的经济效益和社会效益。

二、工程项目后评价的主要内容

对不同类型项目的后评价，其评价内容是有差别的。从项目后评价的作用来看，就是把项目实施的结果与当初决策的目标对照比较、对项目执行过程进行检查，重点评价其财务效益、经济效益；系统总结经验教训，以便迅速、有效地反馈到新的决策活动中去。项目后评价一般要着重评价分析以下几方面内容：

1. 项目目标评价

根据国民经济发展规划、产业政策和区域经济发展规划，结合项目的投资方向、生产消耗和效益等情况分析评价项目立项时制订的目标是否正确、合理，并判断项目目标的实现程度。有些项目原定的目标不明确，或不符合实际情况，项目实施过程中可能会发生重大变化，项目后评价要给予重新分析和评价。

2. 项目实施过程评价

工程项目的过程评价应对照立项评价或可行性研究报告时所预计的情况和实际执行的过程进行比较和分析，找出差别，分析原因。过程评价一般要分析以下几个方面：

（1）项目的立项、准备和评价。

（2）项目内容和建设规模。

（3）工程进度和实施情况。

（4）配套设施和服务条件。

（5）受益者范围及其反映。

（6）项目的管理机制。

（7）财务执行情况。

3. 项目效益评价

项目的效益评价主要是指财务评价和经济评价，分析指标有内部收益率、净现值、投资利税率和贷款偿还年限等反映项目盈利能力和偿债能力的指标。

4. 项目影响评价

项目影响评价包括社会影响评价和环境影响评价。

（1）环境影响评价。对照项目前评价时批准的环境影响评价，重新审视项目环境影响的实际结果，审核项目环境管理的决策、规定、参数的可靠性和实际效果。项目环境影响评价一般包括项目的污染控制、地区环境质量、自然资源利用和保护、区域生态平衡和环境管理等方面内容。

（2）社会影响评价。社会影响评价是对项目在社会的经济、发展方面的有形和无形的效益的一种分析评价，重点评价项目对所在地区和社区的影响。内容包括：

1）项目建成对分配效果、就业、居民收入、生活条件改善、文教卫生等方面的影响。

2）项目建成对地区经济发展、城市建设、交通、社区的社会安定、社区福利的影响以及促进矿产资源和水资源的综合利用等方面所作的贡献。

3）项目的建成对产业结构的调整、资源优化配置等方面所产生的作用和影响。

4）项目投产后是否产生了负效果或公害，提出具体解决措施、办法和期限。

5）参与，包括当地政府和居民对项目的态度、他们对项目计划、实施和运行的参与程度等。

6）妇女、民族和宗教信仰，包括妇女的社会地位，少数民族团结，当地人民的风俗习惯和宗教信仰等。

5. 项目持续性评价

项目的持续性是指在项目建设完成并投入运行之后，对项目的既定目标能否按期实现，项目能否可以持续并保持较好的效益，项目是否具有可重复性，接受投资的项目业主是否愿意并可以依靠自己的能力继续去实现既定目标等方面作出评价。持续性评价一般可作为项目影响评价的一部分，但是世界银行和亚洲开发银行等组织非常重视项目的可持续性，并将之视为判断援助项目成败的关键因素之一，因此要求援助项目在前评价和后评价中进行单独的持续性分析和评价。项目持续性的影响因素一般包括：本国政府的政策；管理、组织和地方参与；财务因素；技术因素；社会文化因素；环境和生态因素；外部因素等。

三、工程项目后评价的程序与方法

国内项目后评价一般是在项目业主自评的基础上，由行业或省级主管部门对自评报告进行初步审查，提出意见，最后由相对独立、具有相应资质的后评价机构组织有关专家对项目进行后评价。通过资料收集、现场调查和分析讨论，提出项目的后评价报告。项目业主的自评报告主要是从项目业主或项目主管单位的角度对项目的实施进行全面的总结，侧重找出项目在实施过程中的变化，以及变化对项目效益等各方面的影响。

1. 项目后评价的具体程序

工程项目后评价的程序一般包括选择后评价项目、制定后评价计划、确定后评价范围和选择执行项目后评价的咨询单位和专家等。

（1）后评价项目的选定。选择后评价项目的基本原则有两条：特殊项目和规划计划总结需要的项目，如可为即将实施的国家预算、宏观战略和规划原则提供信息的相关投资活动和项目、一些非常规的项目（指规模过大、建设内容复杂或带有试验性的新技术项目）、重点建设项目和利用外资贷款的项目等。我国首批进行后评价的项目是 9 个利用国外贷款的项目：西南地区农村公路、徐沪变电工程、广东橡胶种植等项目。

（2）项目后评价计划。项目后评价计划主要是确定后评价所要研究的问题，并区分问题的轻重缓急或主次关系，以便项目管理者和执行者在项目实施过程中注意收集资料。同时要确定项目后评价所使用的最适合的方法和评价标准。评价标准选取是否合适对项目后评价的结论的影响是非常大的，举个简单例子，某培训项目的毕业率为 10%，中途就业率为 90%，若按毕业率为标准，则该培训班很糟糕，若以就业率来衡量，显然该培训班是很成功的。

（3）项目后评价范围的确定。项目后评价的范围是非常广泛的，而委托者所关注的问题可能是有重点的，因此在进行项目后评价时，为在一定的时间和经费内解决委托者所关注的问题，应将评价的内容限制在一定的范围之内。委托者可在委托合同内把项目后评价的目的、内容、深度、时间和费用等具体明确下来。

（4）项目后评价咨询专家的选择。在项目独立评价阶段，评价要由一个独立的评价咨询机构执行。这个执行机构可从评价项目的特点、要求出发，从机构"内部"或"外部"选择或聘请熟悉被评项目专业的专家组成评价专家组完成对项目的后评价。

（5）项目后评价的执行。项目不同，项目后评价的类型也有所不同，各有各的要求，但在执行阶段的两个基础工作是资料信息的收集和现场调查。项目后评价的基本资料应包括项目自身的资料、项目所在地区的资料、评价方法的有关规定和指导原则等。现场调查任务是能够回答项目基本情况、项目目标实现程度及其作用和影响等问题。

（6）项目后评价的报告。最终提交的后评价报告是评价结果的总结，是反馈经验教训的重要文件。后评价的结论、建议要和问题分析相对应，并把评价结果与将来规划和政策的制订、修改相联系。后评价报告编写用语要求准确清晰，尽可能不用过分专业化的词汇。

项目后评价报告的主要内容包括摘要、项目概况、评价内容、主要变化和问题及原因分析、经验教训、结论和建议等。

2. 项目后评价方法

项目后评价常用的方法主要有前后对比法、有无项目的对比法、逻辑框架法、层次分析法等。层次分析法主要用于项目后评价的综合评价，逻辑框架法是用一张简单的框图来清晰地分析复杂项目的内涵和关系，是一种综合和系统地研究和分析问题的思维框架，其用 4×4 矩阵，见表 9-1，将几个内容相关、必须同步考虑的动态因素组合起来，通过分析其中的关系，从设计、策划到目的、目标等角度来评价一项活动或工作。

表 9-1 逻辑框架法的基本模式

层次描述	客观验证指标	验证方法	重要外部条件
目标	目标指标	监测和监督手段及方法	实现目标的主要条件
目的	目的指标	监测和监督手段及方法	实现目的的主要条件
产出	产出物定量指标	监测和监督手段及方法	实现产出的主要条件
投入	投入物定量指标	监测和监督手段及方法	落实投入的主要条件

项目后评价中的前后对比法是指将项目前期阶段的可行性研究和经济评价的预测结论与项目的实际运行结果相比较，以发现变化，分析原因的一种对比方法。有无对比法是指将项目实际发生的情况与若无项目可能发生的情况进行对比，以度量项目的真实效益、影响和作用。这里的"有"、"无"是针对被评价项目而言的，有无对比的重点是分清项目作用的影响与项目以外因素作用的影响，以便正确评价项目实施的效果。这一点是简单的前后对比法所无法达到的。例如某农业工程项目是一个 20 万 hm^2 土地改良和改善排灌设施的工程，实施时间是 1980~1987 年，该项目刚结束就已达到了前评估的增产目标值。后评估的内部收益率达到 56%，大大超过了前评估的目标值。那么该农业项目的效益真是这么好吗？仔细分析一下，这期间中国农村进行了重大的经济体制改革，实行了联产承包责任制，农产品的相对价格也大幅度提高。显然，没有这个项目，该地区的农产品也会有相当的提高。项目后评价中的效益评价显然要去除那些非项目因素，对项目效益进行正确客观地度量。此时较好的作法是用"有无对比法"，在该项目收益区外，找一个类似的"控制地区"，然后加以比较得出正确的结论。最后该例子采用有无对比法得出的经济内部收益率与前后对比法得到的结果相差 23%。

[案例 9-4] 世界银行项目后评价体系

世界银行在 20 世纪 70 年代初就开始项目后评价工作，迄今为止，已建立了独立的后评价机构——业务评价局，形成了一套完善的制度、程序、方法。主管后评价工作的业务评价局是执行董事会主席的助手，一切工作向执行董事会主席报告，保证了它的独立性、可靠性和透明性。

1. 世界银行业务评价局的任务

世界银行业务评价局的主要任务包括：衡量由世界银行贷款的已竣工项目目标实现程度、效应和效率，总结经验教训，并反馈应用于世界银行政策及程序之中；帮助世界银行成员国提高后评价工作的能力；定期评价世界银行内部其他部门的工作情况，并将评价结果向执行董事和行长报告。

2. 世界银行项目后评价内容

世界银行的后评价一般分两阶段进行，首先，在贷款发放完毕后的 6～12 个月内由贷款项目世界银行的主管人员和借款国政府共同编制一份《项目完成报告》或《项目竣工报告》，借款国政府主要是从借款人的角度对世界银行、项目管理机构及个人的工作情况作出评价；然后由执行董事会主席指定《业务评价局》对项目进行内容比较全面的总结评价。业务评价局评价人员在审阅《项目完成报告》的基础上，通过查阅档案、实地调查、与借款国政府和项目实施机构讨论等多种评价方法，独立地对项目进行全面、系统的评价，并写出《项目执行情况审核备忘录》或《项目审计报告》，连同《项目完成报告》一并递交董事会和银行行长。业务评价局每个年度还在上述工作的基础上，把各个项目中指出的经验和教训综合起来，得出对世界银行项目贷款工作具有普遍意义的结论，形成《年度报告》。《年度报告》着重按行业研究各类项目的情况，研究某一行业的项目在世界不同地区的效果，指明哪一类项目在哪个地区效果好，有哪些经验教训，指导世界银行将来的贷款方向和贷款重点。

世界银行项目后评价的基础是《项目完成报告》，项目完成报告主要包括以下一些内容：

（1）项目背景。包括项目的提出、项目准备和进行的依据、项目目标的范围和内容等。

（2）借款国政府、项目管理机构的设置、项目工作人员、咨询专家的聘用、所有项目工作人员的工作业绩评价。

（3）项目实施的时间进度情况及其出现偏差的原因。

（4）物资、财务管理方面的问题及原因，以及产生的影响或后果，采取的纠正措施和实际效果等。

（5）项目重大变更情况及原因。

（6）发放贷款出现的不正常情况，这些不正常情况与贷款条件、贷款协议或程序的关系如何。

（7）违约事件的发生及所采取的措施。

（8）采购、供应商及承包商的表现。

（9）财务评价、经济分析与社会评价。

（10）机构体制方面的实绩：包括组织方面的成长、组织管理措施及其经验教训。

（11）为使项目获得最大经济效益而需要或建议采取的措施，如延续项目监督、追加培训、完成应补充的投资、改善辅助服务、优化维修标准等。

《项目审计报告》的内容有：

（1）对项目背景、目标、实施过程和结果作一简单描述。

（2）对项目目标完成情况作出评价，重点回答项目目标是否正确合理、目标是否达到，若没有达到，其原因是什么。

（3）在项目选定和准备阶段预计到的不利条件是否消除、减轻或改变，若没有，其原因是什么。

（4）列出主要结论、主要经验教训和有特殊意义的问题，包括改动建议和补救措施。

（5）表明审核报告单位有多大程度接受项目完成报告的观点和结论，并提出审核报告和完成报告有分歧的地方。

（6）重点简明阐述项目完成报告中没有提及或含糊的有关项目问题。

[**案例9-5**]　　某港口二期工程后评价报告（摘要）

1. 项目概况

某港口二期工程位于××市深水港区，港口自然条件良好。建设该港口二期工程的目的是建设现代化集装箱泊位，为开发国际中转港创造条件；同时建设其他几个泊位，为接卸中转大宗散货运输和区域外向型经济发展服务。工程于1985年10月申请立项，1987年国家计委正式行文予以批复。

工程建设港口泊位6个，实际形成总吞吐能力1035万t，比原方案增加吞吐能力685万t。其中，集装箱泊位1个，能力10万标箱；多用途泊位2个，能力130万t；煤炭泊位2个，能力800万t（原方案为2个木材泊位，能力115万t）；杂货泊位1个，能力45万t。

工程分为一阶段、二阶段和技改工程三个阶段实施。1989年5月开工，实际工期5年，工程按期完成，工程质量优良。工程国内部分的投资概算没有突破并略有节余。一、二阶段工程分别于1991年9月和1992年12月经国家正式竣工验收并投入运行。

2. 项目实施过程评价（略）

3. 项目效益评价

工程总投资 5.49 亿元，其中固定资产投资 5.43 亿元，流动资金 0.07 亿元。工程利用世界银行贷款 2895 万美元，国家和地方拨款 0.53 亿元，国内银行贷款 2 亿元，企业自筹和设备租赁 1.03 亿元。

工程投产以来运营良好，预计 1995 年实际完成吞吐量可达 1000 万 t，基本达到设计能力；预计 1995 年营业收入 1.3 亿元，按当年价格计算，比原设计预计的年收入增加约 4500 万元。

工程财务内部收益率税前 8%（税后 6%），高于设计时原测算指标 4.86%，也高于工程投资的实际贷款利率 5.31%，财务效益良好；投资偿还期 15 年，比原测算缩短 2 年，抗风险能力较强。国民经济效益良好，最后评价测算，工程经济内部收益率为 30%，比原测算 2 个百分点。工程社会效益明显。

工程效益好的原因有三个方面：一是项目建设单位千方百计节约开支，严格控制住了工程投资。初步估算，二期工程工节约开支 3400 万元用于抵消物价的上涨。二是根据市场变化，及时将无货源的 2 个木材泊位改造为煤炭泊位，既满足了国家需要，又扩大了吞吐能力，增加了营业收入，使财务内部收益率提高了 6 个百分点。三是由于国家和地方的拨款及企业自筹部分的投资达到总投资的 22%，资本构成基本合理，增强了企业的清偿能力。

4. 结论和主要经验教训

评价结论：工程实现并超过了原定的目标，符合该港口的长远发展目标，经济和社会效益良好。项目是成功的。

主要经验：在严格控制工程造价方面的成功措施包括：建立专门的管理机构进行规范化管理；重视项目前期的资料分析研究；学习世界银行经验实行采购公开招标和施工监理，抓好合同条款研究和管理；注重建设物质和材料的储备和管理；建立按月结算的财务制度。另一方面，国家对工程注入了适当的资本金，为港口运营和发展创造了条件；对重大基础设施项目，政府保持一定比例的投入是必要、正确的。

主要教训：汇率风险是项目利用外资的主要风险之一。本工程前评价时美元对人民币的汇率为 1:3.7，竣工时为 1:5.23，后评价时为 1:8.3，工程造价因汇率变化上升了 30%，财务内部收益率下降了 3 个百分点。由于国际公开招标经验不足，对投标者的资信重视不够，造成两台进口设备不能按期达到合同要求。工程前期对市场预测和风险分析不足，决策不当，造成木材泊位未建成投产就发生重大货源变化，不得不着手改造为煤炭泊位。

5. 建议

加强项目前期工作中的市场预测和风险分析。目前我国正处在改革的进程中，机构和政策的变化较大，现行可研报告和评估内容要求不能满足对这类变化分析的需要。因此，增强风险分析的力度和规范是必要的、紧迫的。

进一步强调国民经济评价在国家重点建设项目评价中的重要性。重点基础设施项目，包括交通、能源、通讯等是国家投资的重点，这类项目对社会经济的真实贡献只能在国民经济分析中反映出来。加强国家重点基础设施项目前期评估和后评价中国民经济分析至关重要。

在大型港口项目立项时，对建设专业性强的泊位应持慎重态度。在货源不稳定时，不应建设专业化泊位，宜建通用性泊位，以提高码头的适应能力。

[资料来源：白思俊. 现代项目管理（下册）. 机械工业出版社，2002]

复习思考题

1. 工程项目投产准备的工作内容有哪些？

2. 工程项目竣工验收的主要内容包括哪些？

3. 近年来，政府对水利工程建设项目加强了验收管理，在保证质量的同时也提高了工程造价，对此，你有何认识和见解？

4. 工程项目审计的内容包括哪些？

5. 为了防止和减少政府投资项目建设过程中贪污腐败现象的出现，近年来国家在各个领域和层面加大了对政府投资项目的审计力度，但由此在实践中也出现了"多头审计"的现象，不仅影响了建设项目的实施，而且也是对社会资源的一种浪费。对此，你有何认识和见解？

6. 工程项目后评价的涵义和作用是什么？

7. 工程项目后评价的主要内容有哪些？

8. 工程项目后评价和工程项目评价有何异同？

附录 A Internet 上的工程项目管理信息

在 Internet 上，有许多与工程项目管理有关的网页。这些网页分布在大学、科研机构、政府部门以及有关咨询公司的网站上，内容十分丰富。从事工程项目管理的有关人员可以借助 Internet 迅速、全面、经济地获取工程项目管理方面的最新信息。

一、查找信息的方法

1. 直接检索法

如果你很清楚所要查找信息所在的网址，那你只需要浏览器的地址栏输入网址后回车即可。

2. 借助搜索引擎

如果不知道具体的网址，可以通过关键词查找。你可以直接访问一些具有检索功能的万维网站点，查找相关信息。比较常用的站点有：

（1）Google Scholar（网址：http：//scholar. google. com/）。Google 推出的免费学术搜索工具，可以帮助用户快速查找学术资料，包括来自学术著作出版商、专业性社团、预印本、各大学及其他学术组织经同行评论的文章、论文、图书、摘要和技术报告。

（2）SCIRUS（网址：http：//www. scirus. com/）。SCIRUS 是由 Elsevier Science 于 2001 年 4 月推出的，是迄今为止国际互联网上最全面的科技信息专用搜索引擎。它以自身拥有的资源为主体，对网上具有科学价值的资源进行整合，集聚了带有科学内容的网站及与科学相关的网页上的科学论文、科技报告、会议论文、专业文献、预印本等。其目的是力求在科学领域内做到对信息全面深入的收集，以统一的检索模式向用户提供检索服务。其覆盖的学科范围包括：农业与生物学、天文学、生物科学、化学与化工、计算机科学、地球与行星科学、经济、金融与管理科学、工程、能源与技术、环境科学、语言学、法学、生命科学、材料科学、数学、医学、神经系统科学、药理学、物理学、心理学、社会与行为科学、社会学等。

（3）Research Index（网址：http：//citeseer. ist. psu. edu/）。Research Index 又名 Cite Seer，是 NEC 研究院在自动引文索引（Autonomous Citation Indexing，ACI）机制基础上建设的一个学术论文数字图书馆，它提供了一种通过引文链接检索文献的方式，目标是从多个方面促进学术文献的传播与反馈。Research Index 检索互联网上 Postscript 和 PDF 文件格式的学术论文。主要涉及计算机科学领域，涉及的主题包括互联网分析与检索、数字图书馆与引文索引、机器学习、神经网络、语音识别、人脸识别、元搜索引擎、音频/音乐等。Research Index 在网上提供完全免费的服务（包括下载 PS 或 PDF 格式的全文），系统已实现全天 24 小时实时更新。

（4）INFOMINE（网址：http：//infomine.ucr.edu/）。INFOMINE是为大学教师、学生和研究人员建立的网络学术资源虚拟图书馆。它建于1994年，由加利福尼亚大学、威克福斯特大学、加利福尼亚州立大学、底特律—麦西大学等多家大学或学院的图书馆联合建立。它拥有电子期刊、电子图书、公告栏、邮件列表、图书馆在线目录、研究人员人名录，以及其他类型的信息资源40000多个。INFOMINE对所有用户免费开放，但是它提供的资源站点并不都是免费的，能否免费使用，取决于用户所在图书馆是否拥有该资源的使用权。INFOMINE共包括12个数据库：生物、农业和医学数据库、商业和经济数据库、多样性文化及种族资源数据库、电子期刊、政府信息数据库、教育资源数据库、教育资源数据库（大学）、Internet利用工具、地图和地理信息系统（GIS）数据库、物理、工程、计算机和数学数据库、社会学和人类学数据库，以及视觉艺术和表演艺术数据库。

（5）Intute（网址：http：//www.intute.ac.uk/）。Intute是一个免费、便捷、强劲的搜索工具，由英国高等教育资助理事会下的信息系统联合委员会（JISC）和艺术与人文研究委员会（AHRC）开发建立，专注于教学、研究方面的网络资源。所收录的信息资源都是经过行业专家选择和评审的，从而保证了其质量。Intute共设四大领域：科学与技术、艺术与人文、社会科学、健康与生命科学。各个领域下又包含诸多学科，以科学与技术类为例，覆盖了天文、化学、物理、工程、计算机、地理、数学、地球科学、环境以及交叉学科。

（6）OAIster（网址：http：//www.oaister.org/）。OAIster是密歇根大学开发维护的一个优秀的开放存取搜索引擎，包括开放使用期刊的文章、工作论文、讨论文章、会议论文和学位论文。可按关键词、题名、创作者、主题或资源类型进行检索，检索结果含资源描述和该资源链接。

（7）SciSeek Science Directory（网址：http：//www.sciseek.com/）。SciSeek是一个专注于科学与自然领域的搜索工具，采取人工收集处理的方式，提供农林、工程、化学、物理和环境方面的科技期刊及其他信息。

（8）Information Bridge（网址：http：//www.osti.gov/bridge/）。Information Bridge是由美国能源部（DOE）下属的科学与技术信息办公室（OSTI）开发维护的搜索工具，提供美国能源部1994年以来研究成果的全文文献和目录索引。涉及的学科领域包括物理、化学、材料、生物、环境科学、能源技术、工程、计算机与情报科学和可再生能源等。Information Bridge具有基本检索和高级检索两种检索功能。

（9）Find Articles（网址：http：//www.findarticles.com/）。Find Articles提供多种顶极刊物的上千万篇论文，涵盖艺术与娱乐、汽车、商业与金融、计算机与技术、健康与健身、新闻与社会、科学教育、体育等各个方面的内容，大部分为免费全文资料，检索操作简单。

（10）百度文档搜索（网址：http：//file.baidu.com/）。百度文档搜索可以查找以Word、PowerPoint、PDF等格式存在的研究报告、论文、课件等各类文件。它支持对Office文档（包括Word、Excel、PowerPoint）、Adobe PDF文档、RTF文档进行全文搜索。搜索时，在检索词后面加一个"file type："来限定文档类型。"file type："后面可以跟以下文件格式：.DOC、.XLS、.PPT、.PDF、.RTF、.ALL。其中，.ALL表示搜索所有这些文件类型。在搜索结果页面，点击结果标题，可以直接下载该文档，也可以点击标题后的"HT-ML 版"快速查看该文档的网页格式内容。

（11）万方数据（网址：http：//scholar. ilib. cn/；http：//www. wanfangdata. com. cn/）。万方数据是万方数据股份有限公司旗下的专业学术搜索平台，隶属于万方数据资源系统。它是 Google Scholar 和 Yahoo!、奇摩学术搜索重要的内容提供者，平均每周新增文献 5 万余篇。提供一般检索、关键词检索和按学科分类浏览三种检索形式，检索结果显示标题、作者、出处、年期、关键词、摘要及参考文献等详细信息，但是获取全文需要付费。

（12）BNET（网址：http：//www. findarticles. com/）。BNET 是一个检索免费 paper 的好工具。对我们查找外文资源很有帮助。

（13）CNPlinker（网址：http：//cnplinker. cnpeak. com/）。CNPlinker 是中国图书进出口公司给读者用户提供的一个方便快捷的查阅国外各类期刊文献的综合网络平台。CNPlinker 即"中图链接服务"，目前主要提供约 3600 种国外期刊的目次和文摘的查询检索、电子全文链接及期刊国内馆藏查询功能，并时时与国外出版社保持数据内容的一致性和最新性。

3. 借助网址链接

通过访问一些国外教育机构、建筑行业学会及协会、政府建筑管理机构，可以在其网页上选择一些感兴趣的网址，点击链接以获取相关信息。这种方法得到的信息准确率较高。

二、一些常用的网址

1. 世界银行

英文名称：The World Bank

网址：http：//www. worldbank. org

世界银行集团包括国际复兴开发银行、国际开发协会、国际金融公司、多边投资担保机构和解决投资争端国际中心五个成员组织。在世界银行集团业务中，"世界银行"被用来统指国际复兴开发银行和国际开发协会。世界银行的最主要的业务活动是向发展中国家提供长期生产性贷款，以促进其经济发展，提高人民生活水平。除贷款外，世界银行还积极进行技术援助、学术与政策研究等业务活动，从多方面为成员国提供发展帮助。

2. 亚洲开发银行

英文名称：The Asian Development Bank（缩写 ADB）

网址：http：//www. adb. org

亚洲开发银行是亚太地区重要的政府间国际金融组织，它以促进亚太地区的社会经济发展与合作为宗旨，为亚太地区的发展中成员国提供资金、技术和管理经验等。它由成员国或地区共同出资兴办，不以盈利为目的。截至 1999 年 9 月，亚洲开发银行累计批准对华贷款 82. 767 亿美元，股本投资 0. 373 亿美元，技术援助 1. 45 亿美元，联合融资 5. 4 亿美元。这些贷款主要用于能源、交通和环境保护等基础设施和国家重点项目，对支持我国的经济建设起到了积极的推动作用。

3. 非洲开发银行

英文名称：African Development Bank（缩写 ADB 或 AFDB）

网址：http：//www.afdb.org

非洲开发银行是非洲最早的金融开发机构，致力于消灭非洲贫困和提高人民生活水平，并通过调节本地资源推动其成员国的经济和社会不断发展。

4. 泛美开发银行

英文名称：Inter – American Development Bank（缩写 DB）

网址：http：//www.iadb.org

泛美开发银行是最早的和最大的区域性多边开发机构，建立于 1959 年 12 月，目前拥有 46 个成员国，其宗旨是帮助拉丁美洲和加勒比海地区的经济和社会发展。它的主页包括项目、统计资料、信贷、商业机会、机构设置和出版物等内容。

5. 国际咨询工程师联合会

法文名称：Federation Internationale Des Ingenieurs – Conseils（缩写 FIDIC）

网址：http：//www.fidic.org

国际咨询工程师联合会是国际上最权威的咨询工程师组织。各国（或地区）的咨询工程师大都在本国（或地区）组成一个民间的咨询工程师协会，这些协会的国际联合会就是"FIDIC"。FIDIC 专业委员会编制了许多规范性的文件，这些文件不仅 FIDIC 成员国采用，世界银行、亚洲开发银行、非洲开发银行的招标样本也常常采用。

6. 国际建筑研究与建筑文献委员会

英文名称：International Council for Research and Innovation in Building and Construction（缩写 CIB）

网址：http：//www.cibworl.nl

该委员会成立于 1953 年，是一个受联合国支持的非政府组织，它的目的是促进建筑领域中各研究机构间的国际合作与信息交流，其秘书处设在荷兰。CIB 的会员一般是与建筑有关的研究结构，个人也可以成为 CIB 的会员。CIB 有一个庞大的全球网络，代表着 500 个机构的 5000 名专家互相合作，交流信息，50 多个委员会覆盖了建筑研究、技术开发和建筑文献等建筑领域。CIB 的主页包括：一般信息，CIB 新闻、数据库、联系地址。其核心内容包括在数据库中，与许多网页一样，有很多东西只有会员才能使用。

7. 英国特许营造师协会

英文名称：The Chartered Institute of Building（缩写 CIOB）

网址：http：//www.ciob.org.uk

CIOB 是一个皇家特许的机构。CIOB 可以说是现代建筑经理的"专业之家"。CIOB 现有约 40000 名会员，均是从建筑行业的高层次人员中挑选出来的有经验的经理和各类专家。该协会的正式会员必须具备一定的资格。该协会向其会员提供多方面的技术和管理上的培训。

8. 英国皇家特许测量工程师协会

英文名称：The Royal Institution of Chartered Surveyor（缩写 RICS）

网址：http：//www.rics.org.uk

RICS 是一个代表和管理特许测量工程师和技术测量工程师的国际性的专业组织。依据 RICS 的规章，该组织是一个为公共利益服务的组织。作为一个独立的、非盈利性的组织，该协会要求其会员具有较高的能力，并且诚实可靠，并对公共事宜提供一系列公正、权威的建议。该协会现在共有 83000 名特许测量工程师和 3000 名技术测量工程师。另外还有 21000 名学生及受训人员正在努力工作争取成为正式会员。特许测量工程师和技术测量工程师可以对土地、财产、建筑物和相关环境问题等各方面事宜提供建议。他们的职业是各式各样的，许多测量工程师可以从事多个领域的工作。

9. 英国土木工程师学会

英文名称：The Institution of Civil Engineers（缩写 ICE）

网址：http：//www. ice. org. uk

英国土木工程师学会是设于英国的国际性组织，拥有包括从专业土木工程师到学生在内的会员八万多名，其中 1/5 在英国以外的一百四十多个国家和地区。ICE 是根据英国法律具有注册资格的教育、学术研究与资质评定的团体。创立于 1818 年的 ICE，已经成为世界公认的学术中心、资质评定组织及专业代表机构。ICE 出版的合同条件目前在国际上得到广泛的应用。

10. 建筑业研究与信息协会

英文名称：Construction Industry Research and Information Association（缩写 CIRIA）

网址：http：//www. ciria. org. uk

CIRIA 作为英国一个非盈利部门，进行研究并对它的成员和订户发布信息。从 1960 年开始，CIR－IA 就对那些非常重要的，但没有得到资助的研究提供传播媒介。CIRIA 致力于在建筑惯例、建筑设计和材料、管理和生产力、地面工程、水工程和环境问题等领域提供最好的、权威的和便利的指导。这种指导通过网络、出版物和时事通讯等被广泛的发布。

11. 美国建筑师学会

英文名称：The American institute of Architects（缩写 AIA）

网址：http：//www. aiaonline. com

美国建筑师学会作为建筑师的专业社团，已经有近 140 年的历史。该机构致力于提高建筑师的专业水平，促进其事业的成功，并通过改善其居住环境提高大众的生活水准。AIA 的成员总数达 56000 名，遍布美国及全世界。AIA 出版的系列合同文件在美国建筑业界及国际工程承包界，特别在美洲地区具有较高的权威性，应用广泛。

12. 美国咨询工程师理事会

英文名称：American Consulting Engineers Council（缩写 ACEC）

网址：http：//www. acec. org

美国咨询工程师理事会是美国最大的咨询工程师组织，包括 52 个国家级和地区级的成员组织，代表了五千多个独立的工程公司。美国咨询工程师理事会为私营工程公司的行政管理人员提供教育机会，帮助他们成为更好的业主和经理。

三、与工程项目管理相关的、常用的外文期刊的网址

1. Journal of Construction Engineering and Management

Website：http：//ascelibrary. aip. org/coo/

The Journal of Construction Engineering and Management publishes quality papers that aim to advance the science of construction engineering, harmonize construction practices with design theories, and further education and research in construction engineering and management. Topics include, but are not limited to, the following: construction material handling, equipment, production planning, specifications, scheduling, estimating, cost control, quality control, labor productivity, inspection, contract administration, construction management, computer applications, and environmental concerns.

2. Journal of Management in Engineering

Website: http://ascelibrary.aip.org/meo/

The Journal of Management in Engineering offers an avenue for researchers and practitioners to present contemporary issues associated with management and leadership for the civil engineer. The journal publishes peer-reviewed papers, case studies, technical notes, and discussions of interest to the practice of civil engineering. Management and leadership issues include contract management, project management, partnering, office management, professional practice and development, financial management, human resources management, marketing and sales, ethics, technology and innovation management, information management, continuing education, organizational theory, strategic planning, conflict management, negotiating, risk management, globalization, networking, change management, teamwork, team building, communication, mentoring, coaching, and diversity. Papers discussing legislative and regulatory issues, corporate and public policy, and the role of civil engineering in the political process at all levels of government are welcomed. Interdisciplinary studies and collaborations are encouraged. Theoretical papers submitted for publication should preferably include real-world applications of the techniques.

3. Journal of Computing in Civil Engineering

Website: http://ascelibrary.aip.org/cpo/

The Journal of Computing in Civil Engineering serves as a resource to researchers, practitioners, and students on advances and innovative ideas in computing as applicable to the engineering profession. Many such ideas emerge from recent developments in computer science, information science, computer engineering, knowledge engineering, and other technical fields. Some examples are innovations in artificial intelligence, parallel processing, distributed computing, graphics and imaging, and information technology. The journal publishes research, implementation, and applications in cross-disciplinary areas including software, such as new programming languages, database-management systems, computer-aided design systems, and expert systems; hardware for robotics, bar coding, remote sensing, data mining, and knowledge acquisition; and strategic issues such as the management of computing resources, implementation strategies, and organizational impacts.

4. Project management journal

Website: http://as.wiley.com/WileyCDA/WileyTitle/productCd-PMJ.html

Project Management Journal is the academic and research quarterly of the Project Management Institute and features state-of-the-art research, techniques, theories, and applications in project management. The Project Management Journal's mission is to address the broad interests of the project management profession and maintain an editorial balance of content about research, technique, theory, and practice. The Project Management Journal encourages submissions from researchers addressing the art and science of project, program and portfolio management situations according to an inter – disciplinary perspective. The journal's international and multi – disciplinary review team ensures continued standards of excellence in terms of quality of content and reputation among the academic community.

5. Computer – Aided Civil and Infrastructure Engineering

Website：http：//www. wiley. com/bw/journal. asp? ref = 1093 – 9687&site = 1

Celebrating over 20 years of publication, Computer – Aided Civil and Infrastructure Engineering is a scholarly peer – reviewed archival journal intended to act as a bridge between advances being made in computer and information technologies and civil and infrastructure engineering. It provides a unique forum for publication of original articles on novel computer – aided techniques and innovative applications of computers. The journal specially focuses on recent advances in computer technologies and fosters the development and application of emerging computing paradigms. The primary focus of the journal is novel computational modeling.

6. International Journal of Project Management

Website：http：//www. sciencedirect. com/science/journal/02637863

The International Journal of Project Management is a bi – monthly international journal that offers wide ranging and comprehensive coverage of all facets of project management. It provides a focus for worldwide expertise in the required techniques, practices and areas of research; presents a forum for its readers to share common experiences across the full range of industries and technologies in which project management is used; covers all areas of project management from systems to human aspects; links theory with practice by publishing case studies and covering the latest important issues. Application areas include：information systems, strategic planning, research and development, system design and implementation, engineering and construction projects, finance, leisure projects, communications, defence, agricultural projects, major re – structuring and new product development. Papers originate from all over the world and are fully peer – reviewed, on the 'double – blind' system. In addition, the journal carries conference reports, and book reviews. Topics Covered Include：Project concepts; project evaluation; team building and training; communication; project start – up; risk analysis and allocation; quality assurance; project systems; project planning; project methods; tools and techniques; resources, cost and time allocation; estimating and tendering; scheduling; monitoring, updating and control; contracts; contract law; project finance; project management software; motivation and incentives; resolution of disputes; procurement methods; organization systems; decision making processes; investment appraisal. The journal is published in collaboration with the International Project Management Association (IPMA) and is its official journal.

附录 B 工程项目管理常用词汇汉英对照

"戴明环"	Plan－Do－Check－Action, PDCA
"交钥匙"承包	Turn－key Contract
"三时"估计法	Three－Time－Estimate
S 曲线	S－Curve
按费用设计	Design－to－Cost
保留金	Retention Money
保险	Insurance
保证金	Retainage
报表	Statement
报告关系	Reporting Relationship
报价邀请	Request for Quotation, RFQ
变更指令	Variation Order, Change Order
标前会议	Pre－Bid Meeting
补充资料表	Schedule of Supplementary Information
不可接受风险	Unacceptable Risk
不可抗力	Force Majeure
不可预见	Unforeseeable
不平等条款	Unequal Term
不平衡报价法	Unbalanced Bids
材料	Materials
材料费	Material Cost
财产风险	Probable Risk
残留风险	Residual Risk
层次分析法	Analytic Hierarchy Process
产品	Product
超前	Lead
成本预算	Cost Budgeting
承包方	Contractor
承包商代表	Contractor's Representative
承包商人员	Contractor's Personnel
承包商设备	Contractor's Equipment

承包商文件	Contractor's Documents
承发包方式	Contract Approach
承诺	Acceptance
诚实信用原则	In Good Faith
触发器	Triggers
纯粹风险	Pure Risk
次关键路线	Near - Critical Path
大型项目	Program
代理型 CM，非代理型 CM	CM/Agency，CM/Non Agency
单代号搭接网络图	Multi - Dependency Network
单代号网络图	Activity - on - Network，AON
单价合同	Unit Price Contract
单时估计法	Single - Time - Estimate
担保	Guarantee
当地货币	Local Currency
当事方（一方）	Party
到岸价格	Cost Insurance and Freight，CIF
道义索赔	Ex - Gratia Claims
德尔裴法	Delphi
调整	Updating，Adjustment
定额	Quota
动员预付款	Pre - Payment
二次风险	Secondary Risk
法律	Laws
反义居先原则	Contra Preferential
返工	Rework
方差	Variance
非工作时间	Idle Time
费用计划	Cost Planning
费用索赔	Claims for Loss and Expense
分包商	Sub - Contractor
分项工程	Section
分支网络	Fragnet
风险	Risk
风险定量分析	Quantitative Risk Analysis
风险定性分析	Qualitative Risk Analysis
风险规避	Risk Avoidance
风险监控	Risk Monitoring and Control

风险减轻	Risk Mitigation
风险接受	Risk Acceptance
风险类别	Risk Category
风险评审技术	Venture Evaluation and Review Technique，VERT
风险识别	Risk Identification
风险应对	Risk Response
风险转移	Risk Transference
付款证书	Payment Certificate
概率与影响矩阵	Probability and Impact Matrix
赶工	Crashing
个人间的联系	Interpersonal Interfaces
工程变更	Variation，Change
工程量表	Bill of Quantities
工程师	The Engineer，Consultant
工程现场勘测	Site Visit
工程项目采购	Project Procurement
工程项目分解	Project Decomposition
工程项目沟通管理	Project Communication Management
工程项目简介	Project Brief
工程项目建设模式	Project Construction Approach
工程项目决策	Decision to Project
工程项目人力资源管理	Project Human Resource Management
工程项目审计	Project Audit
工程项目收尾阶段	Project Closure
工程项目投产准备	Preparation for Project Operation
工程项目团队	Project Team
工程项目质量	Project Quality
工程项目质量控制	Project Quality Control
工程项目组织方式	Project Organization Approach
工期	Project Duration
工期压缩	Duration Compression
工艺关系	Process Relation
工作规范	Specification of Work
工作说明	Statement of Work，SOW
公开招标	Open Tendering/Public Invitation
沟通	Communications
购买—建设—经营	Buy – Build – Operate，BBO
顾客	Customer

雇主	Employer
雇主人员	Employer's Personnel
雇主设备	Employer's Equipment
关键活动	Critical Activity
关键路线	Critical Path
关键线路法	Critical Path Method, CPM
国际标准化组织	International Standard Organization, ISO
国际项目管理协会	International Project Management Association, IPMA
国际咨询工程师联合会	Federation Internationate Des Ingenieurs – Conseils, FIDIC
国家私人合作模式	Public – Private Partnership, PPP
合同	Contract
合同工期	Duration of Contract
合同管理	Contract Administration
合同价格	Contract Price
合同内索赔	Contractual Claims
合同条件	Conditions of Contract
合同外索赔	Non – Contractual Claims
合同协议书	Contract Agreement
合资公司	Joint Enterprise
横道图	Gantt Charts
环境管理体系	Environmental Management System, EMS
环境绩效	Environmental Performance
环境指标	Environmental Target
回路	Logical Loop
混合型合同	Mixed Contract
活动持续时间估计	Activity Duration Estimation
活动范围	Scope
活动逻辑关系	Activity Logical Relations
活动描述	Activity Description, AD
活动排序	Activity Sequencing
活动清单	Activity List
伙伴模式	Partnering
货物采购	Goods Procurement
基准计划	Baseline
基准日期	Base Date
绩效评估与激励	Performance Appraisal and Reward
计划工期	Planned Project Duration
计划评审技术	Program Evaluation Review Technique, PERT

计日工作计划	Daywork Schedule
计算工期	Calculated Project Duration
技术规范	Technical Specifications
技术联系	Technical Interfaces
价值工程	Value Engineering, VE
间接费	Indirect Cost
监理工程师	The Engineer, Supervision Engineer
监视	Monitoring
检查表	Checklist
建设工期	Duration of Project Construction
建设—经营—拥有—转让	Build – Operate – Own – Transfer, BOOT
建设—经营—转让	Build – Operate – Transfer, BOT
建设实施	Construction
建设—拥有—经营	Build – Own – Operate, BOO
建设—转让—运营	Build – Transfer – Operate, BTO
建设准备	Construction Preparation
建议书邀请	Request for Proposal, RFP
建筑师	Architect
接收证书	Taking – Over Certificate
节点	Node
节点编号	Node Number
结束到结束	Finish to Finish, FTF
结束到开始	Finish to Start, FTS
截止日期	As – of Date
紧后活动	Back Closely Activity
紧前活动	Front Closely Activity
进度报告	Progress Reports
进度偏差	Schedule Variance, SV
纠正措施	Corrective Action
矩阵型组织结构	Matrix Organization
决策树分析	Decision Tree Analysis
决策网络计划法	Decision Network, DN
竣工时间	Time for Completion
竣工试验	Tests on Completion
竣工验收	Project Acceptance
开工日期	Commencement Date
开始到结束	Start to Finish, STF
开始到开始	Start to Start, STS

可交付成果	Deliverable
可接受风险	Acceptable Risk
可原谅的延误	Excusable Delay
控制	Control
控制图	Control Charts
快速路径法	Fast Track
类比估计	Analogous Estimating
离岸价格	Free on Board, FOB
里程碑	Milestone
历史数据	Historical Results
利润	Profit
例外计划报告	Exception Report
联合集团	Consortium
联营体	Joint Venture
临时工程	Temporary Works
流程图	Flow Diagram
路径会聚	Path Convergence
履约保函	Performance Guarantee
履约保证	Performance Security
履约证书	Performance Certificate
卖方	Seller
蒙特卡罗分析	Monte Carlo Analysis
敏感性分析	Sensitive Analysis
模糊数学法	Fuzzy Set
拟完工程计划费用	Budgeted Cost of Work Scheduled, BCWS
逆推法	Backward Pass
欧洲发展基金会	European Development Fund, EDF
排列图，巴雷托图	Pareto Diagrams
偏差变量	Cost Variance, CV
评标	Bid Evaluation
期望值	Expectation
期中付款证书	Interim Payment Certificate
启动	Initiation
起始节点	Start Node
潜在的损失值	Risk Event Value
曲线法，赢得值法	Earned Value
全面质量控制	Total Quality Control, TQC
权变措施	Workaround

缺陷通知期限	Defects Notification Period
确凿证据优先	Prima Facie
人工费	Labor Cost
人工量	Effort
人力资源	Human Resource
人身风险	Life Risk
人为风险	Personal Risk
人员配备要求	Staffing Requirements
任务	Task
上控制线	Upper Control Limit, UCL
设计方	Designer
设计—建造方式	Design – Build, DB
设计图纸	Drawings
生产设备	Plant
生命周期成本计算	Life – circle Costing
剩余工期	Remaining Duration
施工合同	Construction Contract
施工合同分包	Subcontract
施工合同转让	Assignment
施工机械使用费	Expenses of Using Construction Machinery
施工进度计划	Construction Schedule
施工组织设计	Construction Planning
时距	Time Difference
实际成本	Actual Cost
实际成本加百分比合同	Cost Plus Percentage – of – Cost Contract
实际成本加固定费用合同	Cost Plus Fixed – Fee （CPFF） Contract
实际成本加奖金合同	Cost Plus Incentive – Fee （CPIF） Contract
实际开始日期	Actual Start Date, AS
实际完成日期	Actual Finish Date, AF
世界银行	The World Bank
事件	Event
受资源约束的进度计划	Resource – Limited Schedule
授予合同	Award of Contract
书面文字优先原则	Written Word Prevail
数据日期	Data Date
双代号时标网络法	Time – Coordinate Network, Time Scale Network
双代号网络图	Activity – on – Arrow Network, AOA
税金	Tax

私人主动融资	Project Finance Initiative, PFI
松弛时间	Slack
索赔	Claims
条形图	Bar Chart
通货膨胀	Currency Inflation
统计和概率法	Statistics
投标	Bidding
投标保证	Bid Security
投标报价	Bid Price
投标函	Letter of Tender
投标决策	Decision to Bid
投标人	Bidder
投标人须知	Instruction to Bidders
投标书	Tender
投标书附录	Appendix to Tender
投标文件的递送	Submission of Bids
投标邀请书	Initiation to Bids
投标有效期	Bid Validity
投机风险	Speculative Risk
投资方	Investor
投资估算	Cost Estimating
投资回报期	Investment Recovery Period
图示评审技术	Graphical Evaluation Review Technique, GERT
团队成员	Team Member
退却计划	Fallback Plan
外币	Foreign Currency
完成百分比	Percent Complete（PC）
完工估算	Estimate At Completion, EAC
完工尚需估算	Estimate To Complete, ETC
完工预算	Budget At Completion, BAC
无条件	Unconditional, no Demand
无限竞争性招标	Unlimited Competitive Tendering
下控制线	Lower Control Limit, LCL
现场	Site
线路	Path
限定性估算	Definitive Estimate
项目	Project
项目报告	Project Report, PR

延长工期索赔	Claims for Extension of Time, Claims for EOT
邀请招标	Selective Tendering/Invited Bidding
要约	Offer
已完工程计划费用	Budgeted Cost of Work Performed, BCWP
已完工程实际费用	Actual Cost of Work Performed, ACWP
因果分析图	Cause – and – Effect Diagram
银行保函	Bank Guarantee
应急储备	Contingency Reserve
应急费	Contingency Allowance
英国土木工程师学会	Institute of Civil Engineer, ICE
营运	Operation
影响图	Influence Diagram
永久工程	Permanent works
优化	Optimization
有条件	Conditional
有限竞争性招标	Limited Competitive Tendering
预可行性研究	Pre – Feasibility Study
运费在内价	Cost and Freight, CFR
暂定金	Provisional Sum
责任风险	Liability Risk
招标	Bid Invitation/Tendering
招标人拒绝投标书的权利	Right to Reject Any or All Bids
招标准备	Tendering Preparation
争端裁决委员会	Dispute Adjudication Board, DAB
正推法	Forward Pass
直方图	Histogram
直线型组织结构	Line Organization
直线—职能型组织结构	Line – Functional Organization
职能型组织	Functional Organization
职业健康安全	Occupational Health and Safety, OHS
制约和限制	Constraints and Limitations
质量	Quality
质量保证	Quality Assurance
质量成本	Cost Of Quality
质量环	Quality Loop
滞后	Lag
中标函	Letter of Acceptance
中标合同金额	Accepted Contract Amount

中介人	Intermediary
中心线	Center Limit，CL
终止节点	End Node
重叠	Overlap
主导语言	Ruling Language
专家谈判估计	Expert Judgement
咨询方	Consulter
资料表	Schedules
资源计划	Resource Planning
资源配置	Resource Requirements
资源平衡	Resource Leveling
资源效果	Resource Capabilities
子网络	Subnetwork
子项目	Subproject
自然风险	Natural Risk
自由时差	Free Float，FF
总承包商	General Contractor
总价合同	Lump Sum Contract
总时差	Total Float，TF
租赁—建设—经营	Lease－Build－Operate，LBO
组织关系	Organizational Relation
组织规划设计	Organizational Planning
组织机构	Organization Structure
组织结构分解	Organizational Breakdown Structure，OBS
组织联系	Organizational Interfaces
最悲观时间	Most Pessimistic Time
最迟结束时间	Latest Finish Date，LF
最迟开始时间	Latest Start Date，LS
最可能时间	Most Probable Time
最乐观时间	Most Optimistic Time
最早结束时间	Earliest Finish Date，EF
最早开始时间	Earliest Start Date，ES
最终报表	Final Statement
最终付款证书	Final Payment Certificate

主 要 参 考 文 献

[1] 中国（双法）项目管理研究委员会. 中国项目管理知识体系（C - PMBOK2006）. 修订版 [M]，北京：电子工业出版社，2008.

[2] Harold Kerzner. Project Management：A System Approach to Planning, Scheduling, and Controlling, 6th edition [M], Van Nostrand Reinhold, 1997.

[3] 黄如宝，等. 建设工程监理概论 [M]. 北京：知识产权出版社，2003.

[4] 邱菀华，等. 项目管理学 [M]. 北京：科学出版社，2001.

[5] 何伯森. 国际工程招标与投标 [M]. 北京：中国水利水电出版社，1994.

[6] 刘国靖. 现代项目管理教程 [M]. 北京：中国人民大学出版社，2004.

[7] 丁士昭. 建设工程项目管理 [M]. 北京：中国建筑工业出版社，2004.

[8] 王雪青. 国际工程项目管理 [M]. 北京：中国建筑工业出版社，2000.

[9] 成虎. 工程项目管理 [M]. 北京：高等教育出版社，2004.

[10] 王卓甫，杨高升. 工程项目管理：原理与案例 [M]. 北京：中国水利水电出版社，2005.

[11] 戚安邦. 现代项目管理 [M]. 北京：对外经济贸易大学出版社，2001.

[12] 李世蓉，邓铁军. 工程建设项目管理 [M]. 武汉：武汉理工大学出版社，2002.

[13] 周三多，等. 管理学：原理与方法. 第 4 版 [M]. 上海：复旦大学出版社，2003.

[14] 乐云. 国际新型建筑工程 CM 承发包模式 [M]. 上海：同济大学出版，1998.

[15] 王伍仁，罗能钧. 从 EPC 工程总承包看大型建筑业企业的成长路径 [J]. 建筑经济，2006 (1).

[16] 王卓甫，简迎辉. 工程项目管理：模式及其创新 [M]. 北京：中国水利水电出版社，2006.

[17] 顾为朝，易涛. 项目管理承包（PMC）模式及其应用研究 [J]. 中国电力教育，2006 (S3).

[18] 国务院. 关于投资体制改革的决定 [R]. http：//www. nbdpc. gov. cn/wsbgl_ view. aspx.

[19] 朱建元. 工程招标投标案例评析及法律实务 [M]. 北京：知识产权出版社，2004.

[20] 林善谋. 招标投标法适用与案例评析 [M]. 北京：机械工业出版社，2004.

[21] 朱树英. 建设工程法律实务 [M]. 北京：法律出版社，2003.

[22] 广东省东江—深圳供水改造工程建设总指挥部. 东深供水改造工程：建设管理 [M]. 北京：中国水利水电出版社，2005.

[23] 方俊，胡向真. 工程合同管理 [M]. 北京：北京大学出版社，2007.

[24] 成虎. 建筑工程合同管理与索赔. 第 3 版 [M]. 南京：东南大学出版社，2002.

[25] 李启明. 土木工程合同管理. 第 2 版 [M]. 南京：东南大学出版社，2008.

[26] 王卓甫，邢会歌，杨高升. 工程交易中评标决标机制设计研究 [J]. 人民长江，2008 (3).

［27］　中国建设监理协会. 建设工程合同管理［M］. 北京：知识产权出版社，2008.

［28］　李开运. 建设项目合同管理. 第2版［M］. 北京：中国水利水电出版社，2001.

［29］　建设工程项目进度管理编委会. 建筑工程项目进度管理［M］. 北京：中国计划出版社，2007.

［30］　刘伊生. 工程项目进度计划与控制［M］. 北京：中国建筑工业出版社，2008.

［31］　李建平. 现代项目管理进度管理［M］. 北京：机械工业出版社，2008.

［32］　中华人民共和国建设部. 工程网络计划技术规程. JGJ/T 121—99［S］. 北京：中国建筑工业出版社，1999.

［33］　王卓甫. 工程项目风险管理：理论、方法与应用［M］. 北京：中国水利水电出版社，2003.

［34］　任宏，兰定筠. 建筑工程施工安全管理［M］. 北京：中国建筑工业出版社，2005.

［35］　路芳银. 如何做好 HSE 管理体系的有效实施［J］. 石油化工安全环保技术，2008（3）.

［36］　沈浩. 关于 HSE 管理体系的理性思考［J］. 安全、健康和环境，2007（2）.

［37］　吕文学. 国际工程承包［M］. 北京：中国建筑工业出版社，2008.

［38］　白思俊. 现代项目管理［M］. 北京：机械工业出版社，2002.

［39］　许晓峰，等. 建设项目后评价［M］. 北京：中华工商联合出版社，2001.

［40］　中华人民共和国水利部. 水利工程建设项目验收管理规定. 2006 年第 29 号令［S］.